ULLSTEIN

Das Buch

Hans-Olaf Henkel zieht Bilanz: Deutschland, einst Musterland der Demokratie und Marktwirtschaft, ist zum Schlusslicht Europas geworden. Fehlentwicklungen wie der moralische Zwang zu Gleichheit, der mangelnde Mut, sich zu eigenen Interessen zu bekennen, und die Bevormundung des Bürgers durch den Parteien- und Behördenstaat haben Deutschland in eine Sackgasse geführt. *Die Ethik des Erfolgs* ist Henkels leidenschaftliches Plädoyer für einen umfassenden Neuanfang und die Ethik einer fairen Wettbewerbsgesellschaft. Nicht länger darf alle Verantwortung für die Zukunft auf den Staat abgewälzt werden. Die Probleme der globalisierten Welt fordern jeden einzelnen Bürger dazu auf, mehr aus sich zu machen, sich aktiv im globalen Spiel zu verwirklichen und seine Freiheiten zum Wohl des Ganzen umzusetzen. Deutschlands einzige Chance besteht darin, sich von seinen Selbstblockaden zu befreien und die Globalisierung als Herausforderung anzunehmen – denn nur diese kann wachsenden Wohlstand für alle sichern. Erst wenn Deutschland sich der neuen Zeit öffnet, statt krampfhaft an der Vergangenheit zu hängen, wird es gestärkt aus der Krise hervorgehen und auf die Erfolgsspur zurückkehren.

Der Autor

Hans-Olaf Henkel, Jahrgang 1940, lernte Speditionskaufmann und studierte an der Hamburger Hochschule für Gemeinwirtschaft. 1962 ging er zu IBM, wo er zuletzt als Europachef fungierte. Von 1995 bis 2000 war er Präsident des Bundesverbandes der Deutschen Industrie. Heute ist er Präsident der Wissenschaftsgemeinschaft Gottfried Wilhelm Leibniz und Professor für Betriebswirtschaftslehre an der Universität Mannheim. Seine Autobiographie *Die Macht der Freiheit* wurde zu einem großen Bestseller.

In unserem Hause ist von Hans-Olaf Henkel bereits erschienen:

Die Macht der Freiheit

Hans-Olaf Henkel

Die Ethik des Erfolgs

Spielregeln für die globalisierte Gesellschaft

Ullstein

Besuchen Sie uns im Internet:
www.ullstein-taschenbuch.de

Umwelthinweis:
Dieses Buch wurde auf chlor- und säurefreiem Papier gedruckt.

Die Abbildung auf der Umschlagrückseite zeigt den Autor in seiner geliebten Cordjacke vor der Mao-Jacke, einer Skulptur des Pekinger Künstlers Sui Jianguo.

Ullstein Verlag
Ullstein ist ein Verlag der Ullstein Buchverlage GmbH
1. Auflage April 2004

Umschlaggestaltung: Petra Soeltzer, Düsseldorf
Titelabbildung: © Herlinde Koelbl (Vorder- und Rückseite)
Satz: Franzis print & media GmbH, München
Druck und Bindearbeiten: Ebner & Spiegel, Ulm
Printed in Germany
ISBN 3-548-36583-3

Inhalt

Vorwort

Als ich vor zwei Jahren meine Lebenserinnerungen »Die Macht der Freiheit« schrieb, konnte ich nicht ahnen, wie viele Diskussionen dieses Buch in Deutschland auslösen würde. Dass es unter den Sachbüchern auf Platz drei der Jahresbestsellerliste 2001 landen würde, wäre mir ebenso undenkbar erschienen wie die Tatsache, dass tausende Leser in oft leidenschaftlichen Zuschriften ihre Zustimmung signalisierten. Dabei hatte ich nur zu beschreiben versucht, wie ich den Aufstieg unseres Landes miterlebt – und auch etwas mitgestaltet – habe und wie diese positive Entwicklung in ihr Gegenteil umgeschlagen ist.

Der wirtschaftliche Abstieg Deutschlands, dessen Ursachen ich in meinem Buch zu erklären versuchte, hat sich seitdem dramatisch beschleunigt. Nun weiß alle Welt, dass wir, die einstigen Lehrmeister der Marktwirtschaft, unsere Leistungskraft eingebüßt haben. Wir scheinen sogar das Gefühl dafür verloren zu haben, was wir damit verloren haben. Was sich in Staatsdefizit, Arbeitslosigkeit oder Pleiterekorden traurig niederschlägt, gilt bereits ebenso für die Ausbildung der jüngeren Generation, die laut PISA-Studie den Wettbewerb mit den Nachwachsenden anderer Länder nicht mehr bestehen kann.

Dass dies zu einem Zeitpunkt geschieht, in dem sich immer mehr Länder in den Wettbewerb um die besten Produkte, Dienstleistungen, wissenschaftlichen Entdeckungen begeben, gibt der Entwicklung eine geradezu fatale Wendung. Die Globalisierung, diese größte Chance, die sich der Weltgemeinschaft je geboten hat, deckt die fundamentalen Schwächen unseres

Landes unnachsichtig auf. Deutschland, geradezu zwanghaft mit sich selbst beschäftigt, lässt die internationale Konkurrenz davonziehen. Wir befinden uns auf der Verliererstraße, und ein Bundeskanzler berühmte sich derweil seiner »ruhigen Hand«.

Schon in meinem ersten Buch, »Jetzt oder nie. Bündnis für Nachhaltigkeit in der Politik«, setzte ich mich 1998 für eine langfristige Zukunftsplanung unseres Landes ein. Der Begriff der Nachhaltigkeit, den ich vom Umweltschutz auch auf andere Politikbereiche übertrug, ist seitdem zum festen Bestandteil jeder Politikerrede geworden – ohne dass man allerdings den Mut für die Konsequenzen aufbrächte, die ich damals gefordert habe. In »Die Macht der Freiheit«, das ich zwei Jahre später zur Zeit meiner BDI-Präsidentschaft schrieb, führte ich das synergetische Dreieck von Marktwirtschaft, Demokratie und Menschenrechten in die Diskussion ein. Seitdem hat auch dieser Gedanke im öffentlichen Bewusstsein Wurzeln gefasst. Selbst Joschka Fischer folgte ihm in seiner Grundsatzrede auf dem programmatischen »Grünen«-Parteitag im März 2002. Auch heute, als Präsident der Wissenschaftsgemeinschaft Gottfried Wilhelm Leibniz, sehe ich in diesem ideellen Dreieck den eigentlichen Vorteil der Globalisierung. Denn jeder der drei Begriffe zieht den anderen nach sich. In allen Ländern, die ich beruflich kennen lernte, machte ich die Erfahrung, dass die Einführung der Marktwirtschaft zugleich die von Demokratie und Menschenrechten mit sich brachte. Wo der freie Austausch von Waren und Informationen stattfindet, haben Diktaturen – die auf der propagandistischen Verdummung ihrer Bevölkerung basieren – keine Chance.

Die drei Säulen erzeugen einen Synergieeffekt. Steigert sich die eine Seite, folgen die anderen unweigerlich. Je mehr demokratische Freiheit den Menschen gewährt wird, desto größer ihr Leistungswille. Nur Freiheit gibt Selbstvertrauen, aus dem durch Fleiß, Ausdauer und schöpferische Anstrengung das Selbstbewusstsein hervorgeht. Im internationalen Wettbewerb hat es Deutschland mit immer mehr und immer selbstbewussteren Konkurrenten zu tun. Dafür ersetzen wir, was uns an gesundem Selbstvertrauen fehlt, durch den großen Moralgestus. Als müssten wir der Welt beständig demonstrieren, dass für uns nicht nationales Eigeninteresse, sondern nur höchste moralische und ökologische Standards gelten. Unsere Neigung, gute Ratschläge zu erteilen, hat uns allerdings keine Sympathiepunkte eingebracht.

Eben dies ließ mich einen Schritt weiterdenken: Die Menschenrechte, also die moralischen und ethischen Grundnormen, werden in Deutschland meist im Gegensatz zur Wirtschaftsentwicklung gesehen. Als würde der freie Warenverkehr automatisch Ausbeutung und politische Unfreiheit nach sich ziehen. Folgt man der deutschen Ideologie, die nach wie vor große Teile der Medien und Parteien beherrscht, so muss man die freie Wirtschaft durch ethische Normen sozusagen an die Kandare nehmen. Wer einfallsreich ist und Erfolge vorweisen kann, so glaubt man, handelt mit Sicherheit auf Kosten seines Nächsten. Indem er sich von den anderen abhebt, schadet er der angestrebten Gleichheit aller. Also legt man ihm Handfesseln und Hemmschuhe an und glaubt, der Moral und Ethik damit genügt zu haben.

Das Gegenteil ist der Fall. In »Die Ethik des Erfolgs« möchte ich zeigen, dass die Freiheit, die einzelnen Menschen wie ganzen Nationen wirtschaftlichen Erfolg bringt, auch die Grundlagen für eine praktische Ethik legt. Wie die Marktwirtschaft und der freie Informationsfluss zugleich Demokratie und Menschenrechte verbreiten, so bietet sich mit der Globalisierung erstmals die Chance für eine weltweit gültige Ethik. Diese Ethik des Erfolgs – eines Erfolgs, an dem möglichst viele beteiligt sein sollen – wiederholt nicht, von oben herab, die alten Moralsätze aus vorindustriellen Zeiten. Sie doziert nicht mit erhobenem Zeigefinger, sondern leitet die Spielregeln des Zusammenlebens aus diesem selbst ab. Sie hemmt nicht, sondern fördert die freie Entfaltung des Menschen.

Im Mittelpunkt der alten Ethik, auf der auch die deutsche Ideologie basiert, steht die Gleichheit aller – am besten weltweit. Solange man diese als Chancengleichheit versteht, sich selbst zu entwickeln, nützt sie den Menschen. Betrachtet man sie selbst als Ziel, als wäre es wünschenswert, dass alle dasselbe tun und haben, führt sie zu Unterdrückung der Individuen und zu allgemeiner Heuchelei. »Soziale Gerechtigkeit« wird dann mit individueller Ungerechtigkeit erkauft. Leider schlägt sich der politische Wunsch nach Gleichheit meist in Gleichmachung nieder, also einer Veränderung und Manipulation des Einzelnen nach vorgegebenem Bild. So wird auf Kosten der Pluralität und der persönlichen Entwicklung eine Uniformität erzeugt, die auf Dauer jeden Impuls der Individualität erstickt. Da die Kreativität des Einzelnen aber der wirtschaftlichen Entwicklung als Hauptquelle dient, zieht gesellschaftliche Angleichung den ökonomischen Niedergang nach sich. Dann hat man zwar die ersehnte Sicherheit, aber keiner kann sie mehr bezahlen.

Der Kern der modernen Ethik muss die Freiheit sein: die Freiheit des Einzelnen, am globalen Spiel teilnehmen und sich aktiv verwirklichen zu können, und zwar nicht nur zum eigenen, sondern zum Nutzen aller. Die Freiheit der Gesellschaft, durch Wettbewerb nach innen und außen das eigene Niveau anzuheben, den eigenen Wohlstand zu mehren. Dass dies tatsächlich geschieht, wird durch die Globalisierung ermöglicht. Erst sie bietet jedem Teilnehmer die Freiheit der Information und die Möglichkeit, sich mit anderen zu messen, die eigene Leistung an jeder Stelle der Welt anzubieten – und im Gegenzug Informationen und Leistungen anderer ungefiltert kennen zu lernen.

Erst diese Ethik der Freiheit schafft die Grundlage für den Erfolg. Nur diese kann die Spielregeln setzen, nach denen die Freiheit aller, sich produktiv zu verwirklichen, gewährleistet ist. Diese Ethik fragt nicht danach, wie viel einer besitzt, über welche Macht er verfügt, ob er arm oder reich, männlich oder weiblich, Erste-Welt- oder Dritte-Welt-Bürger ist. Sein und Haben sind für sie nicht die entscheidenden Kriterien. Für sie ist jeder Mensch, jede gute Idee, jedes nützliche und einfallsreiche Produkt ein einzigartiges Wesen eigenen Rechts. Der Kern der Ethik ist die Freiheit, das tun und verwirklichen zu dürfen, was in einem steckt. Es ist die Ethik der Bildung, der Entwicklung, der unendlichen Möglichkeiten, der offenen Horizonte.

Wer den Einzelnen befähigt, am Weltspiel teilzunehmen, hat

mehr für ihn getan als alle bisherige Moral und Ethik, die nur genormte Wesen erschaffen wollte. Wer die Chancen der Globalisierung für sich selbst und sein Land erkennt, braucht kein Gutmenschentum mehr vor sich herzutragen. Er sieht die individuelle Freiheit aller als größte Chance für alle. Ethik heißt demnach, diese Freiheit zu fördern und die Spielregeln zu definieren, die jedem den Weg zum Erfolg in der globalisierten Gemeinschaft öffnen. Die gottgegebene Würde jedes Menschen kann nicht losgelöst werden von seiner Freiheit, sich durch Bildung und Leistung an der Weltgemeinschaft zu beteiligen.

An den Abschluss meines Buches »Die Macht der Freiheit« hatte ich ganz bewusst die Begegnung mit einem Vertreter der Gegenseite gestellt. Die Wende zum Jahr 2000 verbrachte ich mit Fidel Castro, der sich ebenfalls auf einen ideologischen Sonderweg eingelassen und damit, nüchtern betrachtet, Schiffbruch erlitten hatte. Danach kam es auf seine Bitte hin zu weiteren aufschlussreichen Gesprächen. Wir diskutierten, wie konnte es anders sein, über Globalisierung. Fidel Castro, die letzte Ikone des Weltkommunismus, ist naturgemäß gegen die Globalisierung. Zwar hat sein Land jahrzehntelang unter der internationalen Isolierung gelitten, doch scheint er das Gegenteil, die Öffnung zur freien Welt, noch mehr zu fürchten. Deshalb bietet er sich den Globalisierungsgegnern, etwa durch Einberufung internationaler Kongresse nach Havanna, als einer ihrer Hauptsprecher an. Sein über vierzig Jahre dauernder Kampf gegen die Vereinigten Staaten, aber auch gegen die drei Säulen Menschenrechte, Marktwirtschaft und Demokratie – ein don-quichotesker Kampf, der sein Land ruinierte – scheint so eine nachträgliche Rechtfertigung zu erhalten.

Im Jahr darauf erhielt ich den Anruf des kubanischen Botschafters, der Sohn Fidel Castros sei mit Frau und Tochter in Berlin und würde mich gerne treffen. Zu Besuch in unserer Wohnung wurde Fidel Castro junior dort durch ein großformatiges Foto seines Vaters sichtlich in Verlegenheit gebracht. Das hatte er beim einstigen Chef des kapitalistischen BDI wohl kaum erwartet. Beim Essen stellte es sich heraus, dass er Experte in Sachen Atomkraft ist. Er hatte zehn Jahre an der Moskauer Lomonossow-Universität im Bereich Kernenergie studiert, dann für die Atombehörde in Genf gearbeitet. Über Deutschlands atompolitischen Sonderweg konnte er sich nicht genug wundern. Ihm schien völlig unverständlich, wie ein hochentwickeltes Land einfach auf diese Technik verzichten kann. Nebenbei stellte sich heraus, dass seine Tochter in den USA studiert.

Den grimmigen Ausführungen seines Vaters zum Trotz schreitet die Globalisierung selbst in Kuba voran – vielleicht auch als Folge meiner langen Diskussionen mit dem »Comandante«, der sich gegen das Internet sträubte. Denn Castro junior überreichte mir am Ende eine Visitenkarte, auf der ich mit Überraschung seine E-Mail-Adresse entdeckte. Gute Ideen lassen sich eben nicht durch Grenzen aufhalten.

Auch in Deutschland sollten heute die Weichen auf Globalisierung gestellt werden. Denn allen muss mittlerweile klar geworden sein, dass der deutsche Sonderweg eine Sackgasse ist. Wir haben auf den meisten Feldern den Anschluss verpasst. Im blinden Eifer, alle einander anzugleichen, hat man die individuellen Tugenden der Strebsamkeit und der Disziplin, des Fleißes und der Erfindungsgabe aus dem Auge verloren, schlimmer noch: Man denunzierte sie. Zugleich konnte sich der schlimmste Feind der Chancengleichheit, die Korruption, in unserem Lande ausbreiten –, und zwar oft gerade durch jene, die sich Moral und Humanismus auf ihre Fahne geschrieben haben. Gerade jetzt, wo Deutschland, hinter der Maske der politischen Korrektheit zur »Spendengeldrepublik« zu verkommen scheint, möchte ich zu einem Umdenken im ethischen Bereich auffordern.

Alles, was Deutschland in vergangenen Jahrhunderten zu einem internationalen Vorbild werden ließ – Erfinder- und Entdeckergeist, wissenschaftliche Gründlichkeit, technische Innovationsfreude und kulturelle Schöpferkraft – hat bei uns an Kurswert verloren. Wer etwas kann oder besitzt, was anderen mangelt, wird dafür moralisch in die Ecke gestellt. Eigene Interessen werden hinter allgemeiner Heuchelei versteckt. Die freiheitliche Ethik, die ich in diesem Buch entwickeln möchte, fordert genau das Gegenteil: Wer etwas kann und schafft, was andere (noch) nicht können, muss gefördert werden –

damit alle ihm nacheifern, um es irgendwann ebenfalls zu können. Nicht Sein oder Haben ist die Alternative, sondern Sein und Können. Nur die Ungleichheit schafft den Anreiz, über sich hinauszuwachsen. Wer sich im Grau der Masse versteckt, kann auch seinem eigenen Leben keine Farbe verleihen.

Deutschlands einzige Chance besteht darin, die Globalisierung anzunehmen, den Mut aufzubringen, den Einzelnen aus der bedrohlichen Umarmung des Behördenstaates zu entlassen. Nicht das Diktat der politischen Korrektheit, des Parteienproporzes und der immer neuen Bündnisse und runden Tische zählt dann mehr, sondern allein die Öffnung zum freien Informations- und Warenfluss zwischen den Nationen. An die Stelle des Zwangs zur Gleichheit muss für jeden die Chance seiner individuellen Freiheit treten. Denn Globalisierung heißt auch: Vormundschaft abbauen sowie Eigenverantwortung und -initiative fördern.

Im letzten Abschnitt dieses Buches möchte ich deshalb dafür werben, unsere 53 Jahre alte Verfassung endlich auf eine zeitgemäße Basis zu stellen. Wie 1948 in Herrenchiemsee ein Grundgesetz für Deutschland erarbeitet wurde, das den nationalen Neuanfang ermöglichte, sollten wir heute unsere Verfassung den Bedürfnissen des neuen Jahrhunderts anpassen, um unsere so deutlich zu Tage tretenden Schwächen korrigieren zu können. Dazu habe ich Edmund Stoiber vorgeschlagen, einen Konvent von Sachverständigen und »Weisen« wie damals in Herrenchiemsee zusammenzurufen, der eben das, was Giscard d'Estaings Brüsseler Konvent für Europa leisten soll, den Deutschen anbietet: ein überarbeitetes Grundgesetz, das unserer Nation eine moderne, freiheitliche »Arbeitsgrundlage« schenkt. Damit wir zugleich globalisierungstaugliche Weltbürger werden – und stolz auf unser Vaterland sein können.

Aber gehört sich das eigentlich? Dürfen wir stolz sein auf unser Land? Präsident Rau meint, man könne nur stolz auf die eigene Leistung sein. Vielen schien dies, da quasi von der Kanzel gepredigt, plausibel. Doch es ist falsch. Verblüfft stellte ich mir damals die Frage: Darf ich also nicht mehr stolz sein auf die Leistung meiner Mutter, die unsere zerstörte Firma nach dem Krieg im Alleingang wieder aufgebaut hat? Stolz sein auf meine Kinder, die ihre Talente entwickeln? Darf ich nicht mehr stolz sein auf mein Team in Beruf oder Sport, das besonders gute Leistungen gebracht hat? Auf mein Land, das sich in den vergangenen Jahrzehnten durch seine Leistungen Ansehen in der Welt verschafft hat?

Alle Nationen der Welt verhalten sich anders, als es der Bundespräsident von den Deutschen verlangt. Kein Land, das ich kenne, kommt ohne Patriotismus aus. In diesem Sinne verleiht er die Kraft, eigene Interessen hintanstellen zu können. Er motiviert zu Höchstleistungen auf allen Feldern. Und als nach den Terrorattacken vom 11. September 2001 die Stadt New York stolz auf ihre Feuerwehrleute und die USA stolz auf ihre New Yorker war – und viele Weltbürger mit ihnen –, mögen sich viele Deutsche verwundert die Augen gerieben haben: Ja, dürfen die denn das, so einfach stolz auf sich sein?

Auch wir Deutschen haben dieses Bedürfnis, was immer uns Medien und Politiker einreden wollen. Das heißt, wir dürfen stolz sein auf unser Land, sobald wir wieder Grund dazu haben. Sobald wir die globalisierte Welt nicht nur mit guten Ratschlägen, sondern auch mit unseren Produkten und Ideen, vor allem mit unserem schöpferischen Elan bereichern.

»Die Ethik des Erfolgs« möchte einen Anstoß dazu geben.

Hans-Olaf Henkel
Berlin, im Sommer 2002

1

Die Nation der Sonderwege

John Kornblum, ehemaliger US-Botschafter in Deutschland, hat mit seiner Kenntnis unseres Landes immer großen Eindruck auf mich gemacht. Besonders im kleinen Kreis nahm er sich die Freiheit, uns Deutschen, übrigens in hervorragendem Deutsch, die Leviten zu lesen. Da er von außen kam, fiel es ihm leicht, unsere Tabus zu erkennen und sich unbefangen darüber zu äußern. Natürlich war es mir angenehm, dass seine Urteile meine eigenen Beobachtungen, die fast immer der »öffentlichen Meinung« widersprachen, bestätigten.

Im Frühjahr 2002, als uns der »blaue Brief« der Europäischen Gemeinschaft ins Haus stand, traf ich ihn wieder. Kaum hatten wir in einem Restaurant am Gendarmenmarkt Platz genommen, als es förmlich aus ihm herausplatzte: Warum wir Deutschen immer einen Sonderweg gehen müssten! Das Wort, einst in der Geschichtsstunde gehört, machte mich stutzig. Irgendwie passte es tatsächlich auf unsere Gegenwart. Kornblum stellte die interessante These auf, dass unsere neuerliche Neigung, aus der Rolle zu fallen, mit unserer Vergangenheit zusammenhing, genauer: mit unserer Unfähigkeit, diese Vergangenheit zu verarbeiten. Übrigens, eine Vergangenheit der Sonderwege. Da wir nach wie vor die Hypotheken des letzten Jahrhunderts mitschleppten, würden wir niemals ein vernünftiges Selbstvertrauen entwickeln. Und die Komplexe, die sich daraus ergaben, ließen uns immer neue Sonderwege einschlagen – politische, volkswirtschaftliche, ökologische, mit Vorliebe auch moralische. Deutschland glich einem Kranken, der, befangen vom Trauma der Vergangenheit, seine Gegenwart nicht meistern kann. In diesem Augenblick beschlich mich das Gefühl, Deutschland müsse dringend auf die Couch.

Den Deutschen, so Kornblum, falle es beispielsweise immer noch schwer, sich auf internationalem Parkett zu ihren Interessen zu bekennen. Damit aber nicht genug, erwarten sie dieselbe Verkrampftheit auch von anderen. In seiner Zeit als Botschafter in Berlin wurde ihm von einigen Deutschen auch vorgeworfen, nur »amerikanische Interessen zu vertreten«. Das galt als Makel. In seiner Diplomatenlaufbahn, so erklärte er, hatte er kein einziges Land kennen gelernt, in dem man dergleichen auch nur gedacht hätte. Im Gegenteil, gilt es weltweit als selbstverständlich, dass ein Diplomat die Anliegen seines Landes vertritt. Seine deutschen Gesprächspartner, die dies anders sahen, gingen sogar noch weiter. Indirekt erwarteten sie von ihm, dass er sich doch, bitteschön, in Washington für deutsche Interessen einsetzen solle.

Nach unserem Gespräch blieb mir das Wort »Sonderweg« im Gedächtnis haften. Es hinterließ einen seltsamen Nachgeschmack. Irgendwie klang es typisch deutsch. So wie das zwanzigste Jahrhundert von vielen zu Recht als »deutsches Jahrhundert« bezeichnet wurde. Leider nicht im lobenden Sinn. Denn jenes Jahrhundert war durch Sonderwege geprägt worden, die von dieser Nation beschritten wurden und nicht zum Wohl seiner Nachbarn oder der Weltgemeinschaft. Es war das Jahrhundert, in dem das Bild vom »hässlichen Deutschen« entstand.

Das Reich Kaiser Wilhelms II., 1871 von Bismarck gegründet, fühlte sich bald schon aufgerufen, die Vormachtstellung Englands, Frankreichs und Russlands herauszufordern. Das territorial zerstückelte Land hatte offenbar seit dem Dreißigjährigen Krieg versäumt, sich in der Welt angemessen Geltung zu verschaffen. Die Einflusssphären schienen abgesteckt, die Kolonien aufgeteilt. So trat man als aggressiver Mitbewerber auf, um auch einen »Platz an der Sonne« zu gewinnen.

Seit der Reichseinigung fühlte man sich auf Augenhöhe mit den Nachbarn. Längst hatte man sich im internationalen Handel durchgesetzt. Deutsche Wissenschaft und Technologie wurden zum Synonym für Fortschritt. Das Automobil trat seinen

Siegeszug um die Welt an. Gemäß Gorch Focks berühmtem Aufruf »Seefahrt ist Not« machte man dem Marktführer Großbritannien auf den Meeren Konkurrenz. Das Qualitätsmerkmal »Made in Germany« entstand in jener Zeit, doch unter negativen Vorzeichen: Als England sein Handelsmonopol durch die Deutschen bedroht sah, erließ es 1887 ein Gesetz, nach dem deutsche Importwaren mit jener – wie man hoffte, abschreckenden – Bezeichnung abzustempeln waren. Hätten die Engländer damals geahnt, welchen Gefallen sie uns damit erwiesen, wäre es sicher unterblieben.

Leider war es das ehrgeizige Ziel des Kaisers, sich nicht nur durch die Erfolge in Forschung und Wirtschaft, sondern auch durch Panzerkreuzer und Krupp-Kanonen Respekt zu verschaffen. Nun sollte auch das Deutsche Reich wie das British Empire ein Weltreich werden, wenn nötig mit Gewalt. Deutschland rüstete auf, stellte der britischen Kriegsflotte seine eigene entgegen. Die Säbel rasselten. Erwartungsgemäß explodierte das Pulverfass Europa.

Ob sich Deutschland nun, da streiten die Gelehrten, hineinziehen ließ oder eben dies herbeigewünscht hatte: Der Erste Weltkrieg, der dies Land in Konflikt mit dem überwiegenden Teil der Weltbevölkerung, vor allem mit sämtlichen Großmächten sah, wurde von Deutschland geprägt. Dass wir die Hauptschuld daran trugen, wurde mir seit der Kindheit mahnend vor Augen geführt. Erst später erfuhr ich, dass dies so eindeutig nicht zu belegen sei. Dennoch verband sich mit unserem Namen, und leider zu Recht, das Bild einer unmenschlichen Kriegsführung, die nicht vor dem unbeschränkten U-Bootkrieg oder dem Einsatz von Kampfgas zurückschreckte. Wilhelms Sonderweg erwies sich 1918 als ein Weg zu Massengräbern und, in der Folge, zur Massenarmut.

Auch die Versailler Verträge, die den Deutschen hinfort jegliche Sonderwege verleiden sollten, bereiteten den nächsten vor. Die verheerenden Folgen des Krieges stürzten Deutschland schlagartig in Verfemung und Armut. Ich erinnere mich noch gut, wie mein Großvater mir als Kind eine Zigarrenkiste voll Banknoten zeigte. Gewöhnt an die gängigen Fünf- und Zehn-Markscheine, staunte ich über die astronomisch hohen Zahlen, die auf die alten Noten gedruckt waren: Zuerst nahm er einen 50 000-Mark-Schein aus der Kiste, es folgte eine Note über eine Million Mark, die noch von einem Geldschein mit 50 Millionen übertroffen wurde. Als es in die Milliarden ging, konnte ich nur noch lachen.

Das ist nichts zum Lachen, sagte Großvater. Damals, während der Inflation, hat unser Geld seinen Wert verloren. Unsere ganzen Ersparnisse waren futsch. Und Großmutter erzählte noch, dass Großvater sich nach jeder Arbeit sofort den Lohn auszahlen ließ, damit er die Scheine beim Bäcker eilig gegen Brot eintauschen konnte. Denn wenn er abends nach Hause kam, waren sie nur noch die Hälfte wert. Übrigens hängen die Scheine heute, unter Plexiglas, in unserem Haus in der Normandie.

Deutschlands Trauma: Das Volk, das sich gerade durch einen Krieg gehungert und diesen wider eigenes Erwarten verloren hatte, ging anschließend wegen der Reparationszahlungen seines gesamten Geldvermögens verlustig. Seitdem ist den Deutschen ein ausgesprochenes Bedürfnis nach Stabilität geblieben. Fortan wollte man sichere wirtschaftliche Verhältnisse und eine möglichst harte Währung. Nebenbei bemerkt, waren die Stabilitätskriterien von Maastricht, gegen die wir im Jahr 2002 beinahe verstießen, maßgeblich von uns selbst gefordert worden.

Als Deutschland Ende der 1920er Jahre wegen Inflation und Arbeitslosigkeit im Chaos zu versinken drohte, hatten die Ideologen von rechts und links freies Spiel. Schon während des Krieges hatte sich das Land politisch scharf polarisiert. Die Frage war nur noch, welches Extrem – die Nazis oder die Kommunisten – die Macht ergreifen und stabile Verhältnisse herstellen würde. Adolf Hitler, von vielen als das »kleinere Übel« unterschätzt, machte den Deutschen einen neuen Sonderweg schmackhaft. Zuerst suggerierte er ihnen, dass er in Wahrheit die politische Mitte darstellte, in der, wie der Name seiner Partei versprach, die Extreme von Nationalismus und Sozialismus versöhnt waren. Gleichzeitig entwarf er aus der Weltwirtschaftkrise heraus die Vision eines neuen deutschen Reiches, das der germanischen Herrenrasse zum Durchbruch verhelfen sollte. Die Geringschätzung, die das Ausland den Deutschen damals entgegenbrachte, wurde nun mit gefährlicher Selbstüberschätzung beantwortet. Was schon zu Kaiserzeiten in den Abgrund geführt hatte – Führerwillkür und Untertanenmentalität –, wurde von ihm ins Extrem getrieben.

Zuerst aber demonstrierte der »Führer« einer staunenden Welt, wie weit man es mit deutschen Tugenden bringen konnte: Das Land wurde gleichgeschaltet, alles zog, halb freiwillig, halb gezwungen, in eine Richtung, und es schien sogar zu funktionieren. Die Arbeitslosen verschwanden von der Straße, im Inneren wurde gewaltsam Stabilität durchgesetzt. Das Dritte Reich prosperierte, es hatte seinen Sonderweg gefunden, dem die Welt, trotz der Diskriminierung der Juden und der sich schon durch die Röhm-Morde früh abzeichnenden Gewaltbereitschaft, einen vorsichtigen Respekt nicht verweigern wollte. Nur drei Jahre nach seiner Machtergreifung stand Hitler auf der Höhe seines internationalen Ansehens. Die Olympischen Spiele von 1936 sahen eine Nation, die wie Phönix aus der Asche gestiegen war.

Mein Vater, ein begeisterter Amateurfilmer, besaß in seiner Zelluloidsammlung Ausschnitte aus Leni Riefenstahls pompösem Olympiafilm »Fest der Völker«. Bald darauf drehte er einen eigenen Streifen, bei dem er sich, von meiner Mutter mit der 16-Millimeter-»Bolex« gefilmt, als olympischer Zehnkämpfer darstellte. Er war ein exzellenter Sportler, aber ich habe doch den Verdacht, dass er bei vielen Szenen die Einstellungen Leni Riefenstahls nachgestellt hat. Auch aus seinen Filmen spricht das neu gewonnene Selbstbewusstsein eines Volkes, dem die ganze Welt applaudierte und das sich schmeichelte, eine wahrhaftige Herrenrasse darzustellen. Ich kann in diesem Wahn nur die Kompensation des Minderwertigkeitsgefühls erkennen, das sich seit dem verlorenen Krieg in Deutschland ausgebreitet hatte. Über die Konsequenzen machte sich leider kaum einer Gedanken.

Zu leicht vergisst man, dass sich nicht nur das deutsche Volk, sondern auch das Ausland von Hitler blenden ließ. Wie man sich von der Regie der Olympischen Spiele begeistern ließ, ohne allzu sehr hinter die Fassade zu blicken, erwies die ausländische Elite auch dem »Führer« selbst die Ehre, obwohl man schon damals wissen musste, dass ihm Blut an den Händen klebte. Als Chef der IBM-Deutschland wurde mir dies Ende der 1980er Jahre überraschend in Erinnerung gebracht: Bei einem Pensionärstreffen winkte mich ein weißhaariger Herr zu sich, der, einen Gehstock zur Seite, auf einem Sofa saß. Er hätte, so erzählte er mir mit gedämpfter Stimme, bereits in den 1930ern bei der deutschen IBM gearbeitet, sei nun schon sehr alt und wisse nicht, ob er noch lange zu leben habe. Mit diesen Worten zog er einen großen Umschlag aus seiner Jacke, drückte ihn mir in die Hand und sagte mit eindringlicher Betonung, ich solle ihn gut aufbewahren. Es handle sich um »brisantes Material«.

Als ich nach der Veranstaltung das verschlossene Kuvert öffnete, fielen mir einige Fotos entgegen. Ich traute meinen Augen nicht. Auf dem ersten sah ich unseren legendären Firmengründer T. J. Watson im Gespräch mit Propagandaminister Joseph Goebbels und dessen Frau Magda. Ein anderes zeigte eine kleine Teerunde mit Adolf Hitler 1937, bei der IBM-Boss Watson mithilfe eines Dolmetschers auf den »Führer« einsprach. Daneben saß mein damaliger Vorgänger, der Chef der »Dehomag« – Deutsche Hollerithmaschinen AG –, der den Amerikaner in der Runde vorgestellt hatte.

Offenbar sah der amerikanische IBM-Chef damals noch keinen Grund, Hitler oder Goebbels aus dem Weg zu gehen. Watson, so fand ich später heraus, war in doppelter Mission unterwegs. Zum einen als Chef eines amerikanischen Unternehmens mit florierenden Dependancen in Europa, deren deutsche Hauptverwaltung in Berlin saß. Zum anderen als Leiter der amerikanischen Handelskammerorganisation, der beim Staatschef des größten europäischen Landes, nämlich Hitler, die gemeinsamen Wirtschaftsbeziehungen erörterte. Watson ließ sich sogar einen hohen Orden überreichen.

Natürlich hätte Watson schon 1937 wissen müssen, welchen Diskriminierungen die Juden in Deutschland ausgesetzt waren. Aber er, wie viele andere Ausländer auch, zog es vor, wegzusehen. Nach der Wende 1989 musste ich feststellen, dass die deutsche IBM sogar davon profitiert hatte. Wir waren, was ich nicht ahnen konnte, Eigentümer zweier Grundstücke, die sich in Ostberlin befanden. Schnell stellte sich heraus, dass es sich um ehemals jüdischen Besitz handelte, der »arisiert« worden war.

Ich erinnerte mich dabei auch an mein schönes Elternhaus an der Rothenbaumchaussee 141, einer Gegend, die vor dem Krieg bevorzugt von Juden bewohnt war. Da meine Eltern Antiquitäten sammelten, gingen sie Ende der dreißiger Jahre zu Auktionen, auf denen sie wertvolle Möbel günstig ersteigern konnten. Manchmal frage ich mich, wie viele von den Stücken, die mir unser Haus wie ein Schloss erscheinen ließen, möglicherweise von Juden stammten, die aus Hamburg emigrieren mussten. Das Haus selbst, in dem ich aufgewachsen war, hatte, wie ich später herausfand, einer jüdischen Familie gehört. Meine Mutter versicherte mir aber, dass meine Eltern einen fairen Preis dafür bezahlt hatten. Nach dem Krieg, aus dem mein Vater nicht zurückkam, verkaufte sie das ausgebombte Grundstück für zehntausend Mark, die sie sich bar auszahlen ließ und wir in Bündeln von Hundertmarkscheinen bestaunten. Nie zuvor hatte ich eine so große Summe Bargeld gesehen, übrigens später auch nicht –, aber gemessen an der Lage war es ein bescheidener Betrag. Der Löwenanteil des Verkaufswertes ging an eine Agentur, die die erbrechtlichen Interessen ermorderter Juden ohne Erben wahrnahm, die Jewish Claims Agency.

Dieselbe Agentur meldete sich bei mir 1989 wegen des einen IBM-Grundstücks in Ostberlin, während für das andere der Erbe des einstigen Besitzers Ansprüche anmeldete. Ich sorgte für eine schnelle Regelung des Problems: Die Immobilien wurden ihnen geschenkt. Zu meiner Erleichterung erhielt ich damals auch Informationen über IBM-Boss Watson, die zu seiner Ehrenrettung beitrugen. Beim Ankauf der fraglichen Berliner Grundstücke hatte er seine Europa-Zentrale in Genf angewiesen, für beide einen hohen Preis zu bezahlen, um den beiden jüdischen Familien die Auswanderung und einen Neuanfang im Ausland zu ermöglichen. Die andere Information, die Watson in ein besseres Licht rückte, hing mit der Reichskristallnacht zusammen: Einen Tag nach dem Pogrom im November

1938 schickte T. J. Watson seinen Orden an Hitler zurück. Die kompromittierenden Fotos habe ich übrigens von meinem damaligen Personalchef im Firmentresor deponieren lassen. Aus dem sind sie zwischenzeitlich auf mysteriöse Weise wieder verschwunden.

Wie sich das Ausland bis 1938 von Hitlers geschickter Propaganda täuschen ließ, lebten auch die Deutschen in einer Wolke aus Desinformation und Schönfärberei. Der freie Zugang zu Informationen war verbaut und die Medien gleichgeschaltet. Nicht die Wahrheit zählte, sondern deren ideologische Perversion, die Propaganda. Ich frage mich oft, ob Hitler und die von ihm später ausgelösten Verbrechen möglich gewesen wären, wenn es damals schon das Internet gegeben hätte. Oder wie wäre Goebbels' systematische Verleumdung der Juden bei den Deutschen angekommen, wenn sie Zugriff auf internationale TV-Nachrichtensender gehabt hätten? Man stelle sich vor, Chaplins »Großer Diktator« wäre im deutschen Fernsehen gezeigt worden – wie lächerlich hätte Adolf Hitler hinterher ausgesehen. Stattdessen lebte dieses Volk in einer haarsträubenden Unwissenheit über das, was sich im eigenen Lande abspielte, ganz zu schweigen von den Entwicklungen in der Welt. Ich bin fest überzeugt: Nur weil Hitler sein Volk bewusst von jeder Art von Globalisierung ausschloss, konnte er es nach Belieben manipulieren und schließlich in die Massengräber schicken. Hitler hatte eine andere Vision von Globalisierung.

Sehr schnell ließ er Deutschland auf die alte Wilhelminische Heerstraße einschwenken. Das in Marschordnung gebrachte Volk stand Gewehr bei Fuß. Bald war das Bild vom hässlichen Deutschen, das kurzfristig in Vergessenheit geraten war, in der ganzen Welt wieder aufgefrischt. Ab 1938 verließ Hitler den globalen Konsens, brach internationale Konventionen, besetzte Nachbarländer und begann den Zweiten Weltkrieg. Damit forderte er, schlimmer noch als der Kaiser ein Vierteljahrhundert vor ihm, die ganze Welt heraus. Hitler griff an. Doch die Deutschen ließ er dank Propaganda glauben, sie seien es, die von allen Seiten bedroht und angegriffen würden. Diesmal führte der deutsche Sonderweg – einzigartig in der europäischen Geschichte – zur Zerstörung des eigenen Landes sowie weiter Teile Europas und zur Massenvernichtung eines Volkes, das nicht einmal kriegsbeteiligt war.

Nach dem Zusammenbruch des Hitler-Reiches war Deutschland, in dessen Namen ein Jahrtausendverbrechen begangen worden war, gebrandmarkt. Jeder einzelne Deutsche trug an der kollektiven Verantwortung. Zwar wäre der Holocaust in Deutschland niemals mehrheitsfähig gewesen, und Hitler wusste, warum er ihn zur Geheimsache erklärte. Dennoch hatte das Volk in typischer Untertanenmentalität, und zudem noch propagandistisch aufgehetzt, die Diskriminierung seiner jüdischen Mitbürger hingenommen, dann weggeschaut, als während des Krieges die Transporte nach Osten begannen, und vielfach auch beim Vernichtungswerk mitgeholfen. Als für die Deutschen selbst an allen Fronten das millionenfache Sterben begann und das Reich im Bombenhagel unterging, vollzog sich hauptsächlich im Osten die Jahrtausendtragödie des Holocausts. Die Deutschen nahmen in der Depression der Niederlage die schreckliche Schuld auf sich. Was ein fundamentalistischer Massenmörder größtenteils im Verborgenen angerichtet hatte, wurde nun zur öffentlichen Schande. Für lange Zeit waren die Deutschen, wie schon nach dem Ersten Weltkrieg, im Ausland gebrandmarkt. Man war wieder »hässlich«.

Als ich 1956 mit sechzehn Jahren nach Paris radelte, wurde ich zum ersten Mal damit konfrontiert, einem schuldbelasteten Volk anzugehören. In Reims, wo ich mich nach der Jugendherberge erkundigte, geriet ich an einen Franzosen, der mich brutal anschrie und mit der Faust bedrohte. Vor Schreck konnte ich kaum verstehen, was er sagte, doch immer wieder tauchte das Wort »boche« auf, das französische Schimpfwort für die Deutschen. Natürlich konnte ihm kaum entgangen sein, dass ich rein altersmäßig nicht zu den Menschen gehören konnte, die sein Land überfallen hatten. Doch das bremste keineswegs seinen Hass, vielmehr schien er mich für alles Unglück, das seine Stadt seit dem Ersten Weltkrieg getroffen hatte, verantwortlich zu machen. Der Schock überschattete meine Reise noch tagelang. Zum Glück hat sich ein solcher Vorfall während meiner späteren elf IBM-Jahre in Paris nie wiederholt.

Dass bis heute jeder einzelne Deutsche, ob damals schon

geboren oder nicht, die Schuld an Hitlers fatalem Sonderweg mittragen soll, entspricht weniger den Erwartungen des Auslands als der Forderung unserer eigenen Ideologie. Das antideutsche Ressentiment ist heute ein ausschließlich deutsches Ressentiment. Es gehört zur politischen Korrektheit, die Wunde offen zu halten, und es scheint mir kein Zufall, dass diesem Schuldgefühl zu Anfang des neuen Jahrhunderts im Herzen unserer Hauptstadt ein monumentales Betondenkmal errichtet wird.

Im Februar 2002 wurde ich auf dem Heimweg von meinem kleinen Büro der Leibniz-Gemeinschaft in der Friedrichstraße von einem etwa achtzigjährigen Herrn mit Rollkoffer angehalten: Er müsse unbedingt mit mir sprechen. Als er mir seine Visitenkarte überreichte, erinnerte ich mich, des Öfteren Zuschriften von ihm bekommen zu haben. Er stellte sich mir als deutscher Jude vor. Ob ich die neuesten Entwicklungen zum Holocaust-Mahnmal kenne?, fragte er mich aufgeregt.

Ich weiß nur, antwortete ich, dass der Bundestag das Projekt genehmigt hat und dass die ersten Stelen-Muster schon zu besichtigen sind.

Er schüttelte den Kopf. Das ist längst überholt. Laut einer neuesten Untersuchung wünschen über siebzig Prozent der Deutschen, dass aus dem Mahnmal für die Juden ein Mahnmal für alle Opfer des Nationalsozialismus werden soll. Und sehen Sie, fuhr er fort, indem er seinen Koffer öffnete, hier sind Umfragen, die belegen, dass auch die Wähler der meisten deutschen Parteien dies wollen: ein Mahnmal für alle, nicht nur für die Juden. Man wird dies vor den Bundestag bringen, da bin ich sicher.

Und wie stehen Sie dazu?, fragte ich ihn.

Ich halte das für richtig, sagte er. Die Meinung des Zentralrats der Juden teile ich nicht. Was mich aber ärgert, ist der fanatische Eifer von gewissen Deutschen, die partout darauf bestehen, dass die Juden ein weiteres Mal aussortiert werden. Da ich die Aussonderung durch die Nazis am eigenen Leibe erlebt habe, verbittert mich das.

Ich musste ihm zustimmen. Nur politische Überkorrektheit konnte auf die Idee kommen, die Opfer der Konzentrationslager in Kategorien aufzuteilen. Und schien es nicht geradezu absurd, dass, wie von den Parteien erwünscht, jeder einzelnen der betroffenen Gruppen ein eigenes Mahnmal errichtet werden sollte? Wenn es schon ein »Reichstrauerfeld« Speerschen Ausmaßes geben musste – dieser Ausdruck soll von einem Mitglied der rot-grünen Bundesregierung stammen –, warum dann nicht für alle, die Hitlers Vernichtungsapparat zum Opfer fielen? Seit diesem Gespräch habe ich mit anderen, auch ausländischen Juden über diesen Punkt gesprochen. Sie haben mir alle zugestimmt. Dass auch die deutschen Politiker die Weisheit dazu doch noch aufbringen werden, ist zu bezweifeln.

In diesem Zusammenhang hat mich oft noch ein anderer Gedanke bewegt: Wie leicht es den Deutschen doch fällt, der Opfer anderer Völker zu gedenken, während sie fast unfähig scheinen, um ihre eigenen Toten zu trauern. Wie viele Millionen unschuldiger deutscher Zivilisten starben in den Bombennächten, bei den Vertreibungsaktionen, auf den Flüchtlingstrecks. Jahrzehntelang gehörte dies zu den Tabus der deutschen Ideologie. Erst seit neuester Zeit deutet sich hier ein leiser Wandel an. Es geht dabei nicht um politische Neubewertung oder gar Aufrechnung, sondern einfach darum, dass man Gefühle zulassen soll. Wenn, wie das Holocaust-Mahnmal zu beweisen scheint, menschliches Leid niemals verjährt, so gilt das auch für dieses verdrängte, unterdrückte, ja verleugnete Leid. Eine Trauer, die nur der einen Seite des Leichenfeldes gilt, kann niemals wahre Trauer sein.

Ob die Neubesinnung am neuen Jahrtausend liegt, am Abschied vom deutschen Mythos »Mark« oder daran, dass wir die Erfolgsjahre hinter uns gelassen haben und uns plötzlich ganz unten wiederfinden? Im Fernsehen mehren sich die Augenzeugenberichte über den alliierten Bombenkrieg, der, was niemand bestreitet, eine Reaktion auf deutschen Luftterror war – und dennoch kann man die hunderttausenden Zivilisten, die damals verbrannten oder in den Kellern erstickten, nicht mit diesem Argument beiseite wischen. Für mich war es ein exemplarisches Ereignis aus dem Frühjahr 2002, dass Günter Grass – sonst kein sonderlicher Freund der Deutschen – ein Buch über den Untergang der »Wilhelm Gustloff« schrieb und der deutschen Opfer gedachte, die dabei einen so jämmerlichen Tod in der Ostsee fanden. Und wenn Marcel Reich-Ranicki dieses Buch öffentlich lobte und gestand, bei der Lektüre geweint zu haben, so war dies ein wichtiger Schritt zur historischen Wahrhaftigkeit. Dass er im selben Atemzug darauf hinwies, wie viel mehr Menschen in den Konzentrationslagern sinnlos dem Rassenwahn geopfert wurden, gehörte selbstverständlich zu dieser Wahrhaftigkeit hinzu.

Zwar zählte Deutschland nach dem Krieg nicht mehr zu den Weltmächten, die nun in Blöcken gegeneinander antraten, um die Welt in Einflusssphären aufzuteilen – doch die Konfrontation fand auf deutschem Boden statt. Das Land trug die Spaltung am eigenen Leib. Die zweite Hälfte des Jahrhunderts war geprägt durch den Sonderweg der Deutschen, gleichzeitig beiden Weltmächten und Blöcken anzugehören und es beiden recht zu machen. Mehr noch: Jede Seite wollte ihrer jeweiligen Siegermacht zeigen, dass sie es womöglich sogar besser konnte als sie. Die DDR führte ihrer Weltmacht UdSSR vor, was sozialistische Disziplin und Geheimpolizei zu leisten vermochten. Die Bundesrepublik lernte das Instrument der freien Marktwirtschaft virtuos zu beherrschen, wobei Relikte aus Reichszeiten großzügig integriert wurden. Zugleich erwies es sich als Musterschüler in Sachen Demokratie und verinnerlichte jene Ideologie, die sich während der ersten Jahrhunderthälfte im Westen aufgebaut hatte – gegen den deutschen Sonderweg und den deutschen Nationalstaat mit seinen gefürchteten Tugenden.

Die Geburtsstunde des neuen Sonderwegs schlug 1949 mit der Verkündung des Grundgesetzes, das vom Verfassungskonvent auf Herrenchiemsee erarbeitet worden war. Unter alliierter Oberaufsicht führte man eine vom Westen inspirierte Verfassung ein, die verhindern sollte, dass je wieder Politik ohne demokratische Legitimation betrieben wurde – und vergaß, sie selbst demokratisch zu legitimieren. Über unsere Verfassung wurde bis heute niemals abgestimmt. Viele Schwächen unseres politischen Systems, unter denen wir heute leiden, wurden damals in die Wege geleitet. Auf der anderen Seite bot uns die Verfassung Möglichkeiten, die wir im Lauf der Jahrzehnte selbst verspielt haben. Sie brachte uns die Freiheit der Grundrechte, errichtete aber auch Blockaden, die wir heute nicht mehr entfernen können, weil sie eingerostet sind. Bis heute, um einen negativen Aspekt hervorzuheben, wird aus der Verfassung die herausragende Stellung der Tarifparteien abgeleitet, die Deutschlands Arbeitskosten monopolartig verwalten. Dass den Betrieben durch dieses Kartell die individuelle Gestaltung von Arbeitszeiten und Löhnen aus der Hand genommen wird, erweist sich immer mehr als der Grund für die hohe Arbeitslosigkeit und damit auch als eine Hauptursache unseres wirtschaftlichen Niedergangs.

Zu den positiven Aspekten dieser neuen Verfassung gehörte der Föderalismus. Die Länder, so wurde in der Verfassung festgelegt, sollten autonome Einheiten sein. Natürlich wollte man damit vor allem einen Rückfall in den alten Zentralismus verhindern. Das Reich sollte zerschlagen werden, damit sich nie wieder ein Obrigkeitsstaat bilden konnte. Gerade weil dieser Aspekt der Bundesverfassung die übergeordnete Macht des Bundes einschränken sollte, hätte er paradoxerweise ihr stärkster Teil sein können. Doch die Deutschen zogen es vor, den Föderalismus im Laufe der Jahrzehnte Stück für Stück außer Kraft zu setzen. Kurzsichtig schaltete man den Wettbewerb zwischen den Bundesländern aus, um ihn durch den Zwang zum Konsens zu ersetzen. Im Eifer der gegenseitigen Angleichung ging regelmäßig jeder originelle Impuls verloren. Auch hier begann das Mittelmaß zu herrschen.

Dass der Volksentscheid über eine Verfassung so hartnäckig auf die lange Bank geschoben wurde, hängt damit zusammen, dass den Parteien gar nicht daran gelegen ist. Denn aus alliiertem Argwohn gegenüber dem deutschen Volk war ihre Rolle gestärkt worden, während der Souverän selbst wenig zu sagen haben sollte. Blickt man zurück auf die Nachkriegszeit, kommt es einem vor, als hätten die Alliierten dies nur in die Wege geleitet, um einen Sonderweg nach Wilhelm- oder Hitler-Art für alle Zeiten zu verhindern. Zu diesem Zweck verschrieben sie uns eine Parteien-Demokratie, bei der das Volk von Zeit zu Zeit darüber abstimmen darf, in welchem Machtverhältnis diese Parteien jeweils zueinander stehen. Doch wenn es um die Koalitionen geht, die über die Regierungsbildung entscheiden, muss der Souverän vor der Türe bleiben. In Deutschland wird der Begriff Demokratie nicht von den Bürgern, sondern den Parteien definiert.

Als ähnliches Danaergeschenk entpuppte sich die Montan-Mitbestimmung, die uns nach dem Krieg ebenfalls von den Alliierten beschert wurde. Man wollte uns in die Freiheit entlassen, doch gleichzeitig eine Wiederholung Hitlers ausschließen. Man startete, doch mit eingebauter Selbstbremsung. Das Motiv war damals durchaus einsehbar: Es sollte die gefürchtete deutsche Schwerindustrie mit ihren Kohlen-, Eisen- und Stahlbaronen geschwächt werden. Da man den Krupps und Thyssens zu Recht vorwarf, den Aufstieg Hitlers ermöglicht und damit Einfluss auf die Staatsentwicklung genommen zu haben, würden sie in Zukunft mit einer inneren Opposition, den Gewerkschaften, konfrontiert sein.

In den Jahren des Wirtschaftswunders, ja noch bis in die achtziger Jahre, brachte dieses Modell sogar Vorteile mit sich: Während unsere Nachbarn unter Streiks litten, herrschte in Deutschland meist Tariffrieden. Doch dabei blieb es nicht. Die Montan-Mitbestimmung führte zu einem weiteren Sonderweg, der für unser Land gravierende Folgen zeitigen sollte. Zog sie doch eine ganze Flut weiterer Mitbestimmungsmodelle nach sich, mit denen bis heute die Selbstbestimmung in den Unternehmen blockiert wird. Längst haben unsere Nachbarn solche Bremsklötze der Wirtschaftsentwicklung abgeschafft, soweit sie diese überhaupt je eingeführt hatten. In Deutschland feiern sie, dank der Gewerkschafts-Minister Blüm und Riester, immer neue Triumphe.

Was damals als Folge des Krieges nachvollziehbar war, behindert heute unsere Fähigkeit, auf die Globalisierung flexibel zu reagieren. Denn wo Oppositionen institutionalisiert sind, trifft jede Entscheidung unweigerlich auf eine Gegenkraft – auch wenn diese Entscheidung von vitalem Interesse ist. Kollektive Systeme können Machtmissbrauch verhindern, doch ebenso die freie Entfaltung von Kräften. Überall in der freien Welt werden heute, im Zuge der Globalisierung, kollektive – also sich selbst behindernde – Systeme abgebaut. Überall dort fördert man die Freiheit, also die Kreativität des Einzelnen. Nur bei uns wird die Kollektivierung durch übertriebene Mitbestimmung verschärft, wird die individuelle Freiheit immer weiter beschnitten.

In der Nachkriegszeit, die so viele Weichen für unsere Zukunft stellte, erwiesen sich die geteilten Deutschen, wie erwähnt, als Musterschüler des jeweiligen Blocks. Sie sagten sich los von einer Nationalgeschichte, die mit ihren fatalen Sonderwegen gescheitert war – und schlugen eben damit einen neuen Sonderweg ein. Man wollte sozusagen bei Null beginnen und sich vor der Welt durch Fleiß und Wohlverhalten rehabilitieren. So leistete man im Moralischen wie im Wirtschaftlichen Übersoll.

Die ersten Jahrzehnte der Bundesrepublik gingen als eine Zeit höchster Produktivitätszuwächse in die Geschichte ein. Wenn man heute, um Deutschlands Schuldenberg zu erklären, die Belastung durch die Wiedervereinigung ins Feld führt, muss die Frage erlaubt sein: Wann wäre Deutschland mehr belastet gewesen als in der Nachkriegszeit? Das Land lag in Trümmern, die Infrastruktur war zerschlagen, die Nation in Zonen zerteilt. In dieser extrem schwierigen Situation wuchsen die Deutschen über sich selbst hinaus. Der CSU-Politiker Fritz Schäffer, Bundesfinanzminister von 1949 bis 1957, brachte das Kunststück fertig, durch sparsame Finanzpolitik sogar einen Überschuss, den so genannten Juliusturm, zu erwirtschaften. In Zeiten des Aufbaus konnte Schäffer Reserven anlegen. Das Wirtschaftswunder erhob sich über einer soliden finanziellen Basis. Wir dagegen nehmen es als selbstverständlich an, dass der Aufbau Ost mit gewaltigen Defiziten erkauft werden muss.

Dass Deutschland heute abgesunken ist, gilt nicht nur für den internationalen Vergleich. Auch im Vergleich zu uns selbst sind wir in vielen Bereichen schlechter geworden. Gleichzeitig sind die anderen besser geworden. An den globalisierten Märkten nehmen immer mehr Länder teil. Nicht nur als Konsumenten, sondern auch als Konkurrenten. Der Wohlstand, der nach dem Krieg hart erarbeitet wurde, erschien bereits den Deutschen der Siebziger Jahre als selbstverständlich. An die Stelle des Leistungswillens trat das Anspruchsdenken. Anstelle des Einsatzes »rund um die Uhr« kam die Rundumversorgung. Je größer die kollektive Absicherung – nicht ganz unzutreffend als Hängematte bezeichnet – desto kürzer die Arbeitszeit. Längst haben andere Länder diese Schwäche der Deutschen bemerkt und ihnen wichtige Weltmarktanteile abgenommen. So sinken unsere Leistungen, doch die Ansprüche steigen. Die außereuropäischen Industriemächte nutzen die Gunst der Stunde. Die europäischen Nachbarn werden unruhig.

Und die deutschen Bundeskanzler sitzen aus oder verkünden ihre Politik der »ruhigen Hand«. Wäre sie doch im Sommer und Herbst 2002 ruhig geblieben!

Im Wahlkampf bediente Kanzler Schröder die latenten antiamerikanischen Stimmungen der klassischen PDS-Wähler im Osten, indem er dem amerikanischen Präsidenten wegen seiner Irak-Politik »Abenteuertum« unterstellte. Seine »Auch-mit-UNO-ohne-uns-Politik« beeindruckte eine genügende Anzahl klassischer PDS-Wähler so sehr, dass sie diesmal ihre Stimme der SPD gaben. So verlor die SPD zwar in allen westlichen Bundesländern teilweise erheblich, doch konnte sie in allen ostdeutschen Bundesländern, auch in jenen, in denen der Kanzler mit seinen Gummistiefeln auf dem Höhepunkt der großen Flut nicht punkten konnte, gerade so viele Stimmen hinzugewinnen, um Schröder im Sattel zu halten.

»Gewonnen ist gewonnen«, hieß es dann, auch wenn dieser Sieg eindeutig mit einer dramatischen Verschlechterung der deutsch-amerikanischen Beziehungen bezahlt wurde. Ich erinnere mich nicht daran, dass sich jemals in der Nachkriegsgeschichte ein Politiker eines demokratisch organisierten Landes so zu Lasten der Beziehungen zu einer anderen Demokratie profiliert hätte. Selbst in den Niederlanden, in Frankreich oder Norwegen, in denen sich jahrzehntelang antideutsche Stimmung breit gemacht hatte, gab es nie einen ernst zu nehmenden Politiker, der sich mit dem Schüren antideutscher Ressentiments profilierte. Kanzler Schröder tat es ausgerechnet gegenüber den Vereinigten Staaten und begründete mit seiner national-pazifistischen Variante einen weiteren »deutschen Weg«.

2

Die Folgen der »Erbsünde«

Der Begriff der Freiheit steht in Deutschland nicht hoch im Kurs. Freiheit wird mit Ellenbogengesellschaft und mangelnder Solidarität gleichgesetzt. Freiheit, so glaubt man, kann nur ein Individuum fordern, das sich über die Solidargemeinschaft hinwegsetzen möchte. Freiheit geht, kurz gesagt, zu Lasten des höchsten Moralprinzips der Deutschen, der Gleichheit. Weil die Menschen aber nun einmal nicht alle gleich sind, verlegt man sich darauf, so zu tun, als ob. Man heuchelt.

Überhaupt haben Moral und Ethik bei den Deutschen einen herausragenden Stellenwert. Das begann vermutlich mit dem Schock, den die Verbrechen des Nationalsozialismus auslösten – nicht während, sondern nach dem Zusammenbruch des Hitler-Reiches. Man fühlte sich schuldig, auch wenn viele es nicht direkt waren, und übte sich in Selbstkasteiung. In diesem Punkt wurden die Deutschen ein tief christliches Volk: Sie glaubten hinfort an die Erbsünde. Denn die Verbrechen, die begangen worden waren, vererbten sich von den Vätern und Müttern auf die nächsten Generationen fort. Kein Wunder, dass Daniel Goldhagen mit seinem Buch »Hitlers willige Vollstrecker«, in dem er die Fähigkeit, Massenmord an den Juden zu begehen, gleichsam im Volkscharakter der Deutschen angelegt sah, gerade bei uns so erfolgreich war. Der deutsche Enthusiasmus über seinen Schuldnachweis erhielt allerdings einen Dämpfer, als sich Goldhagens Thesen als wissenschaftlich unhaltbar erwiesen. Der Botschafter Israels in Berlin, Shimon Stein, sagte mir bei einem gemeinsamen Flug von Frankfurt nach Berlin, dass die Deutschen nicht zwischen Schuld und Verantwortung unterscheiden könnten. Junge Deutsche trügen keine Schuld, wohl aber Verantwortung für die Geschichte ihres Landes. Eine bessere Aussage habe ich nicht mehr gehört.

Der Übereifer der Deutschen, die Schuld generationsübergreifend auf sich zu nehmen, wurde insbesondere durch die Anklage der 68er-Bewegung noch verstärkt. Plötzlich war die Bundesrepublik im Kern wie das untergegangene Dritte Reich, nämlich faschistisch und rassistisch. Die Deutschen, hieß es, hätten sich im Grunde gar nicht geändert. Was sie als Freiheit ausgäben, sei nur das Recht einer kapitalistischen Minderheit, die Masse des ahnungslosen Volkes auszubeuten. Dieser Glaube, der es an Wahrheitsgehalt mit jedem religiösen Fundamentalismus aufnehmen kann, prägte hinfort die deutsche Ideologie. Man trug die »Erbschuld« mit sich, war aber zugleich verantwortlich für das »soziale Unrecht« der kapitalistischen Bundesrepublik.

Natürlich hatten die 68er Recht, wenn sie beklagten, dass zu viele Altnazis neue Karrieren im Nachkriegsdeutschland machten. Wenn ich mir vorstelle, mit welcher Selbstverständlichkeit ein Hans Globke, ehemaliges Mitglied der NSDAP und Kommentator der Nürnberger Rassengesetze, als Staatssekretär in Adenauers Kabinett akzeptiert wurde oder Reinhard Gehlen sich vom NS-Geheimdienstler zum Präsidenten des BND emporarbeiten konnte, dann verschlägt es mir heute noch die Sprache. Zu Recht rebellierten die Studenten gegen solche Auswüchse des Obrigkeitsstaates, die in einer aufgeklärten Demokratie nichts zu suchen hatten.

Da ist es nur ein schwacher Trost, wenn sich zum Beispiel der Bundesgerichtshof heute für sein eigenes Urteil schämt, durch das die Hinrichtung des früheren Reichsgerichtsrates und Widerstandskämpfers Hans von Dohnanyi ungestraft blieb. Bei einer Gedenkfeier zu Dohnanyis hundertstem Geburtstag nannte der amtierende Bundesgerichtshofspräsident Hirsch das Versagen der Nachkriegsjustiz beim Namen. Der Freispruch von Dohnanyis Richtern hatte übrigens zur Folge, dass kein Richter für die 50 000 Todesurteile während der Nazi-Herrschaft zur Rechenschaft gezogen wurde. Erst 1995 distanzierte sich der Bundesgerichtshof von diesem Urteil.

Die »Spiegel«-Affäre, dieser dreiste Versuch, die Pressefreiheit zu unterdrücken – er führte zum Rücktritt von Verteidigungsminister F. J. Strauß –, war für mich das einschneidendste Erlebnis, das meine Meinung über den Freiheitsgrad unserer Demokratie nachhaltig verändern sollte. Auch wurden mir die Machenschaften unserer Geheimdienste immer unheimlicher. Ich erinnere mich noch gut an das Verschwinden von über einem Dutzend südkoreanischer Regimekritiker, die in Deutschland Zuflucht gefunden hatten und, angeblich ohne Zutun und Wissen deutscher Behörden, nach Südkorea geschafft und dort vor Gericht gestellt wurden. Wie konnten ausländische Geheimdienstler Ausländer, die nicht einmal im Besitz eines Reisepasses oder Personalausweises waren, außer Landes schaffen? Es entbehrt nicht einer gewissen Ironie, wenn man sich heute vorstellt, dass der damalige Außenminister, der empört jede Mitwirkung deutscher Behörden in Abrede stellte, kein anderer als Willy Brandt war.

Wie zu Zeiten der Nazi-Herrschaft wagten nur wenige, sich den von der Obrigkeit geduldeten oder gar initiierten Menschenrechtsverletzungen entgegenzustellen. Einer von ihnen war der Rechtsanwalt Heinrich Hannover. Unermüdlich setzte er sich für die Rechte jener ein, die Opfer unseres nicht demokratisch kontrollierten Geheimdienstes wurden. In seinen beiden Büchern (»Die Republik vor Gericht«) hat er eindrucksvoll Zeugnis abgelegt, wie dreist man es damals getrieben hat. Unter dem Vorwand, man müsse gegen die menschenrechtsverletzenden Regime hinter dem Eisernen Vorhang Front machen, nahmen sich zu viele Politiker, Richter, Justizbeamte und andere Exekutivorgane die Freiheit, die Freiheit anderer einzuschränken und ihre Menschenrechte zu verletzen. Dies angeprangert und dadurch eine Veränderung eingeleitet zu haben, bleibt das Verdienst der 68er-Bewegung.

Doch auch die Kehrseite ihres Engagements sollte bis heute Folgen haben. Zwar schrieben auch die rebellierenden Studenten die Freiheit auf ihre roten Fahnen – doch leider meinten sie dann doch das Gegenteil: Sämtliche Staaten von China bis Kuba, die sie als Vorbilder heranzogen, waren totalitär und folgten von Mao über Castro bis Ho Tschi Minh einem bedenklichen Personenkult. Während in diesen Vorzeigeländern der

68er individuelle Freiheit als Staatsverbrechen behandelt wurde, galt Gleichheit als oberster Wert, der sich in China, dem wahren Paradies des neuen Glaubens, bis in die uniforme Kleidung niederschlug. Rückblickend kann man auch diesen deutschen Helden der Arbeiterklasse den Vorwurf der Heuchelei nicht ersparen: Während sie sich am Prinzip der absoluten Gleichheit berauschten – Kommunismus ist nur ein anderes Wort dafür –, wollten sie doch auf die Segnungen der individualistischen Wohlstands- und Informationsgesellschaft nicht verzichten. Bis heute leiden die 68er, mittlerweile in der Nähe des Pensionsalters, unter diesem inneren Widerspruch. Man frage Gerhard Schröder, Joschka Fischer oder Jürgen Trittin.

Dieser Kreuzzug der ersten Nachkriegsgeneration gegen die Väter, die ihn finanzieren mussten, übte einen bleibenden Einfluss auf die deutsche Gesellschaft aus. Auch wenn fast alle linken Vorbilder, eins nach dem anderen, vom Sockel stürzten und nahezu der ganze Kommunismus hinterdrein, blieb doch das 68er-Ziel der Gleichheit unangetastet. Der Wunsch nach freier Selbstentfaltung dagegen gilt seitdem als gefährlich amerikanisch und »neoliberal«. Es ist wohl überflüssig, eigens darauf hinzuweisen, dass heute führende Köpfe der damaligen Linken, geläutert durch die real existierende Wirklichkeit, viele Schlüsselpositionen der deutschen Gesellschaft innehaben – nicht anders übrigens als ihre Väter, die ihre vor 1945 begonnenen Karrieren nach 1945 nahtlos, und gewiss nicht weniger geläutert, fortführten.

Seit jener Zeit sind die großen deutschen Parteien Schritt für Schritt nach links gerückt, weg von der Freiheit hin zu immer mehr Gleichheit. Selbst die, nach allgemeiner Einschätzung, konservative CDU/CSU wirkt in vielen Punkten sogar noch sozialistischer als die britische Labour Party. Vergleicht man gar die amerikanischen Parteien mit den deutschen Volksparteien, müssen beide, Demokraten wie Republikaner, als erzkonservativ, mithin für den politisch korrekten Deutschen als kaum wählbar bezeichnet werden.

Und welcher aufrichtige Deutsche möchte in seinem Land schon »amerikanische Verhältnisse«? Wobei man sich immerhin über gewisse Vorteile des Microsoft-Systems und den

Unterhaltungswert von Hollywood-Filmen einig ist. Aber, ich bitte Sie, keine McDonaldisierung! Und jetzt rollt schon wieder eine solche Zumutung auf unser Land zu: Bei einer Beiratssitzung, die der Karstadt-Quelle-Konzern Anfang 2002 im firmeneigenen »Kaufhaus des Westens« (»KaDeWe«) in Berlin organisierte, informierte uns der agile Vorstandsvorsitzende über seine Pläne, eine »neue amerikanische Pest« ins Land zu holen: die Starbucks-Coffee-Shops. Ich bin sicher, sie werden hier genau so beliebt und erfolgreich wie heute schon in Großbritannien und Japan, von ihrer Heimat ganz zu schweigen. Ich bin aber nicht weniger sicher, dass unsere alten 68er wie die neuen Globalisierungsgegner auch diese Kette demnächst in ihren Moralindex aufnehmen werden.

Erst sehr spät haben die Linken ihr Herz für die Wiedervereinigung entdeckt. Die Gefahr, dass sie einen neuen Nationalismus ausbrüten würde, schien ihnen einfach zu groß. Jahrelang bestand in der Bundesrepublik ein Denkverbot, über dessen Einhaltung nicht nur alle führenden SPD-Politiker, sondern auch fast alle Medien- und Kulturschaffenden wachten. De facto war die DDR anerkannt. Wer den Begriff in Gänsefüßchen setzte, machte sich lächerlich. Als Martin Walser Mitte der 1980er Jahre in seinem Roman »Dorle und Wolf« sein »deutsch-deutsches Gefühl« eingestand, reagierte die Szene entrüstet. Selbst Hans-Dietrich Genscher, der sich auf dem Botschaftsbalkon in Prag als Vorkämpfer der Einigung auf unvergessliche Art in Szene setzte, hatte ursprünglich für eine getrennte Entwicklung beider Staaten plädiert. Und wie empört Hans-Jochen Vogel auffuhr, als ich ihn Ende November 1989 fragte, was er von der Möglichkeit einer Wiedervereinigung beider deutscher Staaten halten würde, habe ich in »Die Macht der Freiheit« bereits geschildert. Hinterher hat kaum ein Sozialdemokrat die Wende so schnell vollzogen und sich der ostdeutschen Bevölkerung als Anwalt ihrer Interessen empfohlen wie Hans-Jochen Vogel.

Dass die Trennung überwunden wurde, war weder das Werk der deutschen Parteien noch, bei allem Respekt vor ihrem Mut, der protestierenden Massen in Leipzig. Nicht die Sehnsucht der Deutschen nach nationaler Einheit riss die Mauer nieder, sondern das zusammenstürzende Sowjetreich. Neben Gorbatschow, der den Deutschen diese Chance bot, darf die ehrliche Konfrontationspolitik Ronald Reagans und Margaret Thatchers nicht vergessen werden, auch wenn Letzterer das Ergebnis nicht gefallen mochte. Es waren ausländische Politiker, die uns die Wiedervereinigung mundgerecht anboten. Helmut Kohl musste nur noch zugreifen. Dennoch hat eine ganze Heerschar von Geschichtsinterpreten seitdem versucht, die Wiedervereinigung als Verdienst eines großen deutschen Politikers darzustellen. Auch sonst hat sich dieser historischen Umwälzung eine Art kreativer Erinnerung bemächtigt: Nun wollte keine Partei mehr zu den Vereinigungsmuffeln gehört haben. Jede entdeckte in ihren Reihen leidenschaftliche Befürworter, die das einige Vaterland angeblich schon immer gefordert hatten. Und war es nicht auch im Grundgesetz verankert gewesen? Na bitte. Mit einem Mal erschien das, was man plötzlich – auch aus Rücksicht auf die Wählergunst – aus ganzem Herzen wollte, wie etwas, das man schon immer gewollt hatte. Es handelt sich hier um eine in Berlin weit verbreitete Form der Heuchelei.

Deutschland war fast wieder dort angekommen, wo es zu Beginn des Jahrhunderts gewesen war, bevor es die fatalen Sonderwege eingeschlagen hatte. Und um wie viel besser waren die Startbedingungen: ein Volk von achtzig Millionen, demokratisch legitimiert, politisch integriert in ein geeintes Europa, angeschlossen an die freie Weltwirtschaft. Man war sich sicher und ich mir auch: Blühende Landschaften würden entstehen. Mit dem Mauerfall schien Deutschland zur Normalität der Weltgemeinschaft zurückgekehrt. Endlich konnte es sich als freie Gesellschaft bewähren, ohne beständig aus der Rolle fallen zu müssen. Es konnte jene Machthaber, die das Volk ihren Sonderwegen aufgeopfert hatten, dem Urteil der Welthistorie überlassen, um sich endlich wieder zur eigenen Geschichte und eigenen Nation, das heißt zu sich selbst zu bekennen. Kein anderes Volk hätte etwas dagegen einzuwenden gehabt.

Als die Mauer fiel, freute sich die ganze Welt mit uns und blickte dem bevorstehenden Neuanfang unserer Nation voll Sympathie entgegen. Ressentiments wurden bewusst niedrig gehalten. Ich selbst bekam von meinen ausländischen Freunden 1989 nur Glückwünsche für mein Land zu hören: Alle waren sicher, dass die Deutschen in gewohnter Weise die Ärmel hochkrempeln würden, um den unterentwickelten Teil, einst DDR genannt, auf weltwirtschaftliches Niveau anzuheben. Was nach dem Krieg in einem völlig zertrümmerten Westdeutschland möglich gewesen war, durfte jetzt, angesichts der entwickelten Infrastruktur und europäischen Anbindung, umso weniger ein Problem darstellen. Es musste schon mit dem Teufel zugehen, wenn dieses große Land mit seinen Reserven an dieser Aufgabe – einer Aufgabe von vitalem Interesse – scheitern würde.

Offenbar ging es mit dem Teufel zu. Die Chance, wieder ein einiges Volk zu werden, das durch die Herausforderung zusammenwuchs, wurde verschenkt. Obwohl wir in der Nachkriegszeit, trotz der Notlage, einen Überschuss erwirtschafteten, wurde diesmal rücksichtslos ein gewaltiger Schuldenberg aufgetürmt. Der Hauptgrund für den wirtschaftlichen Schiffbruch lag darin, dass man nicht mehr wie nach dem Krieg den Mut zur gestalterischen Freiheit aufbrachte. Die marktwirtschaftlichen Rezepte, mit denen Ludwig Erhard in den 1950er Jahren das Wirtschaftswunder ermöglicht hatte, waren zwischenzeitlich mit Tabu belegt worden. Hatte er erfolgreich Bewirtschaftung und Preiskontrollen abgeschafft, so waren nun andere Formen der Zwangsregulierung entstanden, die jetzt systematisch auf die neuen Bundesländer angewandt wurden.

Der Prozess des Wiederaufbaus wurde nicht nur durch die Übertragung des westdeutschen Tarifkartells behindert, sondern zusätzlich mit den Kosten des Sozialversicherungssystems belastet. Ausgerechnet während der schwierigen Wiedervereinigung führte man auch noch das finanzielle Monstrum der Pflegeversicherung ein. Da die erwünschte Ost-West-Angleichung nicht schnell genug vonstatten ging, wurden die CDU-Politiker Kohl und Blüm nicht müde, den neuen Bundesbürgern immer neue kompensatorische Wohltaten zu verabreichen. Um sich für den Augenblick Vorteile bei den Wählern zu verschaffen, erhöhte man gedankenlos den gigantischen Schuldenberg zu Lasten unserer Kinder und nachfolgender Generationen, die ja noch nicht wählen konnten.

Es gab keinen Aufbruch, und man spürte auch keinen Ruck. Die Fehler der regulierten Westwirtschaft fielen im Osten umso schwerer ins Gewicht, als es noch gar keine Wirtschaft gab, die man hätte regulieren können. So verhinderte man das Wachstum, bevor es noch eingesetzt hatte. Statt ganz auf die freie Entfaltung der Kräfte zu setzen, versprach man Gleichheit mit dem Westen und das möglichst zum Nulltarif. Die Realität der Schulden zeigte, welch fataler Selbsttäuschung man sich hingegeben hatte. Als das Allensbacher Institut 1990 eine Umfrage startete, welches Gut höher eingeschätzt würde, Freiheit oder Gleichheit, votierte eine deutliche Mehrheit – besonders aus den neuen Bundesländern – für die Freiheit. Woraus sich schließen lässt, dass Freiheit dann besonders hoch eingeschätzt wird, wenn man sie nicht besitzt oder gerade erst bekommen hat. Bei der gleichen Untersuchung zehn Jahre später, hatte sich das Bild verändert: Nun wünschte man sich in Deutschland mehrheitlich – und wieder besonders der Osten – die Gleichheit.

Was war geschehen? Hatte der Deutsche zwischenzeitlich eine besonders aggressive Form des Turbokapitalismus kennen gelernt, der ihm die Freiheit suspekt erscheinen ließ? Oder war die »soziale Komponente« vernachlässigt worden? Das Gegenteil war der Fall: Man hatte sich sozial übernommen. Ein allgemein anerkannter internationaler Maßstab dafür, wie sozial ein Staat zu seinen Bürgern ist, errechnet sich aus dem Verhältnis von Bruttosozialprodukt und sozialen Ausgaben. In Deutschland ist er auf einer Rekordhöhe, und zwar sowohl im Vergleich zu den anderen wie im historischen Vergleich mit sich selbst. Nie zuvor haben wir einen größeren Anteil unseres erwirtschafteten Vermögens zugunsten des Gleichheitsprinzips ausgegeben – wobei Gleichheit sich, wohlgemerkt, nicht auf die Erwirtschaftung, sondern auf die Verteilung von Leistungen bezieht. Wie können die Deutschen also zu der in der Umfrage geäußerten Meinung kommen, es herrsche zu wenig Gerechtigkeit und Fürsorge in Deutschland? Offenbar wird es ihnen eingeredet.

Nun kommen auch noch die Kirchen hinzu, vor allem, wenn sie den so genannten Armutsbericht kommentieren. Danach müsste man glauben, in Deutschland herrsche nach wie vor verbreitete Armut. Wer jemals in der Dritten Welt wirkliche Armut erlebt hat, fasst sich an den Kopf. Offenbar wurde hier ein Berechnungsschlüssel eingeführt, der – unter Vernachlässigung der Wirklichkeit – das erwünschte Ergebnis ermöglichen sollte. In Deutschland errechnet sich die Armut nämlich so: Jeder, der über weniger als die Hälfte des Durchschnittseinkommens verfügt, darf sich als arm bezeichnen. Offenbar ist noch keinem die Absurdität dieses Maßstabs aufgefallen: Würden morgen alle nur noch 500 Euro bekommen, hätten wir nach dieser Zählweise – obwohl alle tatsächlich arm wären – keinen einzigen Armen mehr im Land. Würde man dagegen das Einkommen jedes Deutschen verdoppeln, hätte sich an der Zahl der Armen nichts geändert. Oder noch krasser: Würde Bill Gates, der reichste Mann der Welt, die deutsche Staatsbürgerschaft annehmen und sein Einkommen hier versteuern, hätten wir, statistisch gesehen, mit einem Schlag 200 000 Arme mehr. Mit anderen Worten: Was sich hinter dieser dürren Definition der Armut verbirgt, ist einmal mehr der Wille, die Gleichheit zur Norm zu erklären.

Trotz dieses Widersinns glauben die Deutschen, was man ihnen ständig einredet: dass in ihrem Land Ungerechtigkeit und soziale Kälte herrschen, denen nur durch immer größere Angleichung begegnet werden kann. Die großen Parteien übertreffen sich gegenseitig in der Anprangerung sozialer Missstände, deren Behebung nur durch die permanente Versteigerung des nationalen Vermögens erreicht werden kann. Da jene, die dies aus politischer Opportunität betreiben, es eigentlich besser wissen müssten, drängt sich auch hier der Verdacht auf, dass sich hinter den Appellen zur »sozialen Gerechtigkeit« die übliche deutsche Heuchelei verbirgt.

Gerade an dieser Stelle muss ich noch einmal auf unseren Bundespräsidenten zurückkommen, der sich zum höchsten Repräsentanten eines Landes wählen ließ, auf das er eigentlich gar nicht stolz ist. Betrachtet man den Werdegang von Johannes Rau, dessen politische Karriere so eng mit der Forderung nach »sozialer Gerechtigkeit«, dieser deutschen Definition der Gleichheit, verbunden ist, erscheint mir dies symptomatisch für unser Land. Obwohl man selbst in ihm prosperiert, geht man auf Distanz, weil es den Anforderungen der eigenen Ideologie nicht genügt. Deshalb erfolgt die Ablehnung des Nationalstolzes durch die deutsche Linke eigentlich wider bessere Erfahrung. Man verweist auf die schlimme Geschichte, legt die Stirn bedeutungsvoll in Falten und genießt im Übrigen die Errungenschaften der Gesellschaft.

Vergleichen wir damit den amerikanischen Patriotismus. Das Absingen der Nationalhymne und der Respekt vor dem Sternenbanner stellen ja kein primitives Ritual der Selbstbewunderung dar. Patriotismus heißt dort, dass man sich für das Gemeinwohl einsetzt. Auch wenn der Leser dies zunächst als unverdientes Selbstlob wahrnehmen könnte – in diesem wohlverstandenen Sinne halte ich mich selbst für einen wirklichen Patrioten. Ich bin stolz darauf, an der Verbesserung der Wettbewerbsfähigkeit unserer Gesellschaft mitzuwirken. Ein Patriot stellt sich dem Ganzen zur Verfügung. Dieses Engagement ist auch für mich der eigentliche Sinn des Nationalstolzes, und es hat nicht das Geringste mit den Alibi-Ritualen totalitärer Staaten zu tun. Wenn man mich immer wieder ermahnt, dass ich, mit Rücksicht auf unsere Vergangenheit, doch etwas vorsichtiger mit diesem Wort umgehen solle, gibt man mir gleichzeitig zu verstehen, dass diese »patriotische« Art, für das Gemeinwohl einzutreten, in unserem Land eigentlich gar nicht erwünscht ist. Das möge man doch den zuständigen Behörden überlassen. Für mich ist dies eine Hauptursache für die Situation, in der wir uns heute befinden. Wir sind, wie man oft auch an der Besetzung unserer höchsten Ämter sieht, eine Durchschnittsgesellschaft. Unsere politischen Vorbilder entsprechen dem meist voll und ganz.

Da wir zu unserem Land möglichst auf kritische Distanz bleiben sollen, liefert uns die meinungsbildende Elite immer neue Beweise, dass Hitlers Wahnideen in uns immer noch allgegenwärtig seien. Die Erbsünde ist nun einmal ausgemachte Sache, und so entdeckt man immer neue potenzielle Täter, wie die Kirche zu Inquisitionszeiten überall die Fratze des Satans ausmachte. Wenn es die Neonazis nicht gäbe, müsste man sie wohl erfinden. Die Ironie der Geschichte wollte es, dass dies, wie sich im Frühjahr 2002 herausstellte, tatsächlich geschah. Die Presse konnte nachweisen, dass so genannte V-Männer, vom Staat finanziert, die neue NPD mit aufbauen halfen und sie offenbar sogar mit ideologischem Rüstzeug versorgten. Psychologisch liegt es auf der Hand, dass diese Spitzel ihr falsches Spiel mit besonderem Fanatismus zu kaschieren suchten, was wiederum dazu führte, dass einige sogar mit wehenden Fahnen überliefen. Staatlich gefördert, beflügelten sie eine Bewegung, die sie eigentlich unterwandern sollten. Am Ende wusste niemand mehr, wer hier eigentlich wen ausgespäht hatte.

Jeder deutsche Politiker weiß, dass die NPD nicht den Hauch einer Chance hat, in der deutschen Gesellschaft eine Rolle zu spielen, geschweige denn in den Bundestag einzuziehen. Dennoch adelt man sie mit einem absurden Verbotsantrag, der ihr ein Bedrohungspotenzial zugesteht, wie es ihr im Traum nicht zukommt. Das Schlimme daran ist, dass um dieses künstlich aufgebauschten Feindbildes willen die Souveränität des deutschen Wählers außer Kraft gesetzt wird. Denn wohlgemerkt, eine verbotene Partei steht den Bürgern auch nicht mehr zur Wahl. Zusammen mit dem Stimmzettel wird den Deutschen damit das Recht aus der Hand genommen, dieser Partei der Kahlköpfe und Bierdosen aus freiem Entschluss eine Abfuhr zu erteilen. Aber wo die korrekte Ideologie beginnt, so scheint es, hört in diesem Land die Freiheit auf. Ich fürchte, auch die Vernunft: Kürzlich wurde zu einer Veranstaltung eingeladen, die sich durch »Kochen gegen Rechts« verdient machen wollte. Von Gourmetköchen sollten hier die Speisen offenbar nach Rezepten der politischen Korrektheit zubereitet werden.

Aus meiner Zeit als BDI-Präsident erinnere ich mich an einen besonders eklatanten Fall von ideologischem Musterknabentum. Es ging um den heiklen Punkt der Entschädigung von Zwangsarbeitern des Dritten Reichs. Bewusst hatten sich alle deutschen Kanzler, selbst die SPD-Politiker Brandt und Schmidt, in dieser Frage zurückgehalten, da nach dem Londoner Schuldenabkommen von 1948 erst ein Friedensvertrag über fällige Reparationen entscheiden sollte. Man konnte sich vorstellen, dass eine Aufrechnung aller Entschädigungsforderungen Deutschland ruinieren würde. Und da es streng genommen schon einmal ruiniert worden war, nämlich durch die von uns verschuldeten und durch die Alliierten gründlich vorgenommenen Zerstörungen und Vertreibungen – für die man gewiss keine Entschädigung beantragen konnte –, sah man es wohl auch nicht so recht ein. Wollte man nach fünfzig Jahren mit den gegenseitigen Aufrechnungen beginnen, fände man wohl für weitere fünfzig Jahre kein Ende. So wurde das Thema bewusst nicht auf die Tagesordnung gesetzt.

Im Vorwahlkampf 1998 gab Volkswagen stolz bekannt, eine Stiftung zugunsten der Zwangsarbeiter einzurichten. Breite Zustimmung im In- und Ausland brandete, wie voraussehbar, dem Unternehmenschef entgegen, während sich alle anderen Unternehmen unter Zugzwang gesetzt sahen. Die Lawine löste sich. Da die deutsche Wirtschaft nun handeln musste, schlug ich eine Initiative vor, die das Modell der Volkswagenstiftung für alle auf freiwilliger Basis übernehmen sollte. Der Staat, und damit das nationale Entschädigungsdilemma, wären davon unberührt geblieben. Auch wollte ich vermeiden, dass nun ein Wettrennen beginnen und die Presse Hitparaden der Spenderfreude beziehungsweise der kapitalistischen Hartherzigkeit veröffentlichen würde. Bei einem Treffen mit den Chefs von achtzehn großen deutschen Firmen trug ich meinen Plan einer Stiftung der deutschen Industrie nach dem Muster von VW vor, die ohne Beteiligung des Staates auskommen sollte. Ich warb für die Stiftung auch bei Firmen, die es im Krieg noch gar nicht gab. Nach dem Motto von Israels Botschafter Stein: nicht nur Schuld, sondern auch Verantwortung.

Nun hing alles davon ab, ob Volkswagen auch bereit war, seine Idee anderen zur Verfügung zu stellen. Man war es nicht. Ob aus Eitelkeit oder Erfinderstolz oder um den errungenen Humanitätsvorsprung zu halten, ich weiß es nicht – aber man ließ das Modell scheitern. Später erfuhr ich, dass diese Entscheidung unter kräftiger Mithilfe der niedersächsischen Staatskanzlei gefallen war. Im Kampf um die Kanzlerkandidatur kam Schröder die vorbildliche Vergangenheitsbewältigung seines Vorzeigewerks gerade recht. Statt der freiwilligen Zahlungen deutscher Unternehmen entwickelte sich eine Staatsaffäre, bei der auch der Steuerzahler kräftig zur Kasse gebeten wurde. Wäre stattdessen das VW-Modell für die ganze Industrie durchgesetzt worden, hätte man noch früher eine unbürokratische Hilfe der Betroffenen erreichen können. Immerhin wurde durch das große Engagement Otto Graf Lambsdorffs ein Weg gefunden, der das Problem auf viele Schultern verteilte und es aus den Schlagzeilen nahm. Allerdings blieb das ungute Gefühl, dass auch die nachwachsenden Generationen Deutschlands sich in einer Position wiederfanden, wo man sie so gerne hatte, nämlich die Erben Hitlers zu sein.

Wie gut sich bei uns politische Korrektheit auf Heuchelei reimt, zeigte der Skandal um die Nürnberger Bundesanstalt für Arbeit im Frühjahr 2002. Politik und Beamtenapparat hatten die Bürger systematisch hinters Licht geführt und sich dabei jahrelang im Stil eines früheren Ostblocklandes in die eigene Tasche gelogen. Ein Phantast ist, so sagte der Philosoph Nietzsche, wer sich selbst, ein Lügner, wer andere belügt. In diesem Fall machte man ein ganzes Volk glauben, dass die Behörde, die dem Übelstand der Arbeitslosigkeit abhelfen soll, gute Arbeit leistet. Als der Betrug mit den gefälschten Vermittlungszahlen aufflog, verzichtete man auf langwierige Untersuchungen und machte aus der Not eine Tugend: Der betroffene Arbeitsminister zeigte demonstrativ Reformwillen, und die Chefs der lokalen Arbeitsämter beschlossen an einem sehr großen runden Tisch aus den Fehlern, die andere begangen hatten, zu lernen. Selbst der Kanzler kam nicht umhin, seinem Minister zu dieser Entschlusskraft zu gratulieren. Für den entlassenen Präsidenten Jagoda fand sich eine noble Pensionsregelung. Die Presse ging zur Tagesordnung über. Dass in vielen anderen Ländern die Regierung über einen solchen Skandal gestürzt wäre, fiel keinem auf.

Nicht zufällig hatte sich der Skandal gerade in der Nürnberger Bundesanstalt ereignet. Ich habe diese hypertrophe Behörde lange Jahre aus dem Blickwinkel des Lieferanten beobachten können. Als IBM-Chef schlug ich dem damaligen Präsidenten Franke einmal vor, die Effizienz seiner Behörde zu erhöhen, indem er nicht nur auf eine bestimmte Computermarke zurückgriff, sondern auch uns ein Angebot machen ließ.

Mir wurde schnell klar, dass ich gegen eine Betonwand lief. Enttäuscht war ich nicht nur, weil ich unsere, wie ich fand, besseren Rechner nicht verkaufen konnte, sondern weil man eine Veränderung nicht einmal in Erwägung zog. Der Paragraph eins dieses sturen Apparats schien mit dem der neuen Mecklenburgischen Verfassung übereinzustimmen: »Es bleibt alles beim Alten.«

Es blieb bei der Behörde immer alles beim Alten, nur dass die Menschen, die sich darum kümmerten, immer mehr wurden. Im Jahr 2002 zählt die Anstalt über 90 000 Mitarbeiter, während es zu den besten Zeiten Ludwig Erhards im August 1963 überhaupt nur 83 000 Arbeitslose gab. Wenn man sich vorstellt, dass 90 000 Menschen damit beschäftigt sind, die Probleme des deutschen Arbeitsmarktes in den Griff zu bekommen, wundert man sich, dass es überhaupt noch welche gibt. Das heißt, man wundert sich nur so lange, als man nicht selbst Erfahrungen mit dieser Behörde macht. Wobei für mich jene Erfahrungen fast schwerer wiegen, die ich gerade nicht mit dem Arbeitsamt machte. In meiner langen IBM-Zeit ist die so reich mit Steuergeld ausgestattete Behörde für mich als Vermittler von Arbeitskräften niemals in Erscheinung getreten. Ich persönlich kann mich nicht an einen einzigen Fall erinnern, in dem ein Mitarbeiter über die staatliche Arbeitsvermittlung zur IBM gekommen wäre. Ich habe es auch nicht erwartet.

Deshalb erschienen mir die Zahlen, mit denen die Behörde in den letzten Jahren vor die Presse trat, immer höchst suspekt. Einmal wusste ich, dass sie die wahre Zahl der Arbeitslosen nicht richtig reflektierten. Denn man hatte all jene Arbeitslosen, die mittels Steuergeldern durch ABM-Maßnahmen vorübergehend von der Straße geholt wurden, herausgerechnet. Überspitzt gesagt: Die Behörde bezahlte die Arbeitslosen dafür, nicht mehr als solche in Erscheinung zu treten. Das half zwar nicht dem Arbeitsmarkt, aber der Behörde und natürlich der jeweiligen Regierung. Denn auf diese Weise konnte man die Statistik schönen, wie es früher nur totalitäre Staaten gewagt hätten. Der Steuerzahler sollte wohl nicht unnötig beunruhigt werden. Zum anderen hat die Anzahl der verfügbaren Arbeitsplätze, die ebenfalls in den Arbeitslosenstatistiken aufgeführt wurde, niemals den gewaltigen Bereich der Schwarzarbeit wahrgenommen. Mittlerweile umfasst er sechzehn Prozent der gesamten Wirtschaftsleistung – und das würde er gewiss nicht, wenn es nicht so viele arbeitswillige Arbeitslose gäbe. Das heißt also, dass die beiden entscheidenden Zahlen falsch sind. Wen wundert es da noch, dass sich auch die angeblichen Vermittlungserfolge als Potemkinsche Dörfer erwiesen.

Wir haben es also mit einem Wasserkopf von Beamten zu tun, die eifrig damit beschäftigt sind, dem Volk über den wahren Zustand seines Arbeitsmarkt blauen Dunst vorzumachen. Die Hauptfrage unserer Gesellschaft, wie man die Arbeitslosigkeit abbauen kann, scheint sich dieser Behörde nie gestellt zu haben. Weder von Herrn Jagoda noch seinen Vorgesetzten Blüm und Riester habe ich einen einzigen Vorschlag dazu gehört. Mir wurde klar, dass hier »Sozialpolitiker« – zu Deutsch: Wohltäter und Verteiler – am Werk waren, denen die Erwirtschaftung des Vermögens, das sie mit vollen Händen und bestem Gewissen ausgaben, keinen Gedanken wert war. Blüm wie Riester schienen nur ein einziges Ziel zu verfolgen: wie sich die aus dem 19. Jahrhundert stammenden Theorien der Gewerkschaft der modernen Wirklichkeit aufzwingen ließen.

Bei dem hohen moralischen Anspruch, den die deutschen Arbeitsminister vor sich hertrugen, fiel gar nicht weiter auf, dass sie simple Interessenpolitik betrieben. Und es handelte sich paradoxerweise nicht einmal um die Interessen derer, die am meisten auf ihre Unterstützung angewiesen waren. Blüm und Riester repräsentierten wie die Gewerkschaften, denen sie ihre Position verdankten, das Heer der gewerkschaftlich organisierten Arbeitsplatzbesitzer. Ihr ganzer Eifer galt der Konsolidierung, Absicherung und immer besseren Ausstattung dieser Arbeitsplätze. Zu dem anderen, weniger attraktiven Heer der Arbeitslosen fiel ihnen wenig ein. Sie bemerkten nicht einmal, dass mit jeder Verbesserung, die sie für ihre Klientel durchsetzten, die Chance der anderen, vielleicht doch wieder einen Job zu ergattern, gemindert wurde. Während die Arbeitsplätze dank der Gewerkschaften im internationalen Vergleich in die Luxusklasse aufstiegen, vermehrte sich das Heer der Arbeitslosen drastisch, die auch noch mit weniger Geld auskommen mussten. Dass beide Entwicklungen zusammenhingen, scheint bei Blüm und Riester so wenig Eindruck hinterlassen zu haben wie bei der Nürnberger Bundesanstalt für Arbeit.

Seit dem Skandal weiß die Öffentlichkeit, dass diese Behörde drei Verantwortungsebenen aufzuweisen hat. Es gibt den Präsidenten, der sich, wie der Fall zeigte, für die gefälschten Zahlen nicht unbedingt verantwortlich fühlte und der erst ging, als man für ihn eine »sozialverträgliche Lösung« fand. Im gleichen Jahr werden an die 40 000 Pleiten in Deutschland zu verzeichnen sein, deren Hauptleidtragende, die Mittelständler, nicht auf derlei Generosität hoffen können. Aber das ist in den Medien kein Thema. Die zweite Ebene der Verantwortung wird durch den Vorstand gebildet, durch dessen drei Mitglieder der Staat, die Gewerkschaften und die Arbeitgeber vertreten sind. Es zeigte sich, dass auch Staat, Gewerkschaften und Arbeitgeber – die wissen mussten, was in der Behörde schief lief – keine Verantwortung übernehmen wollten. Sie hatten zwar die Aufgabe, der Behörde auf die Finger zu sehen, aber es scheint ihnen nicht gelungen zu sein. Dafür forderte der Präsident des Arbeitgeberverbandes eine Restrukturierung »an Haupt und Gliedern«, als sei dies seit Jahrzehnten sein Vorschlag gewesen. Auf die Idee, seinen Vertreter schleunigst aus diesem Gremium zurückzuziehen, damit wenigstens einer für den Skandal Verantwortung übernahm, war er nicht gekommen. Über dem Vorstand, der versagte, nimmt der Bundesarbeitsminister die dritte und oberste Ebene ein. Er nimmt sie nach wie vor ein. Auch er sah keinen Grund, persönliche Konsequenzen zu ziehen. Warum auch? Für das hohe Niveau der Arbeitslosigkeit muss er ja ebenso wenig die Verantwortung übernehmen.

Diese Erfahrungen mit der Bundesanstalt erinnern mich an eine ähnliche, die ich als IBM-Chef während der Wendezeit mit Günter Mittag, dem Wirtschaftsminister der DDR, machte: Zur Zahl der 1988 in der DDR produzierten PCs – sie betrug 20 000 – fügte er aus Prestigegründen eine kleine Null hinzu, was den Computerausstoß des real existierenden Sozialismus auf 200 000 erhöhte. Er ließ sich, nicht anders als die Bundesanstalt, zu dieser Korrektur hinreißen, weil er die von der Politik gewünschten Resultate liefern wollte. Über die moralische Verwerflichkeit solcher Manipulationen hat man sich nach dem Zusammenbruch der DDR mehr Gedanken gemacht als heute über den Arbeitsamtskandal im wiedervereinigten Deutschland.

Meiner Ansicht nach gab es nur eine angemessene Reaktion auf diese Täuschung der Bevölkerung durch ihr eigenes Bundesamt: Man musste die Arbeitslosenzahl mit einem Schlag um 90 000 erhöhen, um sie dadurch auf Dauer deutlich zu senken. Leider war dies unmöglich, weil es sich um Beamte und Angestellte im öffentlichen Dienst handelte. Dagegen wäre es praktikabel gewesen, den ganzen Laden von Grund auf umzugestalten, und das konnte nur heißen: Er musste privatisiert werden. Was an staatlicher Kontrolle nötig war, sollte man dezentralisieren. Eine Zentralbehörde, die nur sich selbst und den Status quo verwaltet, war damit überflüssig. Das übergeordnete Gremium, das die Gesamtverantwortung trägt, sollte wie ein Aufsichtsrat in der Wirtschaft gestaltet sein. Doch schon als Jagodas Nachfolger Gerster die ersten vernünftigen Vorschläge für einen Neuanfang der Arbeitsgesetze vorlegte, wurde er von Riester und Gewerkschaften zurückgepfiffen. Er hatte gewagt, an soziale Besitzstände zu rühren. Und die sind den Linken allemal ein höheres Gut als die Chance, Menschen neue Arbeit zu vermitteln.

Während des Nürnberger Skandals war ich zum einjährigen Gründungsjubiläum einer kleinen Firma namens »Integrationsfachdienst Berlin-Süd« eingeladen, die sich auf private Arbeitsvermittlung spezialisierte. Deren Erfahrungen interessierten mich auch deshalb, weil von offizieller Seite immer behauptet wurde, dass sich die Privaten »die Rosinen herauspickten«, während die schwierigen Fälle dem Arbeitsamt überlassen würden. Die Berliner Firma, die ich besuchte, pickte sich gerade die schwierigen Fälle heraus. In unserer Hauptstadt erhalten 195 000 Menschen Arbeitslosenunterstützung, denen nur 9000 freie Stellen gegenüberstehen. Was kann da überhaupt eine Arbeitsvermittlung leisten? Sehr viel, wie der Fall dieser Firma zeigt. Schwerbehinderte sind naturgemäß auch schwer zu vermitteln, und das, obwohl die meisten deutschen Unternehmen eine Strafe dafür zahlen, dass sie die Schwerbehindertenquote nicht erreichen. Sie würden es zwar gerne, aber es scheitert oft an der Vorstellung der mangelnden Qualifikation vieler Bewerber.

Unsere private Firma erhielt also von der Arbeitsbehörde Berlin-Süd den Auftrag, für Schwerbehinderte Jobs zu finden. Generell stellt der Staat sehr viel Geld für Programme zur Verfügung, die Schwerbehinderten die Eingliederung in den Arbeitsprozess ermöglichen sollen. Ich finde das richtig. Allen soll die gleiche Chance geboten werden. Und genau hier setzte die Firma an. Innerhalb von wenigen Monaten ist es fünf jungen Leuten gelungen, fünfzig Schwerbehinderten in Berlin einen Job zu besorgen. Wie sie das schafften? Zum einen bot das Arbeitsamt den Anreiz, ihnen für jede dauerhafte Vermittlung eine Prämie zu bezahlen. Zum anderen blieben sie nicht wie Beamte in ihren Büros hocken, sondern schwärmten aus, gingen von Firma zu Firma und warben für ihre Klienten.

Welche freien Stellen könnten Sie anbieten?

Wir brauchen eine Telefonistin.

Sehr gut, da können wir Ihnen eine redegewandte Blinde empfehlen. Und vom Staat bekommen Sie noch eine zusätzliche Unterstützung.

Das haben wir gar nicht gewusst. Sie kann morgen anfangen.

Kurz gesagt haben die fünf jungen Leute eine Arbeitsmarktnische entdeckt, in der sie, zum Wohl ihrer Klienten, überraschende Erfolge erzielen. Aber das geht natürlich auch mit anderen scheinbar unvermittelbaren Arbeitsuchenden. Es fragt sich immer nur, mit welcher Energie man sich dahinter klemmt. Der »Integrationsfachdienst Berlin-Süd« hat, durch persönliche Initiative seiner Mitarbeiter, das Unwahrscheinliche möglich gemacht. Die Einladung zu ihrem Fest erhielt ich deshalb, weil sie auch bei mir angefragt hatten, ob ich nicht Firmen wüsste, die Interesse hätten. Ich wusste, und so habe ich auch geholfen. Denn ihr Vorgehen hat mich schwer beeindruckt.

Angesichts solcher Erfolge scheint es mir unbegreiflich, dass private Vermittler sich erst dann einschalten durften, wenn das Arbeitsamt lange vergeblich gesucht hat. Diese Frist schien nur den einen Zweck zu verfolgen, Privatinitiativen zu verhindern. Hier werden wider jede praktische Vernunft Monopole verteidigt, die niemandem nützen, außer ihren Repräsentanten. Stattdessen bräuchten wir ein ganzes Netz hochmotivierter Jobvermittler, die sozusagen überall an die Türen klopfen und wissen, wo sich etwas bewegt in den Firmen. Ein Beamtenapparat wird dies niemals können, er wird es im Grund auch gar nicht wollen. Denn sein Albtraum besteht darin, dass es irgendwann keine Arbeitslosen mehr zu verwalten gibt.

Sein anderer Albtraum dürfte damit zusammenhängen, dass ein immer größeres Stück des Arbeitsmarktes seiner Kontrolle vollständig entzogen ist. Rund sechzehn Prozent der Arbeitsleistung in Deutschland werden illegal erbracht. Jeder weiß es, fast jeder bedient sich. Statt in moralisches Lamentieren auszubrechen, könnte man sich fragen, was Gesetze wert sind, die sechzehn Prozent der wertschöpfenden Leistungen eines Volkes für illegal erklären. Aber die Politik zieht es vor, den Zustand öffentlich zu geißeln, während man sich im Stillen damit arrangiert. In meinem letzten Buch habe ich beschrieben, dass es mir ohne Einschaltung einer Anwältin nicht gelungen wäre, eine 630-Mark-Putzhilfe einzustellen, ohne das hochkomplizierte Gesetz zu brechen. Den Ministern Riester und Müller, die ich mit dem Fall konfrontierte, ist dazu auch nichts eingefallen.

Beispiel Volkswagen: In Wolfsburg hat man das so genannte Vier-Tage-Modell ausgehandelt und lässt sich dafür bundesweit als besonders innovativ feiern. Seltsamerweise hat diese bahnbrechende Regelung keine Nachahmer gefunden. Das liegt vor allem daran, dass der Wunsch, den Gewerkschaften in der Tarifpartnerschaft entgegenzukommen, bei den Wolfsburger Autobauern besonders ausgeprägt ist. Was wiederum damit zusammenhängt, dass das sozialdemokratische Niedersachsen mehrere Regierungsmitglieder im Aufsichtsrat hat. Da diese nicht immer auf der Aktionärsseite stehen dürften, findet sich hier nicht das klassische Stimmenverhältnis von zehn zu zehn, sondern vielleicht sieben zu dreizehn. Gute Bedingungen für kurzfristig wirksame arbeitnehmerfreundliche Modelle.

Schlechte für den Mittelstand. Denn die Vier-Tage-Woche hatte unmittelbare Folgen für die Schwarzarbeit der Region. Ein ehemaliger Präsident des Handwerksverbandes erzählte mir, dass durch die Einführung des Gewerkschaftsmodells das mittelständische Gewerbe in und um Wolfsburg praktisch lahmgelegt worden ist. Scheinbar hatte die Gewerkschaft ihren Mitgliedern im Volkswagenwerk etwas Gutes tun wollen: Neue Arbeitsplätze sollten geschaffen werden, während die bisherigen Arbeitsplatzbesitzer zusätzlich einen Tag Freizeit genießen sollten.

Für viele bestand das Gute aber gerade darin, die Freizeit zu Nützlicherem zu verwenden, etwa zur steuerfreien Ausführung von Handwerksarbeiten. Arbeiten wollen Volkswagen-Mitarbeiter nämlich weit lieber, als die Gewerkschaft sich träumen lässt. Nur eben auf eigene Faust. Und wenn man durch den schwarzen Nebenjob ein nettes Nebengehalt dazuverdient, braucht das ja keiner zu wissen. Natürlich hat man es gewusst, ich nehme an, man hat es sogar billigend in Kauf genommen. Wie man die Augen davor verschließt, dass auch viele Arbeitslose ihre staatliche Unterstützung dadurch aufbessern, dass sie ihre Freizeit zu Nützlicherem verwenden, als sich eine neue offizielle Arbeitsstelle zu suchen. Denn Arbeit gibt es in Deutschland nach wie vor genug. Das Problem besteht nur darin, dass der Staat ein Monopol darüber errichtet hat. Er reguliert und schöpft nach Kräften ab.

Mein verstorbener Vorgänger als BDI-Präsident, Tyll Necker, hat die Misere in dem Spruch zusammengefasst: Wenn Sie Maler sind, müssen Sie fünf Stunden lang Wände streichen, um sich für zwei Stunden einen Klempner leisten zu können.

Früher hatte Deutschland einen sehr niedrigen Anteil an Schwarzarbeit, weshalb man mit Wonne und Verachtung auf die so genannten italienischen Verhältnisse hinabschaute. Der Staat hat Sorge getragen, dass sich dies radikal änderte. Durch kräftige Erhöhung der Lohnnebenkosten, der Mehrwertsteuer und die Ausbildung einer gigantischen Bürokratie ist Arbeit heute so teuer geworden, dass viele sich die einfachsten handwerklichen Tätigkeiten nicht mehr leisten können. Hier springt der Schwarzarbeiter ein, und sein heimlicher Auftraggeber dankt es ihm. Auch wir haben nun, dank unseres Staates, italienische Verhältnisse. Und alle Beteiligten betreiben Heuchelei. Man wäre so gerne korrekter Staatsbürger – doch leider kann man es sich nicht mehr leisten.

Die Heuchelei ist sogar staatstragend. Man stelle sich vor, ab morgen würde alle Schwarzarbeit in Deutschland eingestellt. Deutschland stünde still. Wir hängen also bereits von der Schwarzarbeit ab, um den Laden überhaupt am Laufen zu halten. Doch anstatt sich mit den Ursachen zu beschäftigen und die Bedingungen für legale Arbeit zu verbessern, kommt man auf eine typisch deutsche Idee: Um auf den Baustellen noch besser Jagd auf Schwarzarbeiter machen zu können, verdoppelt man die Zahl der Polizisten.

Das erinnert mich an die große Abtreibungsdebatte, die vor etwa dreißig Jahren in Deutschland geführt wurde. Auch damals sah sich das Land durch den eigenen Gesetzgeber zur Heuchelei gezwungen. Denn natürlich suchten hunderttausende Frauen, die von ungewollten Schwangerschaften befreit werden wollten, heimlich Abtreibungsärzte auf, unter denen oft genug Pfuscher waren. Alle wussten, dass diese Frauen in die Illegalität gezwungen wurden, und doch brachte keiner den Mut auf, die entscheidende Frage zu stellen: was ein Gesetz wert sein konnte, das die eigenen Bürgerinnen in Lebensgefahr brachte und sie darüber hinaus zu Verbrechern stempelte.

Viele der Gesetze, die heute den freien Markt in Deutschland blockieren, stammen noch aus dem Dritten Reich. Doch da sie die Arbeit im Sinne der herrschenden Ideologie regulieren, schweigt man über ihre Herkunft. Es war Hitler persönlich gewesen, der 1944 die letzten Leistungsreserven der Arbeiter mobilisierte, indem er Feiertags- und Nachtarbeitszuschläge durch Steuerfreiheit belohnte. Diese Art staatlicher Subvention wurde stillschweigend in unsere Demokratie übernommen. Als ich vom BDI aus den Sinn der Steuerbefreiung von Sonntagsarbeit anzweifelte, traf ich auf eine seltsame Gemengelage der Interessen. Die Gewerkschaften beriefen sich auf die Moral, denn eigentlich sei es für Arbeiter unzumutbar, zu nachtschlafender Zeit zu versteuernde Leistungen zu bringen. Dagegen käme bei einem selbständigen Mittelständler oder Freiberufler keiner auf die Idee, ihn für seinen nächtlichen Fleiß von den Abgaben an die Gemeinschaft zu befreien. Aber auch die Arbeitgeberverbände wollten an der anachronistischen Regelung festhalten, weil sie fürchteten, sonst den Nettoverdienstausfall ihrer Mitarbeiter aus der eigenen Tasche bezahlen zu müssen. Eigentlich unbegreiflich: Auf der ganzen Welt gibt es kein zweites Land, wo die Besteuerung der Einkünfte von der Tageszeit abhängt, in der sie erworben werden. Auch dies ist ein eloquentes Beispiel dafür, dass sich das Tarifkartell aus Arbeitgebern und Gewerkschaften gern zu Lasten Dritter bereichert: in diesem Fall zu Lasten der Steuerzahler.

Auch eine andere Besonderheit unseres Besteuerungssystems verdankt sich Adolf Hitler. Er hat der Kirche im Reichskonkordat von 1933 das einzigartige Privileg erteilt, dem deutschen Arbeitnehmer die Kirchensteuer via Arbeitgeber abzunehmen. Seitdem sind wir das einzige Land, in dem der betreffende Obolus durch die Firmen eingezogen und an die Priesterschaft überwiesen wird. Was aber hat das eine mit dem anderen zu tun? Nur in einem totalitären Staat konnte man auf die Idee kommen, sozusagen die eine Obrigkeit mit der anderen, über die Köpfe der Untertanen hinweg, kurzzuschließen. Bis heute wird daran festgehalten, obwohl man in einem freiheitlichen Rechtsstaat die Überweisung der Kirchensteuer eigentlich den Gläubigen selbst überlassen sollte. Aber es ist nun einmal für die Kirchen am bequemsten, wenn ihnen von der Wirtschaft diese Sorge abgenommen wird – einer Wirtschaft, gegenüber der man sonst größte moralische Bedenken hegt.

So hat sich unser Land längst auf einen doppelten Standard eingestellt. Eine Gesellschaft, die so viel auf politische Korrektheit gibt wie die unsere, kommt ohne Heuchelei nicht aus. Nur ungern spricht sie aus, was sie wirklich weiß und denkt. Die Wahrheit ist verpönt. Schon Goethe sagte, »im Deutschen lügt man, wenn man höflich ist«. Was immerhin den Schluss zulässt, dass man damals noch höflich zueinander war. In Deutschland argumentiert man gern auf zwei Ebenen. Nach außen spricht man so, wie es die Gesellschaft von einem erwartet. Man heuchelt, aber zugleich weiß man, dass es der andere ebenso hält. Nur unter vier Augen sagt man die Wahrheit. Da offene Rede sogleich Sanktionen nach sich zieht, entsteht – so hat es der ehemalige Bürgermeister meiner Heimatstadt Hamburg, Klaus von Dohnanyi, einmal ausgedrückt – eine Vier-Augen-Gesellschaft.

Nun halten sich die Parteien der jetzigen Regierungskoalition viel darauf zugute, die doppelte Moral des bürgerlichen Lagers überwunden zu haben und den Bürgern »reinen Wein« einzuschenken. Man gibt sich offen und ehrlich. Doch der Unterschied zum Gegner besteht allenfalls darin, dass man besser heuchelt. Immer wieder fällt mir auf, mit welchem Genuss die Insignien der Macht gerade von jenen in Anspruch genommen werden, die ansonsten Macht für ein Schimpfwort halten. Ob es die luxuriöse Dienstlimousine ist, möglichst mit schwerer Panzerung, oder die Bodyguards, an deren Anzahl sich die Bedeutung des Mandatsträgers ablesen lässt – die Herzen von Rot-Grün hängen, wie die der anderen Parteien, an Statussymbolen. Und wehe, das Bundeskriminalamt kommt zur Erkenntnis, einer von ihnen sei nicht gefährdet und brauche keinen Personenschutz. Für den bricht eine Welt zusammen. In meiner Zeit als BDI-Präsident war ich nach Meinung zweier Landeskriminalämter der gefährdetste Nicht-Politiker in Deutschland. Sie sagten mir aber auch, dass das eine relative Einschätzung sei, objektiv hielten sie mich nicht für besonders gefährdet. Zwar wurde einer meiner Vorgänger, Hanns-Martin Schleyer, von RAF-Terroristen entführt und später getötet, aber die Zeit der RAF ist vorbei. Schon deshalb habe ich nie einen Bodyguard in Anspruch genommen. Unauffälligkeit schien der Polizei wie auch mir sowieso als bester Schutz.

Besonders amüsiert es mich, wenn die Grünen, die für teures Benzin plädieren, von ihren medienfreundlichen Fahrrädern auf Mercedes-Benz umsatteln oder wenn sich der einstige Turnschuh-Minister in auffallend feinem Tuch vor die Presse stellt. Selbst der Umweltminister trägt neuestens Maßanzüge. Nicht dass ich etwas gegen noble Garderobe oder Acht-Zylinder-Karossen hätte. Jeder nach seinem Vergnügen und Vermögen. Was mich stört, ist die Diskrepanz zwischen Anspruch und Wirklichkeit, zwischen hochmoralischer Botschaft und italienischem Herrenausstatter. Schon bei dem einstigen Juso-Rebellen Gerhard Schröder fand ich es gewöhnungsbedürftig, als er plötzlich mit Brioni-Dress durch die Medien schwebte. Dahinter steckt ja nicht nur die Notwendigkeit, sich dem Amt entsprechend einzukleiden. Wenn Sie Schaffner sind, erwartet man auch eine korrekte Uniform von Ihnen. Als Kellner läuft man herum wie ein Pinguin, das gehört nun einmal dazu. Aber dass ausgerechnet die Straßenkämpfer und Megaphonprediger von gestern zu den heute mit Abstand bestgekleideten Politikern mutierten, grenzt doch ans Lächerliche.

Wenn rot-grüne Politiker sich demonstrativ mit den Statussymbolen der Wohlstandsgesellschaft ausstaffieren, deutet dies auf einen generellen Widerspruch ihrer eigenen Ideologie hin: Für Deutschlands Intellektuelle gilt der Konsum seit den 68er Jahren als etwas Unfeines. Damals predigte man »Konsumverzicht«, um die Macht des »Konsumterrors« über die Menschen zu brechen. Einfach leben und öffentliche Verkehrsmittel benutzen, lautete die Devise. Nun besteht jedes Menschenleben zwangsläufig aus Konsum, und die Frage ist nur, welche Qualität man sich leisten kann. Dennoch hielt die linke Ideologie bis heute daran fest, dass eigentlich alles, was über den Grundbedarf hinausgeht, verwerflich ist, da man es dem anderen wegnimmt. Diese hochmoralische Einstellung, eines Bußpredigers am Jordan würdig, führt unweigerlich zum doppelten Standard. Man predigt Wasser und trinkt Wein. Man fordert Senkung des Energieverbrauchs und fährt in Großlimousinen.

Vor allem: Man geht mit der Mode, obwohl die Mode doch angeblich eine besonders gemeine Peitsche des Konsumterrors ist. Man färbt sich sogar die Haare. Dass das ganze Volk seine Lebensfreude nicht aus der politischen Korrektheit, sondern auch aus der Möglichkeit bezieht, nach Herzenslust einkaufen und genießen zu können, gilt den Ideologen als bedauerlich. Deshalb bemüht man sich durch ständigen Verweis auf die Armen dieser Welt, den Bürgern ihre Lebensfreude wenigstens ein wenig vergällen zu können. Wenn man schon nicht bereit ist, sich zugunsten der Dritten Welt einzuschränken, soll man wenigstens ein schlechtes Gewissen haben. Von diesem psychologischen Kunstgriff, der den Kirchen in früheren Jahrhunderten Kontrolle über die Menschen gab, wird heute immer noch Gebrauch gemacht.

Diesen Widerspruch zwischen wirklicher Konsumfreude und vermeintlicher Konsumresistenz habe ich höchstens noch in Frankreich kennen gelernt, sonst nirgendwo. Auch dort wurden Luxusgüter ideologisch verteufelt, wobei sich doch die Erkenntnis durchgesetzt hat, dass ohne eine gesunde Binnennachfrage eine Wirtschaft nicht wachsen kann. Wenn es aber kein Wachstum gibt, fehlt es auch an neuen Arbeitsplätzen. Ohne diese wiederum gibt es keine Steuereinnahmen, und dann ist das schönste Sozialsystem das Papier nicht wert, auf dem es gedruckt ist. Langsam hat sich dieser Zusammenhang auch unseren linken Politikern erschlossen, und überraschenderweise war es in Deutschland gerade Oskar Lafontaine, der zur Rettung des Staatshaushalts empfahl, über höhere Löhne mehr zu konsumieren. Aber andrerseits war er schon früher ein Vorreiter jenes linken Sonderwegs gewesen, den man, mit Anspielung auf den genannten Widerspruch, die Toskanafraktion nannte. Selten wurde die Heuchelei der Linken mit einem treffenderen Wort charakterisiert.

Zum Verdacht gegen die Konsumfreude kommt in Deutschland der Vorbehalt gegen den Fleiß. Wer sich mehr bemüht als andere, gerät leicht in Misskredit. Das beginnt schon an den Schulen, wo der Leistungswillige als »Streber« denunziert wird – ein Wort übrigens, das sich nicht ins Englische übersetzen lässt. Ich kann mich gut erinnern, wie ich mich als Jugendlicher fühlte. Es war nicht mein Ehrgeiz gewesen, mir etwas leisten zu können, oder gar, eine Karriere anzustreben. Ich machte mir Sorgen um meine Zukunft. Unser Haus war zerbombt, das Vermögen war wertlos, die Firma, da mein Vater gefallen war, ohne Chef. Ich hatte nichts. Und das motivierte mich. Ich arbeitete so fleißig und konzentriert wie möglich, weil ich die Zukunft fürchtete. Was, wenn es uns immer schlechter ginge? Es gab kein staatliches Sozialsystem, in dessen Hängematte ich mich legen konnte. Deshalb war mein erstes Ziel, mir Sicherheit für die Zukunft zu schaffen. Darin bestand mein stärkster Antrieb. Überflüssig zu betonen, dass dieser Impuls in unserer Gesellschaft dank der vermeintlich sicheren Sozialvorsorge entfällt. Wer sich bei Bedarf in die Obhut von Vater Staat flüchten kann, wird vermutlich nie erwachsen werden, das heißt keine Kontrolle über sein eigenes Schicksal gewinnen.

Die Rundumabsicherung, die unsere Gesellschaft lähmt, gab es nicht von Anfang an. Sie hat sich erst in Folge der 68er-Bewegung etabliert. Der Erfinder der sozialen Marktwirtschaft, Ludwig Erhard, der heute gern als Gewährsmann gegen den »Neoliberalismus« zitiert wird, prägte den mittlerweile vergessenen Satz: »Zu sozial ist unsozial.« Tatsächlich hatte er eine weit weniger luxuriöse Sozialvernetzung im Auge, als wir sie heute haben. Würden Erhardsche Verhältnisse wieder hergestellt, wie sie damals unser Wirtschaftswunder ermöglicht hatten, bräche wohl Heulen und Zähneklappern aus. Dafür wären wir wieder konkurrenzfähig.

Ende April 2002 fand in Fürth, der Stadt, in der Ludwig Erhard geboren wurde und aufwuchs, eine Gedenkfeier zu seinem 25. Todestag statt. Der bayerische Ministerpräsident und Kanzlerkandidat Edmund Stoiber hielt eine ebenso beeindruckende wie lange Rede. Deshalb konnte ich zwar nicht mehr den vorgesehenen »Impulsvortrag« halten, doch blieb mir immerhin die Möglichkeit, in meinem Eingangsstatement der darauf folgendenden Podiumsdiskussion anzubringen, worauf es mir ankam. Es war der Wirtschaftspolitiker Erhard, der sich gegen die Auswüchse der Sozialpolitiker gewehrt hat – vergebens. Er musste nachgeben, und das Gewicht verlagerte sich von einer leistungsfähigen Demokratie hin zum Sozialstaat. Es hat damals ja nicht Erhard, sondern Adenauer gesiegt. Sein System nennt man heute den »rheinischen Kapitalismus«. Die Freiheit der Bürger wurde ihrer Gleichheit – damit ihrer Abhängigkeit vom Staat – untergeordnet. Heute findet sich diese Variante der Demokratie in keinem anderen Land. Fragt man Vertreter anderer Industrienationen, worin ihr Staatswesen bestehe, wird die Antwort lauten: Wir sind ein Staat, der die demokratische Freiheit, die Chancengleichheit, die Wettbewerbsfähigkeit garantiert. Dagegen gehört die Vorstellung, der Staat sei dafür da, den Bürger zu pflegen, zu ernähren und bis zu seinem seligen Ende abzusichern, zu den deutschen Sonderwegen.

Dass man diesen Sozialzwangsstaat wiederum mit einer freiheitlichen Demokratie gleichsetzt, lässt sich nur mit unserer grenzenlosen Fähigkeit zur Heuchelei erklären. Wenn heute der vereinte Chor der Sozialpolitiker die Abschaffung unserer angeblichen Ellenbogengesellschaft und des »Neoliberalismus« fordert und für eine Wiedereinführung der sozialen Marktwirtschaft Ludwig Erhardscher Prägung plädiert, scheint er vergessen zu haben, was dies wirklich bedeuten würde. Zu Ludwig Erhards Zeiten betrug die Staatsquote 33 Prozent – heute macht sie fast 50 Prozent aus. Obwohl viele ehemals in Staatsbesitz befindlichen Unternehmen seitdem privatisiert wurden, bedeutet dies, dass der Staat heute an jedem zweiten Euro beteiligt ist, damals hingegen nur bei jeder dritten Mark. Lag die Sozialausgabenquote 1960 unter 23 Prozent, so ist sie heute bei fast 34 Prozent angekommen. Das heißt, dass heute ein wesentlich höherer Anteil des Bruttosozialprodukts für Soziales umverteilt wird als zu Zeiten der angeblich doch viel sozialeren Marktwirtschaft. Für Sozialbeiträge mussten zu Ludwig Erhards Zeiten Arbeitnehmer und Arbeitgeber zusammen 24,4 Prozent aufbringen, heute ist diese Quote, die wesentlich zur Verteuerung und damit Vernichtung deutscher Arbeitsplätze führte, auf 41 Prozent angestiegen. Dafür hatte man zu Ludwig Erhards besten Zeiten eine Arbeitslosenquote von 0,7 Prozent, heute ist diese mehr als 12 mal so hoch.

Schließlich kamen die Deutschen damals mit einer Steuer- und Abgabenquote von 33,3 Prozent zurecht, heute beträgt diese 41 Prozent. Obwohl der Staat heute nicht nur absolut, sondern auch relativ zur Wirtschaftsleistung viel mehr an Steuern und Abgaben einnimmt als zu Zeiten Ludwig Erhards, erwirtschaftete man damals Haushaltsüberschüsse. Heute nehmen wir Jahr für Jahr ungerührt eine zusätzliche Neuverschuldung auf. Diese wird gerade von linken Politikern und Gewerkschaftsführern immer wieder gern akzeptiert, um sich bei der heutigen Wähler- oder Mitgliedergeneration zu profilieren. Ludwig Erhard hätte, so sagte ich in Fürth, die heutigen Verhältnisse unseres Landes kaum mehr als soziale Marktwirtschaft bezeichnet.

Der Begriff »sozial« hat in Deutschland einen eigenartigen Bedeutungswandel hinter sich. Als ich Ende der 50er Jahre bei dem Soziologen Ralf Dahrendorf studierte, war »sozial« meist ein Fremdwort für: auf die Gesellschaft bezogen. Sozialpsychologie etwa beschäftigte sich mit dem Einfluss der Gesellschaft auf das Individuum. Auch in anderen Ländern hat das Wort nach wie vor diese wertfreie Bedeutung. Nur bei uns änderte sich das, bis am Ende »sozial« etwa dasselbe meinte wie das Wort »moralisch«, während »unsozial« gleichbedeutend mit »unmoralisch« wurde – interessanterweise lässt sich ein analoger Begriff zum deutschen »unsozial« in anderen Sprachen nicht finden.

Wer fortan Einwände gegen diese Richtung vorbrachte, bekam die »Sozial«keule zu spüren. Seit Jahrzehnten gehört »soziale Gerechtigkeit« zu den geheiligten Begriffen, die nicht weiter hinterfragt werden dürfen. Sie wurde zum Schlagwort, mit dem man jede Vernunft zum Schweigen bringen kann. Wer sie fordert, gibt sich damit unzweifelhaft als »gut« und »wählbar« zu erkennen. Auch lassen sich, wie die PDS neuerdings zeigt, unter diesem Begriff selbst alte kommunistische Utopien zusammenfassen. Nur der simple Kern der »sozialen Gerechtigkeit« bleibt unerwähnt: nämlich dass jeder, der sich abmüht, für all jene, die dies – aus welchen Gründen auch immer – nicht tun wollen oder können, mitsorgen und mitarbeiten muss. Ich betone: muss. Dass man Menschen, die schuldlos in Not geraten sind, hilft, ist eine Selbstverständlichkeit. Doch die bei uns propagierte »soziale Gerechtigkeit« ist nichts anderes als die alte, mit dem moralischen Zeigefinger bewehrte Gleichheitsutopie, die mit individueller Ungerechtigkeit erkauft wird.

Die Heuchelei unserer heutigen Sozialpolitiker besteht darin, dass sie längst um die gesellschaftsschädlichen Wirkungen ihrer Art von Gerechtigkeit wissen. Im 19. Jahrhundert, in dem die Klassenunterschiede noch gravierend waren und keinerlei Sozialabsicherung existierte, konnte man naiv von der Gleichheit aller träumen. Die moderne Welt dagegen lebt von der Pluralität, dem Leistungswillen und Wettbewerb der einzelnen Gesellschaften. Das wissen die deutschen Politiker. Dennoch tragen sie ihre anachronistischen Thesen vor, weil sie glauben, dass es den Wählern schmeichelt. Aber besser wäre es, die Wähler über die Wahrheit aufzuklären, als sie mit ideologischen Wünschbarkeiten zu verwöhnen. Stattdessen schaffen sie unter dem Vorwand der »sozialen Gerechtigkeit« immer neue Ungerechtigkeiten – gegenüber der gegenwärtigen Gesellschaft, weil etwa die Besserstellung der Arbeitsplatzbesitzer mit einer Verschlechterung für die Arbeitslosen erkauft wird. Und ebenso gegenüber zukünftigen Generationen, die den Schuldenberg, den unser soziales Gewissen anhäuft, irgendwann zu bezahlen haben.

Apropos Schuldenberg: Kurz nach dem Amtsantritt von Finanzminister Eichel suchte ich ihn in seinem Bonner Büro auf. Ich kannte ihn aus seiner Zeit als Hessens Ministerpräsident. Damals war er für mich der klassische Politikertyp, der sein Fähnchen nach dem Wind hängt, auch er hatte während seiner langen Amtszeit den Schuldenberg seines Landes bedenkenlos in die Höhe steigen lassen. Deshalb sagte ich ihm in meiner Eigenschaft als BDI-Präsident, er müsse nun dringend den Staatshaushalt in den Griff bekommen. Die Welt erwartet von uns, mahnte ich, dass wir die Verschuldung abbauen und damit den Konvergenzkriterien des Euro entsprechen. Es war schließlich unser Land gewesen, das den anderen Europäern den Stabilitätspakt förmlich aufgezwungen hatte.

Ich wollte dem Minister damit keinen Vortrag über die richtige Politik halten, sondern ihm das Rezept verraten, wie er den nötigen Schuldenabbau den Wählern plausibel machen könnte. Vertreten Sie diese vielleicht unpopulären Maßnahmen, so riet ich ihm, mit dem Hinweis auf die nachfolgenden Generationen. Sagen Sie: »Denken Sie an unsere Kinder.« Eichel hörte gut zu. Schon bald fiel mir auf, dass er seine Sparmaßnahmen mit genau diesem Argument vor dem Bundestag begründete. Der Hinweis auf die nächsten Generationen, denen wir keine Belastungen hinterlassen dürfen, gehört seitdem zu seinem Repertoire.

Bald darauf, im Herbst 1999, begegnete ich Bundeskanzler Gerhard Schröder. Er stand auf dem absoluten Tiefpunkt seiner Popularität, hatte sich in den Medien ungeschickt verhalten und mit der 630-Mark-Novelle, der Jagd auf die so genannten Scheinselbständigen und seinen Brioni-Anzügen ein Desaster erlebt. Seine Umfragewerte waren verheerend. Als ich ihn auf diesen Punkt ansprach, zeigte er sich nicht weiter über die Entwicklung erstaunt. Ist doch ganz klar, sagte er, das liegt am Sparpaket, das ich wegen der Schulden der alten Regierung schnüren musste. Natürlich wusste er es besser, aber es war bequem, auf diese Weise der Vorgängerregierung die eigene Formschwäche anzulasten. Wenige Monate später stellte auch er fest: Sein Finanzminister war zur tragenden Säule seiner Regierung geworden. Sparen wurde populär und Eichel war in der Zeit sogar ein richtiger Star. Man sieht an diesem Beispiel, wie übrigens auch am Prinzip der Nachhaltigkeit beim Umweltschutz, dass Politik selbst etwas scheinbar Unpopuläres verkaufen kann, wenn sie es mit dem Interesse unserer Kinder begründet.

Anfang 2002 hatte Deutschlands Volkswirtschaft in Europa das geringste Wachstum aufzuweisen. Was tat Schröder? Er erklärte dem Parlament, dass dies am Konjunkturabschwung in den USA liege. Der Terrorangriff vom 11. September war also schuld daran, dass sein Land auf Europas letzten Platz abgesunken war. Dabei musste er doch wissen, dass Deutschlands Exportwirtschaft nur zu zehn Prozent von Amerika abhing. Und dass gerade diese Exporte, auch wegen des schwachen Euro, im Jahr 2001 immer noch viel schneller gestiegen waren als die deutsche Binnenwirtschaft. Und dass England, obwohl weit exportabhängiger von den USA, verglichen mit uns ein dreifaches Wachstum vorzuweisen hatte, was sich im Jahr 2002 noch fortsetzte. Trotzdem erzählte Schröder der deutschen Öffentlichkeit, dass nicht er, der Bundeskanzler, sondern gleichsam der lange Arm Osama bin Ladens die Misere zu verantworten habe.

Das Spiel wiederholte sich im Frühjahr 2002. Auch mit dem angedrohten »blauen Brief« der Brüsseler Kommission war Schröders wirtschaftspolitisches Scheitern nicht mehr zu übersehen. Doch statt die nötigen Konsequenzen zu ziehen, suchte er die Schuld wieder bei anderen. Er unterstellte der Kommission, sie habe sich bei dem Mahnbrief durch »andere als ökonomische Motive« leiten lassen. Was genau er meinte, ließ er offen. Ich bedaure es sehr, dass mein Freund Romano Prodi, den ich persönlich Kanzler Schröder als Kandidaten für die EU-Präsidentschaft empfohlen hatte, nicht wegen dieser Unterstellung auf den Tisch geschlagen und eine Entschuldigung verlangt hat. Ich habe mich im Mai 2002 in privater Mission auf den Weg nach Brüssel gemacht, um erst dem für Wettbewerb zuständigen Kommissar Mario Monti und dann Romano Prodi den Rücken zu stärken und ihnen zu sagen, dass sie sich nicht durch Schröders ungerechtfertigte Kritik von ihrem Kurs abbringen lassen sollen. Sein vermeintlicher Einsatz für deutsche Industrieinteressen ist meist ein Einsatz für bestimmte Unternehmen wie Holzmann oder VW, aber keiner für die deutsche Industrie insgesamt. Ihm ging es in Brüssel um die Ablenkung von der eigenen Schwäche. Indem er den »blauen Brief« verhinderte, hat er den europäischen Stabilitätspakt geopfert.

Es war die Heuchelei, die man in Deutschland Politik nennt.

3

Der selbstblockierte Staat

Das »Bündnis für Arbeit«, an dem ich sechs Jahre lang als BDI-Vertreter teilnahm, hätte für Deutschland eine große Chance bedeuten können – wenn die Beteiligten bereit gewesen wären, zum Wohl des Ganzen über ihren Schatten zu springen. Ursprünglich als Kanzlerrunde bei Kohl begonnen, erhielt es auf Vorschlag des Gewerkschaftschefs Zwickel den Titel »Bündnis für Arbeit«. Doch von der Reformbereitschaft, die seine Seite damit für die Öffentlichkeit signalisierte, war in den Runden nichts zu spüren. Zwar brachte man alle an der Wirtschaft beteiligten Seiten – die Tarifkontrahenten wie die Regierung – an einen Tisch, um Probleme nicht mit Rücksicht auf Partei- und Verbandsraison, sondern allein im Hinblick auf das gemeinsame nationale Interesse zu diskutieren. Doch daraus wurde nichts. Im Frühjahr 2002 ist das Projekt so gut wie gescheitert.

Man fragt sich: Warum gerade jetzt, in dieser ökonomisch angespannten Lage? Meine Antwort lautet: Es war von Anfang an zum Scheitern verurteilt. Denn so vernünftig der Plan erschien, im vertraulichen Gespräch überparteiische Lösungen und damit einen Fortschritt für unser Land zu finden, benutzten beide Bundeskanzler die Runde zum genauen Gegenteil: Sie blockierten, statt zu bewegen. Statt die Teilnehmer aufzufordern, ihre Verbandsinteressen hintanzustellen, benutzten Kohl und Schröder die Treffen, um ihre eigenen Parteiinteressen zu verfolgen. Denn selbst wenn, wie meist, am Ende nichts herauskam, erweckten sie doch vor der Öffentlichkeit den Eindruck, man habe zukunftsweisend miteinander gesprochen. Nicht erst seit dem Bündnis für Arbeit gilt in Deutschland das Miteinander-Sprechen als Selbstzweck.

Die positive Außenwirkung war nicht der einzige Vorteil, den die Bundeskanzler aus den endlosen Palavern zogen. Im Wahlkampf 1998 benutzte Gerhard Schröder das Bündnis als eine Art Eimer, in den er jede unbequeme Frage zum Thema Arbeitslosigkeit, Wirtschaftswachstum oder internationale Wettbewerbsfähigkeit hineinwerfen konnte. Wer vom Kandidaten etwas über seine Wirtschaftspolitik wissen wollte, erhielt die Antwort, das werde man im Bündnis für Arbeit besprechen. Das war nicht einmal besonders originell, denn bereits sein Vorgänger hatte sich dieser Taktik bedient. Auch Helmut Kohl entzog sich seiner Verantwortung, die dringenden Probleme der Volkswirtschaft anzugehen, indem er erst auf seine Kanzlerrunden und dann auf das Bündnis für Arbeit verwies. Diese Alibi-Funktion kam Schröder gerade recht. Wo man keine Antwort geben will, weil man die eigene Klientel damit verärgern könnte, reicht man die Frage einfach an andere weiter – wohl wissend, dass jene sie ebenso wenig geben können.

Den Bundeskanzlern brachte das Bündnis noch einen weiteren Nutzen: Wer eingebunden ist, läuft nicht so leicht aus dem Ruder. Helmut Kohl benutzte die Runde, um die Gewerkschaften ruhig zu stellen, was ihm die meiste Zeit auch gelang. Sein Nachfolger erreichte dasselbe mit den Vertretern der Wirtschaft. Ein wesentlicher Kunstgriff bestand darin, alles auf die lange Bank zu schieben. Jedes Problem, und war es noch so dringend, wurde vorsorglich auf die Agenda des nächsten Treffens gesetzt. So konnte jeder mit dem beruhigenden Gefühl nach Hause fahren, dass man der Lösung einen großen Schritt näher gekommen war. Am Ende lief es immer auf dieselbe Show-Veranstaltung hinaus.

Was als Bündnis für Arbeit geplant war, entpuppte sich als Bündnis für Arbeitslosigkeit. Denn wie der jeweilige Kanzler durch geschickte Regie seine Entscheidungsunfähigkeit versteckte, dachten die Tarifparteien gar nicht daran, ihre Positionen aufzugeben oder auch nur abzumildern. Man saß zwar zusammen, Stunde um Stunde, doch man bewegte sich nicht. Jede Seite beharrte auf ihren Standpunkten, und nicht Lösungen standen auf dem Programm, sondern gegenseitige Blockade. Dass diese Pattsituation von Kohl und Schröder auch noch als Erfolg verkauft wurde, scheint mir für das deutsche Dilemma symptomatisch: Wir sind ein selbstblockierter Staat geworden.

Die wenigen Reformen, zu denen sich die Regierung Kohl am Ende ihrer Amtszeit durchgerungen hatte – die bescheidene Rentenreform von Norbert Blüm, die Lockerung des Kündigungsschutzes oder die eingeschränkte Lohnfortzahlung im Krankheitsfall –, wurden nicht im Bündnis verabredet, sondern unter der mutigen Führung Wolfgang Schäubles am Bündnis vorbei. Mit dem Resultat, dass Oskar Lafontaine die Neuregelungen per Bundesrat zu blockieren suchte. Kaum war Schröder im Amt, bedankte er sich bei den Gewerkschaften, die ihn unterstützt hatten, indem er sämtliche Arbeitsmarktreformen kassierte. Die Frage des nationalen Interesses wurde nicht gestellt, und so wurde der kleine Fortschritt, der nur durch die Beharrlichkeit Wolfgang Schäubles erzielt worden war, durch Schröder zu einer neuen Variante der Echternacher Springprozession: Auf zwei Schritte voran folgten drei zurück.

Unmittelbar nach der Niedersachsenwahl 1998 traf ich mich als BDI-Präsident mit dem damaligen Ministerpräsidenten Schröder, der leichte Gewinne verbucht hatte und deshalb von Oskar Lafontaine auf den Schild des Kanzlerkandidaten gehoben wurde. In der Woche zuvor hatte Lafontaine, damals SPD-Parteichef und noch Mitkandidat für die Kanzlerschaft, in der »Bild«-Zeitung bekannt gegeben, was er von einem zukünftigen Kanzler erwarte. Als erste Bedingung nannte er die Rücknahme von Schäubles Reformen, die der SPD-Chef als »Schweinereien« bezeichnete. Mit einem Schlag wäre demnach das Wenige, was die Kohl-Regierung in sechzehn Jahren für den Arbeitsmarkt erreicht hatte, zunichte gemacht worden. Da ich um die schwer wiegenden Folgen wusste, die dieser Rückfall mit sich bringen würde, suchte ich das Gespräch mit dem frisch gebackenen Kanzlerkandidaten.

Schröder war in bester Laune. In seiner Kanzlei überreichte er mir als Willkommenspräsent eine kubanische Cohiba-Zigarre, und genehmigte sich auch selbst ein solches Prachtstück. Das Büro war geschmackvoll eingerichtet, moderne Gemälde hingen an den Wänden, und es kam im bläulichen Nebel unserer Zigarren zu einem freundlichen, angenehmen, sogar humorvollen Austausch. Endlich kam ich zu meinem Anliegen. Nach den Bedingungen, so begann ich, die Ihnen Oskar Lafontaine gestellt hat, können Sie doch unmöglich die Kandidatur annehmen. Denn diese radikalen Einschnitte, die unsere Wirtschaft zurückwerfen, können doch kaum als Grundlage Ihres Wahlprogramms dienen.

Natürlich ist das alles Quatsch, antwortete Schröder lächelnd. Sie können mir glauben, dass auch ich von diesem Vorschlag Lafontaines nur über die »Bild«-Zeitung erfahren habe. Das hatte er nämlich als Signal an mich gemeint: Wenn ich, Oskar, dich, Gerd, Kandidat werden lasse, dann musst du diese Bedingungen akzeptieren. Sie können mir glauben, Herr Henkel, dass dies nie zwischen ihm und mir vorher diskutiert worden ist. Doch weil es nun einmal so ist und ich von ihm zum Kandidaten erhoben wurde, bleibt mir natürlich nichts anderes übrig. Im Übrigen werden die Kartoffeln nicht so heiß gegessen, wie sie gekocht werden.

Ich erfuhr also, dass Schröder die Rücknahme der Reformen, seine spätere Morgengabe an die Gewerkschaften, selbst als Unsinn durchschaute. Er wusste genau, dass diese von Lafontaine erzwungene Entscheidung seine Arbeitsmarktpolitik als Kanzler schwer belasten würde. Und akzeptierte sie trotzdem. So hat der zukünftige Bundeskanzler, noch bevor er gewählt war, sich selbst blockiert. Den geringen Spielraum, den Schäuble dem Parlament abgetrotzt hatte, gab er auf, noch bevor er selbst in dieses Spiel eingriff und machte sich in Windeseile Lafontaines Meinung zu Eigen. Im Wahlkampf zog er zu meiner Verblüffung mit großer Überzeugungskraft gegen diese »Schweinereien« zu Felde. Dasselbe geschah übrigens mit Schröders Einstellung zur Öko-Steuer. Früher hatte er mir und anderen immer versichert, dass er nichts davon hielt. Als Kanzler setzte er sie durch, sie war eine Bedingung der Grünen für seine Kanzlerschaft. Diese Geschmeidigkeit führte allerdings dazu, dass er sich selbst Handfesseln anlegte. Sie führten zu Ende dieser Legislaturperiode zur berühmten »ruhigen Hand«. Eine gekonnte Verschleierung seiner Selbstblockade. Mittlerweile ist sie zur »ruhigen Kugel« geworden.

Aus Sicht der Wirtschaft waren deshalb die Startbedingungen des neuen Bündnisses für Arbeit denkbar schlecht. Die Rücknahme der Schäuble-Reformen wurde dort nicht einmal besprochen. Schon der Tenor des ersten Gesprächs lautete, man könne über alles sprechen, nur nicht über das, was einem auf den Nägeln brannte. Selbst in dieser Runde bediente er sich des Tricks, die Verantwortung einfach zu verschieben. Wie er mir gegenüber Lafontaine als Schuldigen genannt hatte, hieß es jetzt: Da ich dies im Wahlkampf versprochen habe, muss ich mich wohl oder übel daran halten. Doch waren es weniger die Wähler, die ihn hier festnagelten, als die Gewerkschaften, die mit am Tisch saßen und ihm sozusagen auf die Finger sahen.

Nach seiner Wahl zum Kanzler suchte ich Schröder wieder auf, diesmal in Helmut Kohls altem Bonner Büro. Es hatte sich sehr zu seinem Vorteil verändert. Die Münzen und Medaillen, mit denen der Altkanzler seinen Schreibtisch geschmückt hatte, waren verschwunden, auch verbreitete kein Aquarium eine schläfrige Atmosphäre. Kohls muffiges Wohnzimmer war von Schröder in ein nüchternes Büro von diskreter Eleganz verwandelt worden – offensichtlich hatte auch seine Frau Doris mitgeholfen. Bei diesem ersten Treffen stellte ich das Bündnis für Arbeit in den Mittelpunkt. Es musste, so warb ich, in ein neues Fahrwasser gezogen werden. Denn so, wie sein Vorgänger es gehandhabt hatte, konnte es nicht weitergehen. Man stimmte mir zu.

Vor Schröder und seinem Kanzleramtsminister Hombach entwickelte ich eine neue Zielsetzung für unsere Runde. Ich nannte sie das »Benchmarking-Projekt«. Als ich es einst in der Kohl-Runde vorgeschlagen hatte, wurde es erst nicht verstanden und dann, nachdem ich es erklärt hatte, glatt abgelehnt. Doch Schröder und Hombach hörten interessiert zu. »Benchmarking« bedeutet in der Industrie den regelmäßigen Vergleich aller eigenen Fähigkeiten mit denen der Konkurrenz. Die »Benchmark« bietet die Orientierungsmarke, an der man sich ausrichtet. Wer in einem bestimmten Bereich führt, setzt für die anderen die »Benchmark« und damit das Ziel, das es zu erreichen gilt. »Benchmarking« heißt auch, die Leistung des anderen nicht als Bedrohung, sondern als Herausforderung anzusehen. Jeder Autobauer beispielsweise weiß genau, welcher Konkurrent die »Benchmark« in Sachen TÜV-Statistik, Service, Fahrwerk, Motorleistung, Abgaswerten oder Kostenbewusstsein setzt. Danach muss er sich ausrichten, und zwar durch ständige Innovationen.

Mein Projekt, das ich für die neue Bündnis-Runde vorschlug, forderte dasselbe für die deutsche Gesellschaft. Statt sich immer nur auf sich selbst und den institutionalisierten »Tarifkonflikt« zu konzentrieren, sollte sie sich dem internationalen »Benchmarking« stellen. Denn das gibt es längst, wir haben es nur noch nicht gemerkt. In allen Bereichen von der Arbeitszeit und den Arbeitskosten über die Krankenstatistik bis zu Bildungsstand, Lebenserwartung und Internetanschluss vergleichen sich die modernen Staaten miteinander. Holland etwa hat in seiner schwierigen Übergangsphase zur reformierten Wirtschaft ein solches Projekt gestartet. Damals wurde vom holländischen Wirtschaftsministerium ein »Benchmarking-Report« veröffentlicht, in dem das eigene Land mit anderen Industrienationen verglichen wurde. Das Resultat war so niederschmetternd, dass selbst die dortigen Gewerkschaften sich bereit zeigten, den Reformweg mitzugehen. Mit sichtbarem Erfolg.

Bodo Hombach, nach meiner Beobachtung im damaligen Kanzleramt neben Otto Schily der einzige Motor für Reformen, begriff blitzschnell, welche Chance sich hier bot, und schlug Schröder vor, das »Benchmarking-Projekt« voranzutreiben. Auch der Kanzler zeigte sich begeistert. Nachdem man es im Bündnis für Arbeit besprochen hatte, wurde eine »Benchmarking-Gruppe« gegründet. Unterstützt von wissenschaftlichen Instituten und Sachverständigen der Verbände, erarbeitete die Gruppe einen Vorschlag, mit dem das »Benchmarking« in Deutschland eingeführt werden sollte. Es dauerte lange, aber schließlich lag 2001 doch ein Ergebnis vor. Der deutsche »Benchmarking-Report« erschreckte Hombachs Nachfolger Steinmeier dermaßen, dass er ihn in einer Schublade verschwinden ließ. Der Bericht, mit großem Aufwand erstellt und von Steuergeldern bezahlt, wurde nie im Bündnis für Arbeit besprochen, geschweige denn der Öffentlichkeit vorgestellt.

Für mich war vor allem interessant, dass der Report all das bestätigte, was wir vom BDI seit Jahren vorausgesagt hatten: dass Deutschland, Europas einstiges Musterland, ins Mittelfeld abgesackt war, in manchen Sparten noch tiefer. Überrascht war ich, dass nicht nur die beteiligten Wissenschaftler und Wirtschaftsfachleute, sondern selbst Gewerkschaftsmitarbeiter der Arbeitsgruppe ihre Unterschrift darunter gesetzt hatten. Das verlieh dem Papier eine Brisanz, die über die bloße Erkenntnis hinausging, dass wir dem internationalen Vergleich nicht mehr standhielten: Tatsachen, die man früher der Schwarzmalerei der Wirtschaftsverbände angelastet hatte, waren nun auch von der Gegenseite anerkannt worden. Nicht jedoch vom Kanzleramt. Denn hätte man, etwa im Rahmen des »Bündnisses für Arbeit«, die Ergebnisse bekannt gegeben, wäre es den Gewerkschaftsfunktionären schwer gefallen, sie weiterhin als »neoliberales Machwerk« vom Tisch zu wischen. Sie hätten sich mit Aussagen konfrontiert gesehen, die auch von ihren eigenen Vertretern bestätigt worden waren. Und das wollte Schröder nicht. Nachdem das Kanzleramt inzwischen vorübergehend im ehemaligen Staatsratsgebäude der DDR in Berlin-Mitte und dann im bombastischen neuen Gebäude gegenüber dem Reichstag, welches verdächtig an eine Operettenbühne erinnert, angesiedelt war, kehrte man die Wahrheit, wie früher auch in der DDR üblich, unter den Teppich.

Ein weiterer Grund, warum Schröder nicht handeln wollte und lieber der Nation die unangenehme Wahrheit vorenthielt, war der Zeitpunkt. Denn der Reformdruck wäre in einem Augenblick entstanden, in dem er sich zum nächsten Wahlkampf rüstete. Schon immer war es guter Brauch in Deutschland, dass im laufenden Wahljahr nichts Wesentliches mehr geändert wurde. Auch Kohl hatte nötige Reformen mit dem Argument »Das machen wir nach den Wahlen« auf den Sankt-Nimmerleins-Tag verschoben. Offenbar glauben unsere Regierungen, sie seien nicht für vier, sondern nur für drei Jahre gewählt. So haben wir es hier also mit einem doppelten Skandal zu tun: Zum einen wird eine mit Steuermitteln bezahlte Studie vor der Öffentlichkeit geheim gehalten, und zum anderen weigert man sich aus wahltaktischen Gründen, die sich daraus ergebenden Konsequenzen zu ziehen. Der Kanzler gleicht hier einem Chefarzt, der eine teure Diagnose stellen lässt, sie jedoch, um seine Position nicht zu gefährden, weder dem Patienten eröffnet noch die nötigen Therapieschritte einleitet. Nicht nur für einen Patienten, sondern auch für ein Volk können solche Selbstblockaden sehr gefährlich werden.

Gerade in dieser Rolle schien Gerhard Schröder sich im Wahljahr 2002 zu gefallen. Schon vor der Bündnis-für-Arbeit-Sitzung im Frühjahr wurde in breiter Öffentlichkeit deren Tagesordnung diskutiert – ob man über die extrem hohen Tarifforderungen der Gewerkschaft sprechen dürfe oder nicht. Die Gewerkschaft meinte nein, das tangiere die Tarifautonomie. Dies war ein grundsätzlicher Einwand. Durch die Tarifautonomie sollte, nach dem Grundgesetz, verhindert werden, dass sich die Politik in die Verhandlungen von Arbeitgebern und -nehmern einmischte. Und es ist auch ohne weiteres einsehbar, welcher Missbrauch etwa durch totalitäre Regime damit getrieben werden könnte.

Andererseits sind wir aber eine Demokratie, die den Nutzen der Allgemeinheit höher stellt als den von Einzelgruppen. Und leider schließt die Tarifautonomie den Missbrauch durch solche Einzelgruppen, nämlich die Tarifparteien selbst, nicht aus – etwa wenn eine Seite Forderungen stellt, die dem wohl verstandenen Interesse der Gemeinschaft widersprechen. In diesem Sinn plädierte die Arbeitgeberseite dafür, die drastischen Lohn- und Gehaltsforderungen mit dem Kanzler zu diskutieren, da ein möglicher Arbeitskampf auch das nationale Interesse berühren würde. Schröder hielt sich vornehm heraus. Obwohl der Zweck des Bündnisses von Anfang an darin bestand, die verhärteten Fronten der »Tarifautonomie« aufzulockern, bestätigte er diese nachdrücklich. Schröder verglich seine Untätigkeit sogar mit der Klugheit von Stachelschweinen, die sich bei Annäherungsversuchen ebenfalls sehr vorsichtig verhielten. Außer diesem Kalauer hat das Bündnis für Arbeit im Februar 2002 nichts gebracht.

Trägt das veraltete Grundgesetz erheblich zur Selbstblockade unserer Gesellschaft bei, sorgt diese selbst dafür, dass viele positive Züge des Grundgesetzes in Vergessenheit geraten. So ist ein Grund für die Manövrierunfähigkeit der Bundesrepublik in ihrer schieren Größe zu suchen. Gerade diese Schwerfälligkeit einer großen staatlichen Einheit sollte durch das Grundgesetz verhindert werden. Das Schlüsselwort hieß Föderalismus. Leider wurde dieses Kernstück unserer Verfassung, das den Ländern weitgehende Selbständigkeit verlieh, in den letzten Jahrzehnten ausgehebelt. In vielen Bereichen, in denen Länder eigentlich souverän entscheiden sollten, delegierten sie ihre Verantwortung »nach oben«, zum Bund.

Beispiel Staatsfinanzierung: Nach dem Krieg war das einfach gestaltet. Die Aufgabenteilung zwischen Bund und Ländern entsprach spiegelbildlich der Einnahme ihrer Steuern. Dies änderte sich schnell, und an die Stelle der klaren Aufteilung trat ein Wirrwarr an Begehrlichkeiten. Heute steht etwa, und dies völlig willkürlich, die Mineralölsteuer dem Bund, die Mehrwertsteuer dagegen Bund und Ländern zu. Über die Zuteilung der UMTS-Einnahmen – nichts anderes als eine vorweggenommene Steuer – stritt man sich lange, da der Bund nur die Vorteile genießen wollte, während vielen Gemeinden, in denen die damit belasteten Unternehmen sitzen, die Steuerbasis wegbrach. Erst das Bundesverfassungsgericht schuf Klarheit – wenn auch zu Lasten der Kommunen.

Auch kann der Bund jederzeit ein Gesetz verabschieden, etwa über die Einrichtung von Kindergärten, das die Gemeinden finanzieren müssen – selbst wenn sie von ihren Steuereinnahmen lieber Schulen oder Turnhallen bauen würden. Schröder brachte sogar die Chuzpe auf, den staunenden Deutschen für die nächste Legislaturperioden buchstäblich zehntausend neuer Ganztagsschulen zu versprechen, ohne auch nur die geringste Möglichkeit zu haben, dieses Versprechen zu halten, schon weil er nicht zuständig war. Auch als Minister Eichel im Frühjahr 2002 der »blaue Brief« drohte, übernahm er Verpflichtungen, die er eigentlich gar nicht eingehen konnte. Denn die Verschuldung der Länder und Gemeinden, die wesentlich zur Gesamtverschuldung Deutschlands beiträgt, steht nun einmal nicht unter seiner Kontrolle.

Die unklaren Verhältnisse zwischen Bund und Ländern führen einerseits zu einem Konsenszwang, der jeden innovativen

Ansatz unterdrückt, andrerseits zu Pattsituationen, in denen eine Seite die andere ausbremst. Um diese, vom Grundgesetz nicht vorgesehene Selbstblockade zu beenden, muss der Bund sich neuen Bewegungsspielraum schaffen. Einen Teil der Verantwortung sollte er in die Hände der Länder und Kommunen zurücklegen, einen anderen Teil an Europa delegieren. Die Kontrolle des Binnenmarktes etwa kann nur durch die Gemeinschaft erfolgen. Natürlich kann nicht jedes Bundesland, ja nicht einmal die Bundesrepublik selbst für sich entscheiden, welche Unternehmen man subventionieren möchte. Das würde den Binnenmarkt ruinieren, da die Chancengleichheit auf der Strecke bliebe.

Deshalb müssen bestimmte Instanzen von den Ländern über den Bund nach Europa gehen – wie heute schon die Kartellbehörde –, während gleichzeitig Verantwortung, die der Bund an sich genommen hat, in die Länder zurückkehren kann. So schiene es mir vernünftig, die Gewerbesteuer abzuschaffen und den Gemeinden ein Hebesatzrecht an der Einkommensteuer zuzubilligen, sodass die Bürger, die von ihrer Kommune einen größeren Service erwarten, sich gegebenenfalls für höhere Steuern entscheiden können – und umgekehrt. Wie es übrigens in anderen föderalen Ländern, etwa der kleinen Schweiz oder den großen USA, bestens funktioniert. Als positives Resultat ergäbe sich ein Wettbewerb zwischen den Bundesländern wie zwischen den Gemeinden, der dem einzelnen Bürger nur nützen kann.

Eben diese Erfahrung konnte ich, wie schon in »Die Macht der Freiheit« beschrieben, in meiner Zeit als IBM-Chef machen: Die Konkurrenz zwischen kleinen Einheiten bringt bessere Ergebnisse als eine zentral gesteuerte große Einheit. Anfang der 1980er Jahre war ich als »General Area Manager« der IBM für Süd- und Südosteuropa sowie Afrika und den Nahen Osten und später für alle Länder außerhalb der vier »großen«, zuständig. Es zeigte sich, dass meine vielen »kleinen« Länder schneller wuchsen als die vier anderen, nämlich Deutschland, Großbritannien, Frankreich und Italien. Als ich dieses Phänomen unter die Lupe nahm, entdeckte ich, dass es hauptsächlich an der Beweglichkeit dieser Länder lag. Zusammengenommen waren wir in allen »Benchmarks« immer besser als die Großen. Die meisten kleineren und mittleren IBM-Organisationen hatten mehr Freiheit, waren überschaubarer, konnten sich besser auf die Bedürfnisse der Kunden einstellen und suchten nebenbei auch noch ihre Nachbarn an Effizienz zu übertreffen. Die Summe vieler kleiner Einheiten war stärker als eine große Einheit. Diese Erfahrung ließ mich die Vorteile unseres verfassungsmäßigen Föderalismus begreifen: Wenn alle Bundesländer in Wettbewerb miteinander träten und ihre Ergebnisse durch »Benchmarks« verglichen würden – welche Bestleistungen könnte unsere Nation dann erbringen! Wie man wettbewerbsfähig wird? Ganz einfach: durch Wettbewerb.

Das Gegenteil eines solchen Wettbewerbs, bei dem durch Leistung die Unterschiede herausgearbeitet werden, ist die deutsche Praxis des »runden Tischs«, die eben diese Unterschiede zu verwischen sucht. Vom »runden Tisch«, so merkte ich bald, war nur ein kurzer Weg zur »langen Bank«. Seit der Wiedervereinigung sind wir ein Land der runden Tische, obwohl wir mehr als je zuvor kantige Entscheidungen brauchen. Was damals dem guten Zweck dienen sollte, Konflikte zwischen den neuen Partnern zu vermeiden, entwickelte sich bald zum Universalrezept, jedem möglichen Konflikt aus dem Weg zu gehen. Für alles wurden runde Tische eingesetzt, wie seit dem Bündnis für Arbeit die verschiedensten »Bündnisse« gleich Pilzen aus dem Boden schossen. Diese Veranstaltungen, die sich zweifellos um die Diskussionskultur in Deutschland verdient machen, folgen im Wesentlichen nur einem Ziel: der Politik die Verantwortung abzunehmen, Entscheidungen treffen zu müssen. Hinter dem Bedürfnis, möglichst ausführlich über eine Sache zu reden, verbirgt sich die Gewissheit, dass wirkliche Änderungen gar nicht möglich oder auch nur erwünscht sind. So führt alles Reden über anstehende Probleme zu einem Zerreden dieser Probleme – auch für dieses Wort findet sich im Ausland kein Äquivalent. Das Zerreden scheint eine ausgesprochen deutsche Leidenschaft zu sein. Nach den neuesten Erfahrungen mit der Bundesanstalt für Arbeit könnte man ihm den Begriff des »Zerwaltens« an die Seite stellen: Man verwaltet ein Problem so lange, bis es sich in Akten aufgelöst hat.

Dass man ohne Not die eigene Handlungsfähigkeit blockiert, lässt sich bis ins Kanzleramt verfolgen. Seit Kohls Philosophie des »Aussitzens« und Schröders »ruhiger Hand« gilt Nichtstun in Deutschland als politische Tugend. Wobei ich nicht einmal ausschließen will, dass das Verhalten der beiden Kanzler weniger durch deren Charakter, als durch nüchterne Einsicht in die Lage der Nation hervorgerufen wurde: Deutschland hat sich selbst blockiert, und daran kann nicht einmal der Kanzler etwas ändern. Ich fürchte, dass die Bürger sich damit abgefunden haben. Schlimmer noch, sie scheinen das gar nicht ändern zu wollen. Zwar haben die Politiker einen schlechten Ruf im Land, doch wenn sie sich vor Reformen drücken, weil diese mit Belastungen für ihre Wähler verbunden sind, scheinen ihnen die Wähler dies nicht einmal übel zu nehmen. Man hat sich im Status quo eingerichtet und dabei übersehen, dass es ihn nicht gibt: Angesichts der enormen Geschwindigkeit, mit der die Weltwirtschaft voranschreitet, führt jeder Stillstand in eine unaufhaltsame Abwärtsbewegung.

Doch gerade dieser Stillstand wird mit allen Mitteln verteidigt. So kritisch man sich sonst gegenüber allem und jedem gibt, darf der sozial abgesicherte Status quo nicht angetastet werden. Er ist das eigentliche Dogma unserer politischen Korrektheit. Wir können das Schlusslicht im Wachstum Europas bilden, in der PISA-Studie versagen und »blaue Briefe« angedroht bekommen – es wird sich immer ein Minister finden, der vor dem Bundestag warnt, wir sollen unser Land nicht »schlecht reden«. Als ein Meister dieser Rhetorik erwies sich Wirtschaftsminister Müller. Den atemberaubenden Verfall unserer Wettbewerbsfähigkeit kann man am besten darstellen, wenn man sich einmal die Mühe macht, die Programmatik, die Kompetenz und die Eloquenz von Ludwig Erhard mit der von Werner Müller zu vergleichen. Übrigens hat auch Gerhard Schröder, als die Arbeitslosenzahlen anzogen, schon einmal vorbeugend verkündet, dass die Schwarzmaler, Pessimisten und Schlechtmacher daran schuld seien.

Auch unsere verkrampfte Haltung gegenüber Kritik ist Teil unserer Selbstblockade. Obwohl wir uns als kritische Bürger verstehen und gerne über alles und jeden »meckern« – die Medien dienen hier als großes Vorbild –, wird Kritik am sozial gesicherten Status quo als Tabubruch geahndet. Man spricht dann nicht mehr von Kritik, sondern von Miesmacherei. Auch konstruktive Ansätze und Reformvorschläge werden, als handelte es sich um eine Majestätsbeleidigung des »Sozialstaates«, zum Schweigen gebracht oder am runden Tisch erledigt. Schwarzmalern wird von der Schröder-Regierung die rote Karte gezeigt. Ich fürchte, jede neue Regierung wird auch in Zukunft auf vorgeschlagene Reformen mit der Man-rede-nicht-schlecht-über-Deutschland-Keule reagieren. Wer mit dieser Einstellung ein Unternehmen führte, ginge pleite. Denn konstruktiver Widerspruch gehört nun einmal zu den Grundprinzipien des Erfolgs.

Die Selbstgefälligkeit unserer Politiker wird glücklicherweise durch Europa in Frage gestellt. Wenn wir Brüssel nicht hätten, dies meine Überzeugung, müssten wir es erfinden. Viele wichtige Veränderungen in unserem Land gehen auf Vorschläge der EU zurück. Ohne Europa hätten wir bis heute keine privatisierte Post oder Telekom. Ohne die Kommissare van Miert und Monti wäre es mit dem Wettbewerb bei uns schlechter bestellt. Es hätte keine Liberalisierung des Strommarktes und außerdem noch mehr überflüssige Subventionen gegeben. So verschreibt uns Europa freiheitliche Rezepte, zu denen unsere Politiker von sich aus nie den Mut fänden. Im Gegenzug benutzen sie dann Europa als Prügelknaben, den man für unpopuläre Entscheidungen verantwortlich machen kann. Als Europas Abmahnung in Form des »blauen Briefs« ins Haus stand, war sich die Regierung sofort einig, dass das Problem nicht bei ihr, sondern beim Überbringer der schlechten Nachricht lag.

Auch in diesem Fall fürchtete man, im falschen Augenblick unter Zugzwang gesetzt zu werden. Man hatte sich so weit im Status quo eingerichtet – Schröders Selbstzufriedenheit wies bereits verblüffende Ähnlichkeit mit der Kohlschen auf –, dass jede Änderung im Widerspruch zum Interesse der Gesellschaft erschien. Die Frage, ob ein solches Besitzstandsdenken, wie es sonst vor allem für Gewerkschaften typisch ist, wirklich im nationalen Interesse liegt, wird nicht gestellt. Hinlänglich damit beschäftigt, uns selbst zu blockieren, nehmen wir gar nicht mehr wahr, wie schnell sich die Welt um uns herum entwickelt. Zwar vermeiden wir sonst immer ängstlich, überhaupt von »nationalem Interesse« zu sprechen, als ob dies automatisch zu Hitler zurückführen würde, und unterstellen stillschweigend, dass es so etwas wie nationales Interesse gar nicht gibt. Doch wenn es um die Chance geht, von den Unzulänglichkeiten der eigenen Regierung abzulenken, dann ist das angebliche nationale Interesse gegenüber Brüssel allemal politisch korrekt.

Offenbar ist hier ein Vakuum entstanden. Während sich unsere Betriebe aus vernünftigem Eigeninteresse der rapiden internationalen Veränderung anpassen, beharren die Politiker auf einem Zustand, bei dem ihre jeweilige Partei und deren Wähler zufrieden gestellt scheinen. Das Interesse der ganzen Gesellschaft bleibt für die Parteien ein blinder Fleck. Für die Frage, wie ein politisch blockiertes 80-Millionen-Volk im internationalen Wettbewerb bestehen kann, erklärt sich keiner zuständig. Vielleicht, so hofft man, nimmt uns Europa dies Problem ab? Oder die Zukunft? Offenbar scheut man sich vor der einfachen Erkenntnis, dass die Interessen einer Gesellschaft von niemand anderem als ihr selbst vertreten werden können. Vorausgesetzt sie weiß, was in ihrem Interesse liegt.

Dass wir uns gerade mit diesem Herzstück jeder Politik sehr schwer tun, zeigte einmal mehr die quälend lange Debatte um Zuwanderung. Es wollte einfach nicht gelingen, unter den vielen Beteiligten zu einer klaren Aussage zu kommen, was nun in unserem Interesse lag und was nicht. Schon bei der Diskussion um die »Green Card« – übrigens einer Anregung des BDI – zeigte es sich, wie gespalten die Meinungen waren. Während der CDU-Politiker Rüttgers den einfältigen Spruch »Kinder statt Inder« in die Welt setzte, plädierten Wirtschaft und Wissenschaft unisono zugunsten dieser Einwanderungsregelung für ausländische Computer-Fachkräfte. Und zwar ganz einfach, weil unser Land sie braucht. Selbst CSU-Chef Stoiber stand kurz davor, diesen Vorschlag in Bausch und Bogen zu verdammen, bis er sich buchstäblich in letzter Minute davon überzeugen ließ, dass er auch für die bayerische Wirtschaft Vorteile brächte. Als Folge brachte Stoiber eine eigene bayerische »Green Card« heraus, die noch besser war als die Schrödersche.

Letzten Endes behielt in der »Green Card«-Diskussion die Vernunft die Oberhand, was wiederum dazu führte, dass Schröder, die Gunst der Stunde nutzend, seinen Innenminister eine Zuwanderungskommission einberufen ließ. Schily rief auch mich an, ob ich teilnehmen wollte, und ich sagte nach einigem Zögern zu. Ich zögerte, weil die Kommission unter der Leitung von Rita Süssmuth tagen sollte – einer Frau, die sonst immer gern die Stimmungen der politisch korrekten Elite in Worte fasst. So trafen sich Vertreter der Gewerkschaften, der Kirchen, der Unternehmer und der Politik nach üblicher Quote. Trotz der Teilnahme von Frau Süssmuth hatte sich die CDU von der Kommission distanziert und eine eigene Alternative unter Ministerpräsident Müller einberufen, der sich eine CSU-Kommission unter Innenminister Beckstein zur Seite stellte. Beide Gremien tagten relativ wenig im Vergleich zur Süssmuth-Kommission, die sich neun Monate lang intensive Diskussionen, teilweise in Untergruppen aufgegliedert und bis in die Nächte fortgesetzt, lieferte.

Überraschend brachte die CSU dann ein Papier heraus, in dem die alte Forderung, das Individualrecht auf Asyl nach Artikel 16a des Grundgesetzes aufzugeben, nicht wiederholt wurde. Zudem ließ ihre Formulierung, Deutschland sei kein »klassisches« Einwanderungsland, vermuten, dass sie begriffen hatten, dass es sich eben doch um ein Einwanderungsland handelte. Was es nun einmal ist. Denn mit einem Anteil von 8,9 Prozent haben wir, mit Ausnahme von Luxemburg, mehr Ausländer als jedes andere EU-Land aufzuweisen. Nur wollten wir das aus irgendwelchen Gründen nicht zugeben. Ebenso wenig beschäftigten wir uns mit den Folgen, die sich daraus ergaben.

Als Nächstes kam Saarlands Ministerpräsident Müller, Vorsitzender der Alternativkommission, mit einem Vorschlag heraus. Dieser glich, ich möchte sagen, in der großen Linie fast aufs Haar dem Papier, das wir im Süssmuth-Gremium erarbeiteten. Zwar versachlichte sich nun die Diskussion über die

Zuwanderung von Facharbeitern, doch wurde plötzlich das weite Feld des Asylmissbrauchs damit in Verbindung gebracht. Man vermischte auf unzulässige Weise die Einwanderung von benötigten Fachkräften mit dem unwillkommenen Zuzug in unsere Sozialsysteme, der sich aus dem europäischen Spitzenniveau unserer Sozialleistungen ergibt.

In diesem Moment muss es Schröder und Schily gedämmert haben, dass dieses Thema bei den Wählern sehr emotional aufgenommen wurde – mit anderen Worten, man konnte damit den Wahlkampf 2002 verlieren. Als die Arbeitslosenzahlen wieder anstiegen, brachte SPD-Generalsekretär Müntefering eine weitere Verschärfung in die Debatte, indem ausgerechnet er indirekt den begrenzten Zuzug von ein paar tausend Hochqualifizierten zur Bedrohung von stellensuchenden deutschen Arbeitskräften aufbauschte. Sogleich nahm der Gewerkschaftsflügel der SPD das Stichwort auf und plädierte dafür, sich zuerst um die deutschen Arbeitslosen zu kümmern – als würden diese nur darauf warten, die freien Stellen etwa in der Computerbranche übernehmen zu dürfen.

Der Streit wogte hin und her, das Süssmuth-Papier erschien und die Parteien brachten ihre parlamentarischen Geschütze in Stellung. Im Frühjahr 2002 ist der Gesetzentwurf zum neuen Zuwanderungsgesetz mit den Stimmen der Regierungskoalition vom Bundestag angenommen worden, schließlich auch vom Bundesrat, obwohl die Koalition über keine Mehrheit verfügt. Der Skandal über die Abstimmung und die heftige Debatte über die Unterschrift des Bundespräsidenten krönten den gesamten Vorgang, bei dem eine Frage nationalen Interesses, trotz zweijähriger Beschäftigung auf allen Ebenen, keine konsensfähige Lösung gefunden hat. Wir erlebten hier die Selbstblockade unseres Landes in Reinkultur. Nach dem Interesse der Gesellschaft fragte keiner.

Würde sich ein Unternehmen bei der Einführung eines neuen Produktes ähnlich verhalten, ginge es vermutlich Bankrott. Zum Glück weiß die Wirtschaft besser als die Politik, wie wichtig die Innovationsfähigkeit ist, um im Wettbewerb bestehen zu können. Ob ein Unternehmen seine Interessen erfolgreich zu vertreten weiß, lässt sich unter anderem an seiner Umsatz-

und Gewinnentwicklung ablesen, aber auch der Motivation der Mitarbeiter oder dem Krankenstand. Dies sind objektive Gradmesser, die anzeigen, ob es aufwärts geht oder abwärts. Das »Benchmarking-Projekt«, das ich Schröder vorschlug, hätte dies analog für den Staat leisten können. In möglichst vielen Bereichen hätte man Vergleichswerte mit anderen, aber auch mit sich selbst, also der eigenen Entwicklung, gewonnen. An den verschiedenen Indizes wäre ablesbar gewesen, ob wir unseren Interessen gemäß handeln, ja, ob wir sie überhaupt wahrnehmen wie andere Nationen.

Die Finnen haben mit ihrem nationalen Interesse kein Problem. Ihre Gesellschaft führt der Welt vor, was eine freie Nation in enger Anbindung an Europa zu leisten vermag. In allen möglichen Indizes haben sie die europäische Führung übernommen: Haushaltsüberschuss, Bildung, höchste Durchdringung mit Informationstechnik, höchste Pro-Kopf-Zahl an Handys, niedrige Arbeitslosigkeit – und gleichzeitig hat dieses Land in Europa die höchste Lebenserwartung. Dieser Index scheint mir besonders wichtig. In der Lebenserwartung drückt sich nämlich die Gesundheit einer Gesellschaft aus, und zwar in jedem Sinn des Wortes.

Auch Japan, ein uns in mancher Hinsicht ähnliches Land, stellt uns – trotz großer eigener Schwierigkeiten – in den meisten Bereichen in den Schatten. Die Japaner verfügen nicht nur über ein höheres Pro-Kopf-Einkommen, sondern auch über bessere Bildung. Sie übertreffen an Lebenserwartung sogar die Finnen: In Japan lebt man weltweit am längsten. Und dies, obwohl man dort viel mehr arbeitet als bei uns – 1900 Stunden, im Gegensatz zu den 1560 Stunden, die wir uns abverlangen.

Natürlich muss es für diese Zielsetzungen auch eine ethische Grundlage geben. Es wäre absurd, um des Erreichens einer »Benchmark« willen etwa die Pressefreiheit abzuschaffen oder die Todesstrafe wieder einzuführen. Es kann ebenso wenig darum gehen, immer größeren Druck auszuüben, bis die Menschen sich förmlich »zu Tode schuften« – im Gegenteil: Je mehr »Benchmarks« ein Volk erreicht, umso schneller werden auch Wohlstand, Gesundheit und Lebenserwartung ansteigen. Wenn die Spielregeln stimmen und Chancengleichheit herrscht, verliert selbst der Begriff »Arbeit« den negativen Beigeschmack, der ihm in der deutschen Ideologie anhaftet.

Dann wird man in der Arbeit nicht nur etwas sehen, was man für sich selbst, sondern ebenso etwas, was man für die anderen tun kann. Auch dies gehört zur »Ethik des Erfolgs«. Bestand die alte Sozialmoral hauptsächlich darin, vorhandenes Vermögen zu verteilen, so sieht die neue Ethik die Notwendigkeit, dieses Vermögen aller erst zu erwirtschaften – und nennt die Spielregeln, nach denen dies zum Nutzen aller geschehen kann. Dass jeder eigene Erfolg auch dem Wohl der Gemeinschaft dient, muss uns dann nicht länger von den Verteilungsethikern gepredigt werden. In einer freien Gesellschaft, wie sie uns heute von Finnland vorgelebt wird, versteht sich das von selbst.

4
Die verteufelte Wirtschaft

Vom Präsidenten der Freien Universität Berlin wurde ich im Frühjahr 2001 eingeladen, zur traditionellen Immatrikulationsveranstaltung der berühmten Hochschule den Festvortrag zu halten. Da ich nicht mehr Präsident des BDI war, sondern bereits meine Mannheimer Professorenstelle angetreten hatte, erwartete ich mir von meinem Auftritt eigentlich keine Kontroverse. Nachdem Präsident Gäthgens die Studentenschaft zu meinem Vortrag über »Gleichheit oder Freiheit?« in die Große Aula eingeladen hatte, erhielt er vom Vorsitzenden des AStA Besuch. Im Namen des Studentenausschusses legte er förmlichen Protest dagegen ein, dass der ehemalige BDI-Präsident an der Freien Universität reden durfte. Zwar vertrat der Beschwerdeführer, wie mir Gäthgens hinterher versicherte, nur sechs Prozent der Studenten, konnte es aber, wie ich bereits ahnte, im Zweifel auf sechzig Prozent der Lautstärke bringen. Im Übrigen, so erklärte der AStA-Mann, sei schon der Titel meines Vortrages eine Provokation.

Dabei hatte das Verhältnis von Freiheit und Gleichheit sowie deren irritierender Widerspruch von Anfang an die abendländische Philosophie beschäftigt. Auch die Revolutionsführer von 1789 hatten in Paris leidenschaftliche Debatten darüber geführt, ob man denn nun der Freiheit oder der Gleichheit in Zweifelsfällen den Vortritt lassen sollte. Sie hatten sich dann sinnigerweise darauf geeinigt, die »Fraternité«, also die Brüderlichkeit oder Solidarität, als Kitt zwischen den beiden Polen einzufügen. Auch Thomas Mann hatte im Spätsommer 1939 in seiner großen, für den 17. PEN-Kongress in Stockholm vorbereiteten Rede auf hellsichtige Weise erklärt, wie sich diese beiden Pole einander zugleich widersprechen und ergänzen – der Kriegsausbruch hinderte ihn daran, seinen Vortrag in Stockholm zu halten.

Meinem Auftritt sah ich auch deshalb mit Spannung entgegen, weil vom gleichen Podium so unterschiedliche Persönlichkeiten wie John F. Kennedy oder Rudi Dutschke gesprochen hatten. Nun also war Hans-Olaf Henkel dran. Die Aula war mit rund achthundert Zuhörern bis auf den letzten Platz besetzt. Kaum hatte mich der Präsident dem Publikum vorgestellt, eilte der AStA-Vorsitzende zum Mikrophon, um namens seines Ausschusses gegen meine Anwesenheit zu protestieren. Das bestärkte mich nur in meiner Entschlossenheit, das Thema in aller Klarheit zu Gehör zu bringen.

Ich trat also zum Podium und begann meine Rede vor dem, wie ich bemerkte, sehr aufmerksamen Publikum, als sich nach ein paar Minuten wie auf ein geheimes Kommando rund zwei Dutzend Personen erhoben. In Windeseile entrollten sie Transparente mit wirtschafts- und globalisierungsfeindlichen Parolen, produzierten mit Trillerpfeifen einen Höllenlärm, während andere kopierte Banknoten mit meinem Konterfei ins Publikum warfen. Offenbar stellte ich für sie den »Bösewicht aus der Chefetage« dar, den man mit allen Mitteln daran hindern musste, die Menschen mit seinen Thesen zu umgarnen. Der Kampf gegen die Wirtschaft hatte sich in diesem Augenblick auf mich konzentriert. Angenehm war es nicht gerade. Denn offensichtlich hatten sie sich als Minimalziel gesetzt, mich am freien Reden zu hindern, weshalb sie pfiffen und schrien, was das Zeug hielt.

Im Vertrauen auf die Mikrophonanlage sprach ich unverdrossen weiter, bis der Präsident sich aufgerufen fühlte, seinem Gast beizuspringen. In ruhigen Worten bat er die Protestierenden, den Hörern doch Gelegenheit zu geben, sich selbst ein Urteil zu bilden. Zudem gehöre es zur liberalen Tradition des Hauses, jedermann zu Wort kommen zu lassen. Das übte allerdings keinerlei mäßigende Wirkung auf die Krachmacher aus, im Gegenteil. Sie schienen ihre Anstrengungen noch zu verdoppeln, und ich bemerkte mit Bedauern, dass selbst ein besonders hübsches Mädchen unter ihnen mir wütend mit den Fäusten drohte, als wollte es mich am liebsten aus dem Saal prügeln.

Nachdem ich unbeeindruckt in meinem Vortrag fortfuhr, kam der Präsident ein weiteres Mal zum Podium, um vorsichtig anzufragen, ob es nicht besser für mich wäre, einfach abzubrechen. Ich schob ihn sachte zur Seite, trat zurück ans Mikrophon und rief ins Publikum: Meine Damen und Herren, wollen Sie mich hören? Ein überwältigendes Ja! schallte mir entgegen. Die Störenfriede sahen sich verdutzt um, da dieser Schrei ihre eigenen Anstrengungen bei weitem übertönt hatte. Wie beflügelt von der demokratischen Abstimmung zu meinen Gunsten, redete ich also weiter. Nun kam es zu Auseinandersetzungen im Publikum, da jene, die mich hören wollten, sich gegen die Störer zur Wehr setzten. Natürlich bekam ich die Rangeleien mit, und sah, wie ein jüngerer Student einem alten, ich schätze im 32. Semester, die Trillerpfeife aus dem Mund riss. »Au, mein Zahn«, schrie der Ältere, worauf sich einige seiner Genossen verzweifelt, aber umsonst, am Boden danach auf die Suche machten.

Meine Rede kam, wenn auch leicht gekürzt, zu ihrem geplanten Ende. Schon während des letzten Teils war mir aufgefallen, dass sich zwei oder drei Herren strategisch günstig am Gang postiert hatten, die verdrahtete Knöpfe im Ohr trugen und fast unablässig in die für Sicherheitsleute typischen Mikrophone flüsterten. Später erfuhr ich, dass der Präsident vor meinem Auftritt kalte Füße bekommen und die Bodyguards zu meinem Schutz bestellt hatte. Wie sinnvoll derlei Schutzpersonal ist, konnte ich nach Abschluss meiner Rede erfahren. Beim Verlassen der Aula sah ich plötzlich einen etwa dreißigjährigen Mann, der sich im Zickzack zwischen den dort Stehenden eilig auf mich zu bewegte. Noch bevor ich mich in Sicherheit bringen konnte, schleuderte er einen, wie mir schien, massiven Gegenstand von beachtlicher Größe in meine Richtung. Blitzschnell duckte ich mich, worauf sich die Cremetorte, denn das war es, im Flug teilte und zwei würdigen Universitätsdekanen, die zufällig hinter mir standen, gegen die Brust fiel. Die drei Bodyguards mit ihren Kopfmikrophonen standen zwar strategisch günstig, aber eben nicht dort, wo das passierte, was sie eigentlich verhindern sollten.

Ich sah mich in meiner Skepsis gegenüber derlei Personenschutz bestätigt. Dem Attentat auf den niederländischen Politiker Fortuyn im Mai 2002 ging übrigens eine »erfolgreiche« Tortenattacke voraus, trotz der Anwesenheit zahlreicher Bodyguards. Ich muss zugeben, dass ich bei meinen ersten öffentlichen Auftritten nach diesem Mord doch ein mulmiges Gefühl hatte.

Nachträglich wurde mir klar, dass der Zwischenfall an der Freien Universität in Berlin – einen ähnlichen an der Hamburger Hochschule für Wirtschaft und Politik habe ich in »Die Macht der Freiheit« beschrieben – besonders für unser Land symptomatisch ist. Der Angriff zielte ja nicht auf meine Person, sondern auf das, was ich in den Augen der Krachmacher darstellte: die deutsche Wirtschaft. Mag die Ablehnung der Protestler auch drastische Formen annehmen, so unterscheidet sie sich doch nicht wesentlich von der Antistimmung, die von vielen Medien und den Gewerkschaften verbreitet wird. Es scheint sogar der politischen Korrektheit zu entsprechen, der Industrie mit größter Skepsis gegenüberzutreten. Die deutsche Gesellschaft, so die unterschwellige Botschaft, weiß sich vor den Zumutungen der Wirtschaft in Acht zu nehmen.

Auch dies zählt zu den deutschen Sonderwegen. Denn für den Rest der Welt ist es selbstverständlich, Gesellschaft und Wirtschaft als Einheit zu betrachten. In den angelsächsischen Ländern spricht man sogar stolz von »our economy«. Die Wirtschaft gilt als Motor des Fortschritts und ihre Errungenschaften werden als nationale Erfolge gefeiert, wie umgekehrt eine ökonomische Flaute von allen als Niederlage empfunden wird. Bei meinen vielen Aufenthalten im Ausland sind mir nur zwei Länder aufgefallen, in denen man die Wirtschaft ideologisch von der Gesellschaft abtrennt: Frankreich und Deutschland.

Besonders in unserem Land wird von der geistigen Elite, selbst von vielen Politikern, die es besser wissen müssten, zwischen dem Interesse der Unternehmen und dem der Menschen unterschieden. Die Wirtschaft, so das gängige Bild, ist ein gefährlicher Gigant, dem man Fesseln anlegen muss, damit er nicht zu viel Unheil in der sozialen Welt anrichtet. Seltsamerweise wird bei diesem Klischee vor allem an die Vertreter des Kapitals, also die hochbezahlten Manager oder die Unternehmer in ihren notorischen Prachtvillen, gedacht. Man vergisst, dass zur Wirtschaft auch die Arbeitnehmer gehören und selbstverständlich der Staat – nicht nur, weil er von den Ergebnissen der Wirtschaft, den Steuereinnahmen, abhängig ist, sondern weil er sich selbst wirtschaftlich betätigt: Mit einer Staatsquote von rund 50 Prozent kann man sagen, dass unser Staat verantwortlich ist für die Hälfte der Wirtschaft. Und schließlich gehören auch die Konsumenten zur Wirtschaft. Spätestens an dieser Stelle wird klar: Der Gigant, vor dem sich alle fürchten – das sind wir alle.

Die Wirtschaft als Feindbild entstand bei uns in den 1970er Jahren. Noch nach dem Krieg hatte niemand bezweifelt, dass nur eine gesunde Ökonomie das Fundament für den Wiederaufbau unseres Landes legen kann. Gerade weil sich alle dieser Herausforderung stellten, konnte es zum legendären »Wirtschaftswunder« kommen, das der ganzen Gesellschaft, im Vergleich zu früher, ungeahnten Wohlstand und soziale Sicherheit brachte. Obwohl es auch in den 1950er und 1960er Jahren Konflikte zwischen Arbeitgebern und Gewerkschaften gab, war letzten Endes die gesellschaftliche Einigung immer das Hauptziel. Jeder war stolz auf die internationalen Erfolge von Mercedes-Benz oder Grundig, und es wäre keinem eingefallen, dahinter das Spiel dunkler Mächte zu vermuten.

Ein solches Denken trat erstmals mit der Apo – der »Außerparlamentarischen Opposition« der 68er-Zeit – lautstark an die Öffentlichkeit. Der Vietnamkrieg wurde als Unternehmung der Rüstungsindustrie entlarvt. Das Elend der armen Länder wurde auf den kapitalistischen Kolonialismus zurückgeführt. Dessen Nachfolger, die amerikanischen Wirtschaftsmultis, setzten angeblich das Ausbeutungswerk fröhlich fort. Die Einheit von wirtschaftlichen und gesellschaftlichen Interessen wurde als Heuchelei gebrandmarkt und durch eine scharfe Konfrontation ersetzt: Zwischen beiden Seiten sollte nun der von Karl Marx ausgerufene »Klassenkampf« herrschen.

Zwar hatte diese von Teilen der deutschen Jugend emphatisch vorgetragene Weltsicht die bedrückende Wirklichkeit des Ostblocks gegen sich – aber wann hätten sich deutsche Ideologen je von der Wirklichkeit überzeugen lassen? Blieb auch die Mehrheit unserer Gesellschaft davon unbeeindruckt, so hinterließ der marxistische Massenprotest doch deutliche Spuren. So fielen mein BDI-Vorgänger Hanns-Martin Schleyer zusammen mit seinem Fahrer und drei Leibwächtern blutigem »antikapitalistischem« Terror zum Opfer. Obwohl sich die deutsche Intelligenzschicht mehrheitlich davon distanzierte, gehört es seither zum guten Ton, die Wirtschaft für alle Übel der Welt verantwortlich zu machen – vom Übel des eigenen Wohlstands einmal abgesehen. Man akzeptierte ihre Segnungen, doch hielt an der Verteufelung der Wirtschaft fest. Das führte paradoxerweise dazu, dass die Gesellschaft, die mit dieser Ideologie sympathisierte, sich unbemerkt selbst verteufelte. Denn ob sie es will oder nicht: Sie ist die Wirtschaft, und jeder Versuch, sich durch immer neue Sozialgeschenke gleichsam freizukaufen, führt zur Wirtschaft zurück, die diese erst einmal erarbeiten muss.

Diese eigenartige Blindheit vor der Realität konnte ich selbst bei Bundeskanzlern beobachten. Sooft ich als BDI-Präsident gegenüber Helmut Kohl die Fehlentwicklungen unserer Gesellschaft zur Sprache brachte – ich habe mich nie als Vertreter von Einzelinteressen verstanden – musste ich mir den abwertenden Hinweis anhören, ich trüge nun einmal die Sicht meines Interessenverbandes vor. Außerdem gab er mir zu verstehen, dass jeder, der sich für die Verbesserung der wirtschaftlichen Bedingungen einsetze, naturgemäß ein Lobbyist sein müsse. Dabei erkannte er immer großzügig an, dass die Lobbyisten ihre Berechtigung hatten – aber es waren eben nur Interessenvertreter. Ob meine Vorschläge nützlich für die gesamte Gesellschaft und ob sie praktikabel waren, kümmerte ihn dabei selten.

Dasselbe erlebte ich bei seinem Nachfolger Schröder, der mit dem Argument schnell bei der Hand war, ich sähe die Welt nun einmal aus Sicht der Unternehmer, er aber fühle sich für das Allgemeinwohl zuständig. Damit konnte er sich immer elegant zwischen die verschiedenen Positionen schieben und –

nichts tun. Vor laufenden Fernsehkameras qualifizierte er mich im Wahlkampf 1998 sogar als »bezahlten Funktionär« ab, obwohl er aus Gesprächen mit mir genau wusste, dass ich ehrenamtlich tätig war. So konnte er, ohne auch nur einen Gedanken an meine Modelle zu verschwenden, diese als unseriös desavouieren und die andere Seite gegen sie ausspielen. Was für ihn, wie schon für Kohl, den Vorteil brachte, immer »über den Parteien« zu stehen und sich heraushalten zu können. Ich schrieb Schröder damals einen Brief, der mit den Worten endete: »Die Wahrheit ist zwar ein kostbares Gut, aber so sparsam, wie Sie, Herr Ministerpräsident, sollte man nicht damit umgehen.« Später erfuhr ich, der Kanzlerkandidat sei darüber so verärgert gewesen, dass er die Einladung zur Jahrestagung des BDI im Juni 1998 ausschlagen wollte. Er kam dann doch.

Seit den 1980er Jahren fiel es den deutschen Meinungsführern immer leichter, die Wirtschaft als Gegenspieler des Staates, ja der Gesellschaft, hinzustellen und sie auf doppelte Weise zu belasten: Einmal, indem man sie als unethisch – also »unsozial« – verunglimpfte, zum anderen, indem man sie mit steigenden Steuern und Abgaben eindeckte, man könnte auch sagen: bestrafte. Welch ein Widersinn, dass wir uns in der globalisierten Welt des 21. Jahrhunderts noch eine nationalökonomische Weltanschauung aus dem 19. Jahrhundert leisten! Obwohl sämtliche Systeme, in denen die Wirtschaft dem Staat untergeordnet – also »vergesellschaftet« – wurde, historisch gescheitert sind, und zwar zum Nachteil der betroffenen Völker, bleibt unser Denken stur einem Gegensatz verhaftet, den es gar nicht gibt. Und da es ihn nicht gibt, muss man ihn künstlich erzeugen. Bei uns sorgen vor allem die Gewerkschaften dafür. Sie leben vom Feindbild des egoistischen Unternehmers, den man moralisch in die Schranken weisen muss, und übersehen geflissentlich, dass die Wirtschaft längst zur produktiven Gemeinschaft der ganzen Nation geworden ist, die sich nicht auseinander dividieren lässt. Doch eben das wird von den marxistischen Denkmustern aus jener fernen Zeit gefordert, in der die Gewerkschaften gegründet worden sind. Und damals, als es weder moderne Marktwirtschaft noch soziale Sicherungssysteme gab, sondern nur das nackte Profitstreben, hatten sie auch ihren Sinn.

Heute ist der Unternehmensgewinn, auf den man seitdem mit dem moralischen Finger zeigt, alles andere als ein Selbstzweck. Auch wenn ich hiermit einer klassischen marktwirtschaftlichen Theorie widerspreche: Der Gewinn ist zuallererst ein Symptom dafür, dass Arbeit, Kapital, Ressourcen und Produktionsmittel eines Unternehmens bestmöglich eingesetzt wurden. Profitabel ist dies nicht nur für die Anteilseigner, sondern in weit höherem Maße für die Mitarbeiter und die ganze Gesellschaft, die bleibenden Nutzen daraus ziehen. Denn nicht allein die erzielten Werte, sondern auch die Produkte, die sich dem Einsatz der Mittel verdanken, bereichern das Leben der Gesellschaft, ja erhöhen deren Stellenwert nach draußen. Ein modernes Unternehmen ist kein Schlachtfeld des Klassenkampfes, sondern eine unerschöpfliche Quelle von Innovation und nationalem Wohlstand.

Dabei ist der Gewinn nur Gradmesser der Effizienz. Ein Manager, der das Profitstreben mit Unternehmenskultur verwechselt, wird schnell Schiffbruch erleiden. Bevor er überhaupt an Gewinne denkt, muss er sich über die genaue Position klar werden, die er im Markt einnimmt. Vereinfacht gesagt findet sich jede wirtschaftliche Unternehmung zwischen zwei Polen: Der eine besteht aus den Kunden. Sie sind die Adressaten der Waren oder Dienstleistungen, und wenn der Werbeslogan behauptet, der Kunde sei König, so gilt dies selbst in dem radikalen Sinn, dass er über jedes Unternehmen durch simple Kaufverweigerung das Todesurteil sprechen kann. Diese fast allmächtigen Konsumenten üben weit größeren Einfluss auf die Wirtschaft aus, als Ideologen ihnen einreden. Sie – und nicht der Manager, der sich dies einbilden mag – bestimmen durch ihre Kaufentscheidung, wohin sich ein Unternehmen entwickelt. Weil das auch den neuen Globalisierungsgegnern langsam dämmert, wird neuerdings der Konsument für dumm erklärt. In ihrem Bestseller »No Logo« legt denn auch die Antiglobalisierungs-Ikone Naomi Klein ihren begeisterten Lesern dar, dass sie gegen ihren eigenen Willen zum Konsum von Coca-Cola und Fastfood von McDonald's getrieben werden.

Der andere Pol wird durch den Wettbewerb gesetzt. Jedes Produkt, jeder Service, jede zündende Idee findet sich automatisch in einem Konkurrenzkampf, der heute durch das Internet weltweite Bedeutung gewinnt. Wie der Kunde seine Macht über jedes Unternehmen ausübt, und meist ohne Rücksicht auf nationale Zugehörigkeit, so versucht auch jeder Konkurrent Macht über den Nebenbuhler auszuüben. Der Wettbewerb um Marktanteile führt zu einem Kräftemessen aller vergleichbaren Unternehmen. Was Ideologen als perfide Macht ausgeben, die durch die Wirtschaft über brave Staatsbürger ausgeübt wird, erweist sich bei genauerem Hinsehen als Kampf der Unternehmen untereinander, bei dem es immer ums wirtschaftliche Überleben geht. Doch wird dieser Kampf nicht mittels Gewalt ausgetragen, um Vernichtung zu bringen, sondern durch Arbeit, Einfallsreichtum und Innovationskraft, die zum Nutzen aller beitragen. Je mehr Konkurrenz, umso königlicher kann sich der Kunde fühlen. Und Kunde ist nun einmal jeder.

So wird jedes Unternehmen weniger durch Gewinnstreben als durch die Konkurrenz und den allmächtigen Kunden geformt. Sozusagen durch natürliche Auslese entspricht es exakt den Wünschen der Bürger – was man von der Politik wohl kaum behaupten kann. Nicht diese, sondern die Wirtschaft schenkt der Gesellschaft die Lebensqualität, die sie erwartet. Wer daran mitarbeitet, macht sich, so pathetisch es klingt, um die Gemeinschaft verdient. Da dies aber nach der Vorstellung mächtiger deutscher Ideologen nicht sein darf, weil durch diese Perspektive die bewährten Schützengräben der Tarifkonflikte eingeebnet würden, hält man nicht nur an der Verteufelung der Wirtschaft, sondern auch an der Herabsetzung des Begriffes »Arbeit« fest. Weil ein Unternehmen per se ein egoistisches Mittel darstellt, Profite zu maximieren, kann auch die Arbeit, die dort gegen Lohn geleistet wird, kein besonderes Vergnügen sein.

Als Marx das Wort von der »entfremdeten Arbeit« prägte, traf dies auf die industrielle Produktion in den »Sweat Shops« zu. Heute, zwei Jahrhunderte später, gibt es in den modernen Industrieländern keinen Grund mehr, den Menschen und die von ihm erbrachte Leistung auseinander zu dividieren, als handelte es sich bei der Arbeit um eine Zumutung. Die Arbeit als Selbstverwirklichung ist kein bloßes Schlagwort, sondern tägliche Realität. Nicht monotone Selbstausbeutung ist in den modernen Betrieben gefragt, sondern beständige Innovation und Anpassungsfähigkeit an die veränderten Bedingungen des Marktes und der Technik. Das Wort »Kreativität«, ein Schlüsselwort der neuen Wirtschaft, hat es zu Marx' Zeit noch nicht gegeben. Wer sich darauf nicht versteht, kann sich zwar von der Gewerkschaft trösten lassen – der Gesellschaft, die von der Wirtschaft und damit jedem einzelnen Arbeitnehmer lebt, tut er damit aber keinen Gefallen.

Zur ideologischen Entwertung von Wirtschaft und Arbeit kommt als drittes Element die Verachtung der Waren hinzu. Seit Marx kann das hergestellte Produkt nicht für mehr gelten als die Bedingungen, unter denen es entstand. Aus moralisch entwerteter Arbeit können nur fragwürdige Waren kommen, die von vornherein den Makel der Ausbeutung an sich tragen. Obwohl heute die Menschen auf der ganzen Welt zum Warenangebot der Industrieländer ein geradezu leidenschaftliches Verhältnis entwickelt haben, gilt in Deutschland oft noch das alte Moralverdikt, dass wahre Werte nur im Inneren zu finden seien. Wer Vergnügen an Waren findet, die auch noch »massenweise« produziert werden, muss entweder ein oberflächlicher Genussmensch sein oder in seiner geistigen Entwicklung zurückgeblieben.

Dabei gilt Letzteres viel eher für die Kritiker der Warenwelt. Denn weder haben sie begriffen, dass sich in der so genannten Ware nicht nur der Erfindungsgeist des Herstellers, sondern eben auch die Bedürfnisse der Kunden widerspiegeln. Sie haben ebenso wenig mitbekommen, dass in der modernen Welt, wie schon ein kurzer Blick ins Internet verrät, neben dem Warenuniversum ein unendliches Spektrum an Dienstleistungen, Informationsangeboten und Services zur Lebensqualität besteht. Diese explosionsartig sich ausdehnende Welt entspringt nicht der Perfidie von Profiteuren, die ein Heer von Sklaven ausbeuten, sondern dem Zusammenspiel aus menschlichem Schöpfergeist und nicht weniger menschlicher Genuss-

und Erlebnisfreude. Und um den mahnenden Hinweis auf das Elend in der Welt gleich vorwegzunehmen: Dieses Elend schafft man nicht durch Moralappelle und Umverteilungen ab, sondern nur dadurch, dass das genannte Zusammenspiel weltweit ermöglicht wird. Die epochale Chance dazu bietet heute die Globalisierung. Nur haben unsere Ideologen vom sozialen Fach das noch nicht wahrgenommen.

Dafür bedienen sie sich eines Kunstgriffs, um immer auf der richtigen Seite zu stehen. In der Rollenverteilung, die seit Jahrzehnten in Deutschland gebräuchlich ist, muss die Wirtschaft den undankbaren Part des Sündenbocks übernehmen. Im Zweifel kann man sie für alles Übel in der Gesellschaft verantwortlich machen, und deshalb wird keiner Einwände erheben, wenn man ihr besonders hartnäckige Sozialpolitiker und Gewerkschafter entgegenstellt, sie mit Gesetzen, Bürokratie, Steuern und Abgaben einengt.

Da diese Einkünfte wiederum verteilt werden müssen, übernimmt die Sozial-Ideologie den Part des Wohltäters. Mit bestem Gewissen und dem strahlenden Gutmenschen-Image, das Blüm und Riester so unwiderstehlich machte, verteilt sie das vom Sündenbock erarbeitete Vermögen. Dass sie in Wahrheit den eigenen Bürgern die von diesen erarbeiteten Werte abnimmt und je nach Wahlversprechen mit vollen Händen verschwendet, lässt die wahre Rollenverteilung ahnen: Nur weil es eine funktionierende Wirtschaft gibt, die Überschüsse erarbeitet, können sich Deutschlands Sozialpolitiker ihre moralischen Großzügigkeiten leisten. Und wundern sich noch, wenn irgendwann ihre Gelddruckmaschine ins Stocken kommt. Das heißt, sie haben schon die Erklärung dafür: Die Unternehmer sind schuld.

An manchem sind sie wirklich schuld. Auch in der Wirtschaft gibt es, wie bei den Kardinälen oder den Profikickern, schwarze Schafe. Der Unterschied in Berichterstattung und öffentlicher Wahrnehmung besteht allerdings darin, dass man das, was in anderen Bereichen als Ausnahme konzediert wird, bei Unternehmern sofort als »typisch« bezeichnet. Wenn ein Priester oder ein Mittelstürmer einen Fehltritt begeht, wird das nicht der ganzen Branche angelastet – sehr wohl aber der Wirtschaft, wenn wieder eine Korruption, ein Subventionsmissbrauch oder ein Verstoß gegen das Landschaftsschutzgesetz ruchbar wird.

Als BDI-Chef verzweifelte ich manchmal über die Leichtfertigkeit, mit der manche Unternehmer den Ideologen die Steilvorlagen für ihre Angriffe lieferten. Wir erlebten kriminelle Großpleiten von Schneider über Balsam bis zu Schmieder, die dem Ansehen der Wirtschaft mehr schaden als ihm die Leistungen unbescholtener Firmen nützen. Obwohl es sich hier eindeutig um ungesetzliches Fehlverhalten einzelner Individuen handelte und nicht um wirtschaftstypische Exzesse, musste ich mir auf vielen Diskussionen ebendies vorwerfen lassen – derlei, so hieß es, könne eben nur bei Unternehmern vorkommen. Noch gefährlicher als diese offensichtlichen Wirtschaftsverbrechen erscheint mir die Korruption. Wie die CDU-Parteispendenaffäre und im Frühjahr 2002 der Kölner SPD-Spendenskandal gezeigt haben, gedeiht sie am besten an der Nahtstelle zwischen Politik und Wirtschaft. Schon immer ging hier die Bauwirtschaft, wie immer wieder in München oder Berlin demonstriert, mit schlechtem Beispiel voran, doch spielten die betroffenen Beamten und Politiker anstandslos mit. Den Schaden hat stets unsere Gesellschaft zu tragen.

Als besonderes Ärgernis empfand ich immer das Vergütungssystem der Aktiengesellschaften, das in unseren Unternehmen höchst unbefriedigend geregelt ist – übrigens auch in den USA, wie durch den Enron-Skandal aufgedeckt wurde. Das Problem besteht darin, dass der Aufsichtsrat die Bezahlung der Vorstände festlegt und zwar, wie ich seit langem bemerken musste, ohne Rücksicht auf den Markt. Wenn Michael Schumacher im Jahr hundert Millionen Euro verdient, so scheint mir dies zwar übertrieben, doch es lässt sich nachvollziehen: Solange Menschen für die Formel Eins bezahlen, sollen ihre Helden auch entsprechend verdienen, vor allem wenn die Gefahr besteht, Mercedes, Toyota oder BMW könnten Michael Schumacher abwerben. Bei den Vorstandseinkünften großer Unternehmen ist dies selten der Fall, da sie nicht vom Marktwert abgeleitet, sondern meist nur durch Vergleiche mit anderen Unternehmen festgesetzt werden. Dieses pervertierte

»Benchmarking« führt regelmäßig dazu, dass man sich am bestbezahlten Vorstand orientiert. Weniger die Leistungskraft des eigenen Unternehmens oder der eigene Marktwert liefern also den Maßstab, als das Schielen zum besser verdienenden Kollegen oder Konkurrenten. Ich habe sogar den Verdacht, dass es häufig nur deshalb zu internationalen Firmenübernahmen kommt, weil es, durch Angleichung der Partner, zur Anhebung der Vorstandsbezüge auf der bisher niedriger bezahlten Seite führte. So kann es passieren, dass ein Unternehmen gleichzeitig Verluste einfährt und dem Vorstand, der dafür verantwortlich ist, kräftig die Bezüge erhöht.

Als nicht weniger störend empfand ich die Neigung deutscher Unternehmensführer, sich selbst wichtiger zu nehmen als die Firma. Mit Vorliebe stellen sie die eigene Person, am besten als »global player«, ins vorteilhafteste Licht. In ihrem Hang zur Großmannssucht erklären sie zu Anfang jedes Jahres der staunenden Öffentlichkeit, dass ihr Unternehmen so »gut aufgestellt« ist, sie so »gut unterwegs« sind, dass man das Ergebnis des Vorjahres noch übertreffen wird. Dabei stellen sie die Zukunft ihres Aktienkurses so rosig dar, als verfügten sie über geheime prophetische Kräfte. Natürlich weiß keiner, wie die Konjunktur sich entwickelt oder die Konkurrenz reagiert, von negativen politischen Einflüssen ganz zu schweigen. Als Resultat stehen die Topmanager zu Ende des Jahres oft genug vor einem Scherbenhaufen. Selbst wenn ihre Betriebsergebnisse positiv sind, sinken oft genug die Börsenkurse, weil die Erwartungen viel zu hoch geschraubt waren. Kein Wunder, dass hinterher die Anleger meistens enttäuscht sind. Die Börsenverdrossenheit, die seit einiger Zeit bei uns herrscht, lässt sich auch auf diese marktschreierischen Gewohnheiten zurückführen.

Zum Glück gibt es genug Unternehmen, die ohne Wichtigtuerei zu Marktführern geworden sind und in aller Stille ihre Aktienkurse vervielfachten. Auch IBM-Chef Lou Gerstner, mit dem ich mich am Ende meiner Karriere entzweit hatte, hat es Quartal für Quartal verstanden, mit seinen Voraussagen die Erwartungen der Analysten immer zu treffen oder sogar zu überbieten. Als Konsequenz dieser klugen Strategie erlebte die

IBM-Aktie in den acht Jahren seiner Führung einen phänomenalen Wiederaufstieg, was mich, da ich noch einige Optionen besaß, in die Lage versetzte, meinen ehrenamtlichen Tätigkeiten nachgehen zu können. Gerstner folgte dabei dem Prinzip, das auch ich bei der Führung meiner Mitarbeiter – und übrigens auch bei der Erziehung meiner Kinder – anwandte: Nie mehr versprechen, als man halten kann. Denn die Zufriedenheit hängt nicht von dem ab, was man bekommt, sondern wie sich das, was man bekommt, zu dem verhält, was man erwartet hat.

Selbst wenn die Wirtschaft, wie ich als BDI-Chef erlebte, durch eigenes Verhalten zu ihrer Verteufelung herausforderte, wäre die Annahme absurd, dass Unternehmer von Natur aus zu unmoralischerem Handeln neigen als etwa Ministerialbeamte, Gewerkschaftsbosse oder Müllfahrer. Ich glaube aber, dass sie bei uns die Sündenbockfunktion auszufüllen haben. Für alles, was im Staat und auch sonst in der Welt schief läuft, kann man die Bösewichter in den Chefetagen verantwortlich machen. Ich selbst war ein solcher Bösewicht. Ich saß bei der IBM jahrzehntelang in Chefetagen und habe Firmenerträge in gewaltigen Mengen an den deutschen Staat überwiesen. Man hat das Geld verteilt, wie es auch zu den Aufgaben der Politiker gehört, aber man hat uns Unternehmern dennoch nach Kräften das Leben schwer gemacht. Vor allem hat man uns immer zu verstehen gegeben, dass wir eigentlich von der Gesellschaft nur geduldet sind. Dass wir nicht zur Familie gehören. Dass es moralisch nicht so ganz einwandfrei ist, mit der Arbeit anderer Profite zu machen.

Ich habe diese Überheblichkeit der Politiker noch als BDI-Chef zu spüren bekommen, wie ich auch in den Medien dafür Prügel einstecken musste, dass ich mir Sorgen um unsere Zukunft machte – von tätlichen Angriffen wie in Hamburg oder an der FU Berlin zu schweigen. Ich weiß nicht, wie viel meine hochmoralischen Widersacher zum Wohl unseres Landes beigetragen haben. Was mich betrifft, stand die Arbeit für die Gemeinschaft, ob es das Unternehmen oder unser Land war, immer an erster Stelle. Als Devise hatte ich dabei immer das chinesische Sprichwort vor Augen: »Ein Leben ohne Arbeit ist nur ein halbes Leben.«

Als ich 1994 mit 54 Jahren die IBM Europa verließ, hatte ich genug Geld, um mit dem Stress im Beruf endgültig aufzuhören. Ich hätte den Rest meines Lebens auf einem Segelboot in der Karibik verbringen können. Stattdessen habe ich mich entschlossen, ehrenamtlich für den BDI tätig zu werden. Die Unterstellung der Politiker, ich hätte für die Industrie bezahlte Lobbyarbeit verrichtet, war lächerlich. Das Einzige, was mich leitete, war das wirtschaftliche und gesellschaftliche Gedeihen meines Heimatlandes. Nachdem ich die ebenso wunderbaren wie aufregenden sechs BDI-Jahre hinter mich gebracht hatte – sie waren nicht weniger anstrengend gewesen als die IBM-Zeit zuvor –, stellte sich erneut die Frage, was ich mit dem Rest meines Lebens anfangen wollte.

Wieder verzichtete ich auf die Karibik, um stattdessen 2001 ein neues Ehrenamt anzunehmen, das mich mit Arbeit überschüttet. Eigentlich handelt es sich um zwei: Ich bin Präsident der Wissenschaftsgemeinschaft Gottfried Wilhelm Leibniz mit ihren über achtzig Forschungsinstituten, die in fast allen wissenschaftlichen Disziplinen tätig sind. Zugleich habe ich den Ruf der Universität Mannheim auf eine BWL-Professur des Landes Baden-Württemberg angenommen, wo ich nun die Erfahrungen aus meinem Fachgebiet an die Studenten weitergebe. Das alles füllt mich nicht nur aus, sondern ich sehe mich – wie ich zu meiner Verwunderung, teilweise auch Ernüchterung feststellen muss – nach meiner zweiten Pensionierung genauso beschäftigt, wie ich es seit Jahrzehnten gewesen bin. Von Ausruhen keine Spur. Anscheinend gibt es etwas in mir, das mich gerne arbeiten lässt – unabhängig davon, ob es mir Geld einbringt oder nicht. Denn der eigentliche »Gewinn«, den einem die eigene Leistung bringt, lässt sich ohnehin nicht in Zahlen ausdrücken.

Ich bin überzeugt, dass im Grunde fast alle Menschen so denken oder fühlen. Manchmal wissen sie es nicht, aber sie kommen irgendwann auf den Geschmack. Deshalb wirkt es so verheerend auf eine Volkswirtschaft, wenn die moralischen Leitbilder ihnen das Gegenteil einzureden suchen. Wo Freizeit einen höheren Stellenwert einnimmt als Arbeit, und wo der erarbeitete Besitz jedes Einzelnen unter den Verdacht des Egoismus gestellt wird, muss auf Dauer das Selbstbewusstsein der Menschen leiden. Denn wahres Selbstbewusstsein gewinnt man nicht aus dem, was man ist, auch nicht aus dem, was man hat, sondern aus dem, was man kann.

Und dies erlernt sich nur durch Ausbildung und stetige Arbeit. Dann erst, wenn man etwas kann, wird man bald auch etwas haben und etwas sein. Für den Zustand unserer Gesellschaft scheint es mir deshalb bezeichnend, dass wir auch im internationalen »Benchmark-Vergleich« die wenigsten Arbeitsstunden im Jahr vorzuweisen haben – der Durchschnittsamerikaner arbeitet fast ein Viertel mehr als der Durchschnittsdeutsche. Doch arbeiten wir nicht nur am wenigsten, sondern gönnen uns im internationalen Vergleich auch den meisten Urlaub, gehen mit durchschnittlich 59 Jahren am frühesten in Pension und sind, was nicht mehr verwundern kann, in Europa am zweithäufigsten krank. Anscheinend wirken sich wenig Arbeit und viel Urlaub nicht allzu positiv auf die Gesundheit aus …

Ich bezweifle, dass die Deutschen, wie die Statistiken nahe zu legen scheinen, arbeitsscheu sind. Verantwortlich für diese Schwäche ist allein die Ideologie, die unsere Wirtschaft verteufelt und die Arbeit als notwendiges Übel darstellt, das gar nicht teuer genug bezahlt werden kann. Verantwortlich sind die Funktionäre, die nicht die Schaffung von nationalem Wohlstand, sondern dessen Verteilung im Sinn haben. Dieser Triumph des Gewerkschaftsgeistes bedeutet eine schwere Niederlage für unsere Gesellschaft.

Dem Ausland ist diese Schwäche nicht verborgen geblieben. Unsere Nettoumsatzrendite ist eine der niedrigsten sämtlicher OECD-Länder. Sie beträgt nicht zwanzig Prozent, wie die meisten Deutschen annehmen, sondern rund zwei Prozent. Von hundert Euro bleiben einem Unternehmen nach Abzug aller Kosten, Steuern und Abgaben am Ende als Nettoprofit zwei Euro. Die Bereitschaft internationaler Firmen, in unser Land zu investieren, ist deshalb sehr gering. Dadurch gehen uns nicht nur Arbeitsplätze, sondern auch Fertigungs- und Forschungskompetenz verloren, die wir von anderen übernehmen könnten. Da man sich von uns als Wirtschaftsstandort nichts erwartet, zeigt man auch keine Neigung, Errungenschaften mit uns zu teilen. So wurde in den letzten Jahren weit mehr Wirtschaftskraft etwa ins kleine Holland importiert als ins große Deutschland. Auf der anderen Seite investieren die deutschen Unternehmen Jahr für Jahr Rekordsummen im Ausland, obwohl sie, wie ich aus vielen Gesprächen weiß, lieber im Inland bleiben würden. Für diese Abwanderung haben die Japaner einen angelsächsischen Begriff in ihre Sprache übernommen: »Hollowing out« – Aushöhlen. Eben dies entsteht mit einer Volkswirtschaft, wenn die Investitionsbewegung immer nur in einer Richtung erfolgt, nämlich nach draußen.

Zu diesem Aushöhlungsprozess gehört, dass Deutschland – als einziges OECD-Land – im neunten Jahr in Folge einen Pleitenrekord aufgestellt hat. Für jeden, der das Wagnis einer Geschäftsgründung auf sich nehmen will, kann dies nur als abschreckendes Beispiel dienen. Unsere Politiker, die alleinige Verantwortung dafür tragen, wollen es am liebsten nicht wahrhaben. Bei der Bundestagsdebatte um den Jahreswirtschaftsbericht im Februar 2002 erlebte ich am Fernseher mit, wie Wirtschaftsminister Müller die Fakten auf den Kopf stellte. Auf Vorhaltungen der Opposition, dass das Jahr 2001 für die deutsche Wirtschaft wiederum einen neuen Pleitenrekord gebracht hätte, antwortete er, dafür hätte das Jahr 2000 die bisher niedrigste Insolvenzrate zu verzeichnen gehabt. Ich traute meinen Ohren nicht. Nachdem mir der BDI die entsprechenden Statistiken ausgedruckt hatte, sah ich mich bestätigt: Deutschland hatte acht Jahre in Folge eine ununterbrochene Zunahme von Unternehmenszusammenbrüchen zu beklagen, natürlich auch im Jahre 2000. Ich erlaubte mir, den Bundeswirtschaftsminister in einer E-Mail darauf aufmerksam zu machen, dass er das Parlament belogen hatte. Eine Antwort habe ich sowenig erhalten, wie er es für nötig erachtete, diese Desinformation zu korrigieren. Zur selben Zeit trat DGB-Chef Schulte vor die Öffentlichkeit und begründete seine hohen Tarifforderungen mit dem Hinweis, dass »die Unternehmen sich die Taschen füllen«.

Die Schwierigkeiten unserer Wirtschaft lassen sich auch sehr gut an der Schieflage zwischen Leistungs- und Handelsbilanz ablesen. Viele Länder beneiden uns um unsere strahlende Handelsbilanz, die positiv ist. Wir sind vor den Japanern nach wie vor die zweitgrößten Exporteure der Welt. Bei uns hängt jeder dritte Arbeitsplatz vom Export ab, in Japan nur jeder siebte, in Amerika jeder zehnte. Einerseits zeigt dies eine unbestreitbare Stärke unserer Wirtschaftsleistung. Was dabei aber regelmäßig übersehen oder schlicht ausgeblendet wird, ist die Leistungsbilanz, von der die Handelsbilanz nur ein Teil ist. Sie beinhaltet nicht nur materielle Waren wie Autos, Maschinen oder Chemikalien, sondern alles, was diese Gesellschaft im- und exportiert, also die einigungsbedingten Zinszahlungen wie den gewaltigen passiven Tourismussaldo – als Reiseweltmeister erfreuen wir die Welt mit unseren Devisen – aber auch den Negativsaldo der ideellen Dienstleistungen aus ausländischen Patenten, Lizenzen und Copyrights. Diese Leistungsbilanz ist im Gegensatz zur Handelsbilanz in den letzten zehn Jahren nur einmal positiv gewesen. Während wir uns wegen unserer Export-Vizeweltmeisterschaft auf die Schultern klopfen – übrigens sind wir auch Import-Vizeweltmeister – haben wir verdrängt, dass die Bilanz, auf die es ankommt, weil alle Leistungen in ihr berücksichtigt sind, in den letzten zehn Jahren, mit der Ausnahme eines Jahres, immer passiv gewesen ist. Und gerade in den Bereichen, denen die Zukunft gehört, den Patenten, Copyrights und Lizenzen, sind wir besonders schwach. Wir leisten uns im wahrsten Sinne des Wortes mehr als wir leisten.

Beispiel Stammzellenforschung: Die unendliche Diskussion, die darüber in Deutschland geführt wurde, bietet Anschauungsunterricht über eine Gesellschaft, die sich – mit dem Hinweis auf die hohe Moral – selbst blockiert und ihre Wirtschaft verunglimpft. Wir hatten eine Ethikkommission im Bundestag, die sich damit auseinander setzte, zusätzlich wurde vom Bundeskanzler ein Ethikrat einberufen, der das Problem von allen Seiten beleuchtete. Gespräche sind gut, aber eigentlich sollte hier nur demonstriert werden, dass die Deutschen sich in Angelegenheiten der Moral weltweit vorbildlich verhielten. Die Deutschen diskutierten – die anderen handelten. Die Deutschen sahen die Gefahr heraufziehen, jemand könne auf die Idee kommen, Menschen zu klonen – das Ausland erkannte die Chancen für die Heilung von Erbkrankheiten.

Nach wahrhaft endlosen Debatten erreichte man einen seltsamen Kompromiss, der noch einmal die Skrupel illustrierte, von denen alle Beteiligten demonstrativ befallen waren. Man darf Stammzellenkulturen nicht selbst anlegen, sehr wohl aber importieren, wenn auch unter erschwerten Bedingungen und vor allen Dingen nur solche, die vor einem bestimmten Stichtag entwickelt wurden. Aus der Perspektive unserer Nachbarn kein Ruhmesblatt des Humanismus, sondern ein anachronistischer Schildbürgerstreich! Die eigentliche Alternative lautete nämlich nicht, wie die Diskussionsteilnehmer meinten: Geklonte Menschen ja oder nein? Sondern: Stammzellen rein oder Forscher raus. Es war die Wissenschaft, die dringend diese Zellen benötigte, um gegenüber der internationalen Konkurrenz nicht ins Hintertreffen zu geraten. Ein Forschungsverbot, von Moralaposteln verkündet, hätte weitere Gentechniker ins Ausland getrieben.

Bundespräsident Rau setzte der nationalethischen Konfusion die Krone auf. Von seinem Lieblingsplatz, der Kanzel, ermahnte er die Deutschen, sich bei der Frage der Stammzellenforschung »nicht nur von wirtschaftlichen Gesichtspunkten« leiten zu lassen. Dass er damit eine doppelte Beleidigung ausgesprochen hatte, scheint niemandem aufgefallen zu sein. Als selbstverständlich setzte er nämlich voraus, dass die wirtschaftliche Anwendung von Forschungsergebnissen per se unmoralisch sei. Und er unterstellte zum anderen, dass die vielen Wissenschaftler, die sich für diesen Forschungszweig stark gemacht hatten, heimlich von dessen kommerzieller Nutzbarkeit geleitet waren. Das war aber nicht der Fall. Ich selbst hatte die Diskussion bis dahin als einen Konflikt von Werten angesehen: Der eine bestand darin, unheilbar Kranken eine neue Chance auf Heilung zu bieten. Der andere forderte, dafür kein menschliches Leben zu töten – wobei der Begriff ähnlich radikal angesetzt wurde wie vom Papst bei der Abtreibungsdebatte. Wie das Staatsoberhaupt dazu kam, in diese Auseinandersetzung die alten Vorurteile seiner Parteiideologie hineinzutragen und eine Position zu kritisieren, die keiner eingenommen hatte, ist mir schleierhaft. Es sei denn, er wollte diskret daran erinnern, wo die wahren Gegner des Humanismus zu suchen seien.

Auch im Fall der Kernenergie leistete sich unsere Gesellschaft eine Absage an die Wirtschaft, die praktisch sämtlichen Industriestaaten der Welt völlig unbegreiflich erscheint. Selbst der Europameister in sämtlichen »Benchmark-Klassen«, Finnland, hat beschlossen, ein neues Atomkraftwerk zu bauen. Diese Entscheidung erfolgte etwa zur gleichen Zeit, als sich der deutsche Bundestag für den »unumkehrbaren« Ausstieg ausgesprochen hat. Allein die Forderung und der moralische Anspruch der Unumkehrbarkeit bedeuten einen Tiefschlag für alle Demokraten. Das von Rot-Grün bestimmte Parlament hatte mit seinem Beschluss gleichsam alle zukünftigen Parlamente mit an die Leine legen wollen, wohl um eine »Tausendjährige Republik« der neuen Ideologie zu begründen.

Auch Schweden, das eigentlich nach einer Volksabstimmung bis 2009 ebenfalls aussteigen wollte, hat mittlerweile von seinen 12 Kraftwerken eines abgestellt – und im Übrigen den Entschluss auf Eis gelegt. In Kalifornien ist sogar, angesichts unerwarteter Energieprobleme, eine Diskussion um die Neubewertung der Kernkraft als sauberer Energiequelle entbrannt. Weltweit sind nun rund 400 Kernkraftwerke im Betrieb, zur Zeit befinden sich vierzig weitere in der Planung oder im Bau. Aber das Parlament der Bundesrepublik stellt, im Namen der Sicherheit, die sichersten Kraftwerke der Welt ab. Verständlich, dass sich die Vorstände des staatlichen Energiekonzerns in Frankreich EdF die Hände reiben. Übrigens lässt der französische Staatspräsident keinen Zweifel daran, an der Kernkraft festzuhalten und die Forschung auf diesem Gebiet noch intensivieren zu wollen.

Doch anstatt sich auch in Deutschland an der Planung eines noch sichereren Reaktors zu beteiligen, folgt man den ideologischen Vorgaben der ökologischen Korrektheit und verschiebt das eigentliche Energieproblem in die Zukunft. Denn die rotgrüne Bundesregierung hat keinerlei Konzept entwickelt, wie man dreißig Prozent der Elektrizitätsgewinnung und sechzig Prozent der gesamten Grundlast der Elektrizitätsversorgung ersetzen will. Offenbar fällt Atomkraft – der Gott-sei-bei-uns der Nach-68er-Bewegung – unter das Moralverdikt, die offene Frage der Energieversorgung aber nicht. Schon heute leben wir in Abhängigkeit von Energieimporten, die unsere Politiker nicht weiter zu kümmern scheinen. Dank des Ausstiegsbeschlusses und trotz der Windräder und Solarzellen wird diese Abhängigkeit noch dramatisch ansteigen. Dass sich heute einige Vertreter der deutschen Energiewirtschaft mit der Politik arrangiert haben, widerspricht dem nicht – der Neubau eines Kernkraftwerks wäre heute in Deutschland weder durchsetzbar noch lohnend. Dass sich aber die betreffenden Herren der Konzerne so geschmeidig gegenüber dem rot-grünen Diktat zeigen, halte ich für ein Versagen ihrer gesamtwirtschaftlichen Verantwortung.

Ein gutes Beispiel dafür, wie die Politik in Deutschland sich, scheinbar um des Gemeinwohls willen, in Wahrheit aber zur Verfolgung von eigenen Interessen in die Wirtschaft einmischt, stellen die Landesbanken dar. Der Eingriff »von oben« führt dazu, dass diese Institute den marktwirtschaftlichen Mechanismen entzogen werden, und zwar zum Schaden der Bürger. Hier hat sich ein parteiübergreifendes Kartell gebildet, an dem Kanzler Schröder ebenso festhalten wollte wie sein Herausforderer Stoiber. Der eigentliche Pferdefuß der Regelung bestand darin, dass diese Banken und Sparkassen, durch die »Gewährträgerhaftung« der Länder – also des Steuerzahlers – einen Vorteil über die privaten Institute gewinnen. Diese Regelung wird auch noch mit der notwendigen Versorgung des Mittelstandes und der Landbevölkerung gerechtfertigt. Dabei geht es nur um eines: Man kann mit diesen Banken Politik betreiben.

Unter anderem, indem man, nach Gerhard Schröders Ausdruck, »Daseinsvorsorge« betreibt. Was verbirgt sich hinter diesem schönen Begriff? Während man vorgibt, sich um die Bürger verdient zu machen, sorgt man für das Dasein von Parteifreunden vor. Wie beim »Service Public« in Frankreich wird auch in unserer Daseinsvorsorge tausenden Politikern die Chance geboten, an den Schaltstellen dieser verstaatlichten oder staatlich rückversicherten Unternehmen ihr Geld zu verdienen. Hier sitzen die ehemaligen Amtsträger, die man in diese Pfründe hineinschiebt, und zwar mit dem doppelten Nutzen, dass man Freunde versorgt und zugleich das Unternehmen unter Kontrolle behält. Dies wiederum schließt die Möglichkeit ein, anderen Freunden der Partei Finanzierungsmöglichkeiten zu verschaffen, zu denen Privatbanken kaum bereit wären. So gewähren Landesbanken oder Sparkassen großzügige Kredite, die billiger sind als private Bankkredite, weil die Haftung vom Staat übernommen wird. Durch diese bequeme Einrichtung können die staatsnahen Institute auf dem Kapitalmarkt die besten Kreditbedingungen aushandeln – ohne das Risiko dafür tragen zu müssen.

Die Absurdität des ganzen Systems wird durch die Landeszentralbanken auf die Spitze getrieben: Obwohl wir faktisch seit Jahren den Euro haben und die Europäische Zentralbank die Kontrolle über unsere Währung übernommen hat, halten wir uns immer noch neun dieser Großinstitute. Tatsache ist: Alle Unternehmen, die heute im Wettbewerb stehen, müssen drastisch Kosten senken, die Kommunen schließen aus Geldmangel Schulen und Freibäder, die Wissenschaft muss auf wichtige Zukunftsinvestitionen verzichten – und zur gleichen Zeit leisten wir uns neun Landeszentralbanken mit Präsidenten und Limousinenpark und Presseabteilungen, also riesige Behördenapparate, deren neue Prachtpaläste von 16 000 Mitarbeitern bevölkert sind. Und doch haben diese Überbleibsel aus DM-Tagen spätestens seit der Abschaffung der Mark in dieser Größenordnung ihren Sinn verloren. Dass sie seit Mai 2002 als weisungsgebundene Hauptverwaltungen der Bundesbank firmieren, ändert nichts daran, dass sie eigentlich überflüssig sind, auch wenn man in einer bescheidenen Reform Arbeitsplätze abbaute.

Das heißt, sie wären überflüssig, wenn sich die Politiker nicht darin gefielen, das ihnen anvertraute Geld mit vollen Händen auszugeben. Nicht dass diese 16 000 Landeszentralbank-Leute Däumchen drehten. Ich bin auch aufgrund meiner IBM-Erfahrungen davon überzeugt, dass eine Verwaltung, egal, ob staatlich oder privat, ab einer Mitarbeiterzahl von 1500 keine Aufträge mehr von außen braucht, um sich selbst beschäftigt zu halten. Ein solcher Apparat kann sich seine Arbeit selbst generieren – wie der bisher immer noch unbewältigte Skandal um die Bundesanstalt für Arbeit zeigt, auch seine Statistiken.

Dass gerade diese Landesbanken mit schöner Regelmäßigkeit in Skandale verwickelt sind und die für sie haftenden Länder in bedrohliche Finanzkrisen stürzen, legt das Versagen der Politik offen. Immer wieder greifen Parteipolitiker in die selbst regulierenden Prinzipien der Marktwirtschaft ein und lösen mittlere Katastrophen aus. Als der Baukonzern Holzmann zum ersten Mal vor dem Bankrott stand, sah Gerhard Schröder sich genötigt, ihm, gegen jede wirtschaftliche Vernunft und Fairness, mit staatlicher Hilfe aus der Patsche zu helfen. Geholfen hat er dabei nur sich selber, oder wie die *taz* so treffend titelte: »Philipp Holzmann saniert Gerhard Schröder«.

Zwei Jahre später trat die hinausgeschobene Pleite dann doch ein, und der Planwirtschaftler Schröder war blamiert. Ähnlich erging es Diepgens CDU/SPD-Senat, der durch verfehlten Einsatz der Berliner Landesbank eine Millionenstadt in den Strudel des Bankrotts trieb – und eine rot-rote Regierung ins Rathaus brachte, wo eine Zeit lang der PDS-Senator Gysi die Geschicke der Wirtschaft bestimmen durfte. Wie immer hat die Gesellschaft den Schaden zu tragen. Die Kreditlinie, die die überschuldete Stadt für die fast in Konkurs gegangene staatliche Bankgesellschaft Berlin aufbringen musste, überstieg noch die Schäden, die die große Flut im Sommer 2002 in ganz Ostdeutschland angerichtet hat.

5

Die Bildungskatastrophe

Wenn Globalisierung auch bedeutet, dass gleiche oder ähnliche Phänomene überall um den Globus sichtbar werden, dann legt gerade die Bildungskrise ein eloquentes Zeugnis für die Realität der Globalisierung ab. Mir fiel in den letzten Jahren immer öfter auf, dass überall in der Welt die nationalen Bildungssysteme kontrovers diskutiert werden. Beim letzten US-Wahlkampf bildete neben der Frage, ob der Haushaltsüberschuss über Steuersenkungen oder in Form zusätzlicher Sozialleistungen an die Bürger zurück gegeben werden soll, die Bildung den Hauptstreitpunkt zwischen Bush und Gore. In Frankreich macht man sich Gedanken über die Zukunft der Eliteschulen, in Großbritannien wird die mangelnde Ausbildung der Arbeiterschaft thematisiert, in Japan sorgt man sich, ob die strengen Anforderungen in den Schulen zu psychischen Langzeitfolgen für die ganze Nation führen.

Anscheinend ist das Bildungssystem überall in der Welt ziemlich unbeweglich, ja träge. Es kann sich auf einige Aspekte der Globalisierung, wie zum Beispiel die Informations- und Kommunikationstechniken oder die sinkende Halbwertzeit des Wissens, nur schwer einstellen. Dass Bildung überall kontrovers diskutiert wird, ist für uns jedoch nur ein schwacher Trost. Denn während man anderswo zu Recht eine Krise konstatiert, kann man bei uns inzwischen ohne Übertreibung von einer Katastrophe sprechen, für die allerdings nicht nur unsere Gegenwart verantwortlich ist.

Unser gesamtes Bildungssystem, aber auch die Innovationskraft von Industrie und Forschung haben sich von dem Aderlass durch das Dritte Reich nie ganz erholt. Damit meine ich vor allem die jüdischen Mitbürger, die seit dem 19. Jahrhundert in der Wirtschaft wie im Geistesleben einen entscheidenden Beitrag zur führenden Stellung Deutschlands geleistet hatten. Wenn unser Land weltweit als Inbegriff von kultureller Bildung, objektiver Wissenschaft und technischer Entdeckerfreude galt, dann auch dank ihnen. Seit den 1930er Jahren wurden sie von Hitler nach Übersee vertrieben, wo die in Deutschland gewonnene Ausbildung den Gastländern zugute kam. Jene, denen die Flucht nicht gelang, wurden ermordet. Mit ihnen starb ein Teil unserer schöpferischen Kultur.

Nach dem Krieg setzte eine weitere Auswanderungswelle ein. Unternehmungslustige Deutsche aller Gesellschaftsbereiche verließen ihre Heimat, um sich eine neue Existenz zu schaffen und, ganz nebenbei, beim Aufbau anderer Länder mitzuhelfen. Durch diesen Export deutschen Know-hows wurden Volkswirtschaften rund um die Welt belebt, während diese Kräfte bei unserem eigenen Wiederaufbau fehlten. Ich erinnere mich noch an zwei Hamburger, Fred Kröger und Albert Seeler, die mit meinem Schwager Horst Ansin, Jahrgang 1930, in eine Klasse gegangen und Anfang der fünfziger Jahre nach Übersee ausgewandert waren. Den ersten der beiden lernte ich 1964 kennen, nachdem ich für die IBM neun Monate auf der New Yorker Weltausstellung gearbeitet hatte. Auf dem Heimflug, bei dem ich einen Zwischenstopp in Brasilien einlegte, besuchte ich »Freddy« Kröger, den ich in den erfreulichsten Verhältnissen antraf: Er besaß eine Riesenfarm im Landesinneren und ein spektakuläres Appartement an der Copacabana. Überflüssig zu betonen, dass sein Lebensstandard den unseren bei weitem übertraf. Den anderen Hamburger lernte ich zwei Jahre später kennen, als mich meine Rückreise von meiner IBM-Dienststelle in Kalkutta nach Hamburg über Sydney führte. Albert Seeler hatte in Australien eine Firma aufgebaut und lebte mit seiner dort gegründeten Familie in solidem Wohlstand. Auch »Albertos« Ausbildung, so hatte sich gezeigt, war der seiner Konkurrenz im Gastland haushoch überlegen.

Dagegen wurde mein eigener Bildungsweg, wie schon in »Die Macht der Freiheit« beschrieben, zum wahren Hindernislauf. Da mein Vater gefallen war und meine Mutter sich mit dem Wiederaufbau unserer Firma beschäftigte, war ich im Wesentlichen auf mich selbst angewiesen. Ich setzte falsche Prioritäten und fand mich, während meine Klassenkameraden das Abitur anstrebten, auf der Mittelschule, damals »Technische Oberschule« genannt, wieder. Dennoch kann ich nur staunen, mit welchem Eifer wir damals lernten. Kein Pensum schien uns zu schwer. In der zehnten Klasse etwa nahmen wir beide Teile des »Faust« durch, wobei unsere Lehrerin, um unsere Begeisterung zu wecken, der Klasse die verschiedenen Rollen zuteilte. Ich selbst erhielt die Titelpartie, der blonde Klassen-Schwarm wurde zum Gretchen, und unvergesslich ist mir auch der Mephisto geblieben, den ein gewisser Klaus von Geiso wahrhaft teuflisch vortrug.

Da auch die naturwissenschaftlichen Fächer nicht zu kurz kamen, gelang mir, nach einem Lehrlingsintermezzo in einer Hamburger Speditionsfirma, der Einstieg in den »zweiten Bildungsweg«. Ich sah mich in die Akademie für Gemeinwirtschaft aufgenommen, von deren fünf Semestern das erste ausschließlich dazu verwendet wurde, Grundlagen zu pauken: Rechtschreibung, Grammatik, Mathematik und Geschichte. Auch die folgenden Semester waren voll gepackt mit Lehrstoff, sodass ich nach nur zweieinhalb Jahren an der Hamburger Akademie die anspruchsvolle Aufnahmeprüfung bei der IBM bestand – und zwar gegen eine Konkurrenz, die Abitur und abgeschlossene Studiengänge aufzuweisen hatte. Seit damals weiß ich, dass Qualifikation und Studiendauer in keinem direkten Verhältnis zueinander stehen.

Im Auftrag des Stifterverbandes der deutschen Wirtschaft, der bei den Unternehmen Geld für die Wissenschaft eintreibt, beschäftigte ich mich während meiner IBM-Deutschland-Zeit mit dem Problem der langen Studienzeiten in unserem Land. Wochenlang arbeitete ich mich in die Materie ein, und ich erinnere mich, wie ich Ende 1989 während eines Schneesturms mit meinem Chauffeur auf der Autobahn oben auf der Schwäbischen Alb festsaß und, den Laptop auf dem Schoß, ein ganze Nacht mit Feuereifer an meiner Rede feilte. Anhand von Statistiken fiel mir damals auf, dass zwischen 1970 und 1989 die Studienzeiten von durchschnittlich zehn auf vierzehn Semester angestiegen waren – ein Niveau, das im Jahr 2002 noch überboten wird – und diese Zahl wiederum stand in der Welt einzigartig da. Kein anderes Land leistet sich derartige Dauerstudien, was zudem bedeutet, dass wir die ältesten Universitätsabgänger der Welt haben. Da wir auch das niedrigste Durchschnittsalter für Pensionäre aufweisen – unter 59 Jahre – wird sich, wenn wir so weitermachen, irgendwann die Frage stellen, ob dazwischen überhaupt noch Zeit zum Arbeiten bleibt.

Während meiner Untersuchung fiel mir allerdings auf, dass dies nicht gleichmäßig für alle Universitäten galt. So konnte man in Konstanz ein Chemie-Studium in elf Semestern absolvieren, während man an der TU Berlin dazu, sagen wir, sechzehn brauchte. Selbst an den typischen Langzeit-Fakultäten, so zeigte es sich, gab es Studenten, die mit der Regelstudienzeit auskamen. Das hieß, dass durchaus nicht alle – und auch nicht überall – besonders lang studieren wollten. Aber die meisten. Und deshalb kam es zu diesem höchst ernüchternden Durchschnitt, der uns, bis heute, den negativen Weltrekord beschert. Wer sich nun damit trösten möchte, dass diese Marathon-Studien auch zu besonders qualifizierten Hochschulabschlüssen führen, sieht sich ebenfalls getäuscht. Ein Examen, das nach fünf Jahren abgelegt wird, weist keinerlei Unterschiede zu dem auf, das sechs oder sieben Jahre Vorarbeit in Anspruch nahm. Der Unterschied liegt nur in der Geschwindigkeit, mit der man sich vom Pflegling des Staates in einen Bürger verwandelt, der durch seine Arbeit zum Gemeinwohl beiträgt.

Als Konsequenz aus meiner Studie von 1989 schlug ich unter anderem vor, dass bei Einstellungsgesprächen nicht nur nach den Zeugnissen gefragt wird, sondern auch danach, wie viele Semester der Bewerber für seinen Abschluss benötigt hatte. Auf meine Anregung hin lobte der Stifterverband Preise für solche Fakultäten aus, die eigene Initiativen zur Reduzierung der Studiendauer starteten, aber auch für einzelne Studenten, die ihr Ziel in besonders kurzer Zeit geschafft hatten. Ein paar Jahre lang wurde dies beibehalten, doch es zeigte sich, dass es uns einer Verkürzung der Studienzeiten nicht näher brachte.

Schon damals rätselte ich über die Rolle der Politik. Wie

kam es, dass nicht der Staat als Verantwortlicher, sondern der von der Wirtschaft gegründete und finanzierte Stifterverband sich den Kopf über diesen kostspieligen Missstand zerbrach? Schon zu IBM-Zeiten fiel mir auf, dass bei uns, im Unterschied zu anderen Staaten, für die Bildungspolitik die einzelnen Bundesländer verantwortlich sind. Nach elf Jahren in Frankreich hatte ich mich an das zentralistische Bildungssystem gewöhnt, das mir für das hohe Niveau der französischen Schulen verantwortlich schien, und ich fragte mich, welchen Nutzen es brachte, diese Verantwortung nach geographischen Grenzen aufzusplitten. Eine andere Ungereimtheit sah ich darin, dass wir, trotz der geteilten Erziehungshoheit, einen Bundesminister für Wissenschaft und Bildung haben, der zwar am Kabinettstisch sitzt wie die anderen Minister und doch auf den Konsens mit den Länderministern angewiesen ist. Irgendwie schien mir dies eine unglückliche Lösung, bei der die eigentliche Zuständigkeit hin- und hergeschoben werden konnte.

Als BDI-Präsident fiel mir dann auf, wie viel sich doch die Politiker in der Öffentlichkeit auf unseren hohen Ausbildungsstand zugute halten. In kaum einer Rede eines Bundeskanzlers oder -präsidenten, eines Wirtschafts- oder Gewerkschaftsführers fehlte der Hinweis auf die hohe Qualifikation der Deutschen – unser so genanntes Humankapital, wie das schreckliche Wort lautet –, womit man stillschweigend unterstellte, dass wir besser seien als das Ausland. In einem einzigen Punkt musste ich ihnen zustimmen: Beim »dualen System« mit seinen über vierhundert Berufsbildern, bei dem sich der Staat und die Arbeitgeber die Ausbildung der Lehrlinge teilen, funktioniert die deutsche Ausbildung noch. Aber sonst sah ich wenig Anlass zu den euphorischen Beteuerungen der Politiker, wir seien nach wie vor die Besten. Das war mir schon 1989 bei IBM aufgegangen, und als BDI-Präsident sah ich meine Skepsis noch bestätigt.

Von der Bildungskatastrophe, die sich schon damals anbahnte, nahm keiner Notiz. Im Gegenteil, man wollte im Anstieg der Studiendauer sogar ein Indiz für eine gründlichere Ausbildung sehen. Dass ausländische Akademiker bereits seit vier Jahren Geld verdienten, wenn ihre deutschen Kollegen mit 29 Jahren ins Berufsleben eintraten, schien keinen zu stören. Ebenso wenig, dass wir im internationalen Vergleich zu wenige Studenten haben. In Japan studiert über die Hälfte der Jugend, während wir knapp die Dreißig-Prozent-Marke erreichen. Eine weitere, kaum bemerkte Verschlechterung der Situation trat in den 1990er Jahren ein, als sich immer mehr Studenten von den »harten« naturwissenschaftlichen Fächern abwandten – unter anderem auch, weil in der Industrie vorübergehend Stellen abgebaut wurden. Wer will schon Ingenieur werden, wenn gleichzeitig Ingenieure entlassen werden? Die fatale Folge wird erst heute sichtbar. Trotz der über vier Millionen Arbeitslosen leiden wir, paradoxerweise, unter einem Mangel an Arbeitskräften – genauer: an Ingenieuren, Physikern, Chemikern, Mathematikern. Für die Aufgaben, die in den nächsten Jahren vor uns liegen, ist die deutsche Industrie nicht gerüstet, und nur deshalb konnte der Import von qualifizierten Zuwanderern überhaupt zu einer Frage von nationalem Interesse werden.

Langsam scheint der deutschen Gesellschaft zu dämmern, dass nicht nur die Unternehmen im internationalen Wettbewerb stehen, sondern auch sie selbst. Das ganze Land muss sich, ob es will oder nicht, dem ständigen Vergleich mit seinen Nachbarn stellen. Bei uns, dies meine Erfahrung, will man eher nicht. Aber Wegschauen bietet keine Lösung. Tatsache ist, dass unsere Hochschulen weniger effizient arbeiten als viele andere im Ausland. Noch schlimmer fällt der Vergleich aus, wenn man die Schulen unter die Lupe nimmt. Mein beruflicher Werdegang bei der IBM erlaubte mir, verschiedene Bildungssysteme kennen zu lernen. Da meine Kinder in Frankreich, den USA und in Deutschland aufwuchsen, habe ich die Schulformen dieser Länder sozusagen am eigenen Leib erlebt.

Obwohl Frankreich seit Jahrzehnten darüber ideologisch zerstritten ist, hält es am Prinzip der Eliteschulen fest. Das heißt, man legt Wert darauf, neben dem guten Durchschnitt der gewöhnlichen Schulen, gezielt Spitzenkräfte heranzuziehen. Wer eine solche Ausnahmeschule besucht hat, ist automatisch für eine herausgehobene Stellung in der Gesellschaft prädestiniert. Das »Prestige«, das man in Deutschland abgeschafft hat, entscheidet in Frankreich über Karrieren. Ob ich in Frankreich wohl auch Chef der dortigen IBM-Niederlassung oder gar des dortigen Industrieverbandes hätte werden können? Wohl kaum. Auch in Amerika folgt das Schulsystem dieser Einteilung. Als meine Tochter auf die »Public School« ging, wurde sie zwar, trotz geringer Sprachkenntnisse, in wenigen Monaten zur Klassenbesten, und ich glaubte schon, wir hätten ein Genie gezeugt. Doch schnell wurde uns klar, dass dies weniger an ihren Fähigkeiten als am niedrigen Niveau der öffentlichen Schulen lag.

Als ich mich in der Firma erkundigte, stellte sich heraus, dass ich der Einzige bei IBM in der Hauptverwaltung in Armonk im Bundesstaat New York war, der seine Kinder, wie in Deutschland üblich, auf eine solche Schule schickte. Alle hielten es für selbstverständlich, ihnen den Besuch in einer »Private School« zu ermöglichen. Das kostete zwar viel Geld, brachte aber meist den gewünschten Erfolg. Wie in Frankreich wurde auch hier heftig darüber diskutiert, ob dieses Zwei-Klassen-Schulsystem nicht dem Gleichheitsgrundsatz der Demokratie widersprach. Dennoch ließen selbst die links eingestellten Politiker nie einen Zweifel daran, dass sie am System der Eliteschulen und -universitäten festhielten. Die Vorteile für die ganze Gesellschaft sind einfach zu offensichtlich.

Längst gilt als unbestritten, dass der Wohlstand eines Landes von der Bildung seiner Bürger abhängt. Entscheidend ist aber nicht der Durchschnitt, sondern, wie nachgewiesen wurde, die Fähigkeit zu Spitzenleistungen. Nicht das Mittelmaß bringt voran, sondern die Fähigkeit, Überdurchschnittliches hervorzubringen. Das verhält sich hier nicht anders als in sonstigen Bereichen: Als Kunde beispielsweise wird man immer nach dem »Spitzenprodukt« suchen – ob in Qualität oder nach dem Preis-Leistungs-Verhältnis – und sich nicht mit dem Mittelmäßigen begnügen. Man sucht den Superlativ, das Schönste, Schnellste oder auch das Preiswerteste. Mit weniger gibt man sich nur ungern zufrieden.

Für ein Unternehmen wiederum ist es entscheidend, ob es dieser Erwartung seiner Kunden entsprechen kann. Nicht die Durchschnittsprodukte, sondern die innovativen Spitzenprodukte sichern seinen Erfolg. Ja, die Ausnahmeobjekte tragen sogar den Rest der Produktpalette mit, wie etwa in Buchverlagen, wo die Bestseller die anderen, weniger verkäuflichen Bücher mitfinanzieren. Ich gehe sogar so weit zu behaupten, dass ein Unternehmen sein Durchschnittsangebot vernachlässigen darf, wenn es gleichzeitig einige phantastische Produkte auf den Markt bringt. Fehlen diese, wird es auch mit dem gediegensten Mittelmaß den Anschluss verlieren.

Das Gleiche gilt für eine Gesellschaft, und besonders für ihre Bildung. »Exzellenz«, also das Herausragende, ist heute zum weltweiten Schlüsselwort avanciert. Um dieser Forderung entsprechen zu können, müssen wir ein System ähnlich wie in Frankreich, England oder Amerika entwickeln, das Eliten fördert und Spitzenleistungen ermöglicht. Natürlich bedeutet dies nicht, dass sich eine neue »Oberklasse« auf Kosten der »breiten Masse« Vorteile verschafft. Wie in den genannten Ländern führt es zum genauen Gegenteil: Auch wenn sich die große Mehrheit nicht für die Ausnahmeschulen qualifiziert, wird sie doch von deren Beiträgen zur Gesellschaft profitieren. Nur hervorragend qualifizierte Kräfte können einen Staat oder eine Wirtschaft auf Erfolgskurs bringen.

Für deutsche Ohren klingt all dies ungewohnt. Seit der 68er-Bewegung hat sich hier ein Denken durchgesetzt, das auch im pädagogischen Bereich auf größtmögliche Gleichheit setzte. Jede Leistung, ganz zu schweigen von Spitzenleistung, wurde argwöhnisch beobachtet: Wollte sich hier einer auf Kosten der Gemeinschaft profilieren? Das Grundprinzip jedes effektiven Bildungssystems, der Wettbewerb, wurde stufenweise außer Kraft gesetzt. Nichts anderes bedeutet es ja, wenn unsere Freunde an ihren Eliteschulen, ihren Traditionsinternaten oder »Ivy League«-Universitäten festhalten: Grundlage jeder Exzellenz an den Schulen ist deshalb der Wettbewerb unter den Schülern. Dass es den deutschen Ideologen gelingen konnte, gerade dies aus ihrem Erziehungssystem hinauszureglementieren, wundert umso mehr, als sich unser Land sonst an jeder Art von Wettbewerb begeistert. Ob bei Olympia oder der Formel Eins, bei den beliebten TV-Quiz-Sendungen oder der Frage, wer in der Welt etwas »am besten« kann – die ehrgeizigen Deutschen stehen immer in den Startlöchern.

Doch im Zukunftsbereich Bildung herrscht Phlegma. Nicht zufällig setzten die 68er-Studenten genau an dieser Stelle an: Zuerst an Schulen und Universitäten sollte der neue stressfreie Mensch entstehen. Ihr Schlagwort dafür hieß »antiautoritäre Erziehung«. Der Wettbewerb wurde außer Kraft gesetzt – nun galt es, »antiautoritär« zu sein. Das war im Zweifel auch einfacher. Statt sich an anderen zu messen, zog man es vor, die Messlatten, also die Autoritäten, zu entfernen. Nicht nur die Falschen, die sich, wie üblich in Deutschland, durch Anmaßung Respekt verschafften, sondern möglichst alle Autoritäten. Man wollte, bildlich gesprochen, Fußball spielen, aber zuvor entmachtete man den Schiedsrichter und schaffte das Torergebnis, dieses perfide Mittel des Wettbewerbs, ab. So verlor man natürlich die Lust am ganzen Spiel. Man verlernte es sogar. Noch als ich in die Schule ging, wurde der »Klassenprimus« von allen beneidet. Wie gerne wäre ich selbst es gewesen! Auch in unseren Nachbarländern oder den USA konkurrieren alle Schüler um diese Position und fiebern den Auszeichnungen am Jahresende entgegen. Dagegen wird seit der 68er-Zeit unseren Klassen- oder Jahrgangsbesten die Ehrenbezeichnung »Streber« verliehen. Das will besagen, ihre Leistungen haben sie als »unsolidarisch« entlarvt.

Beim Aufstand gegen die Autoritäten wurde allerdings das Kind mit dem Bade ausgeschüttet. Nicht nur alle Erziehungskräfte gerieten in schiefes Licht, sondern mit ihnen jede Art von Vorbildern. Hatte sich die Jugend früher an Entdeckern oder Erfindern, an Staatsmännern und Künstlern begeistert, blieben ihr nur noch die politischen Abziehbilder oder die täglich wechselnden Popstars. Neben Posterhelden wie Che Guevara, Frank Zappa oder Guildo Horn verblassten Albert Schweitzer, John F. Kennedy oder Wernher von Braun. Das führte zwar zu einem ausgeglichen entspannten Niveau, doch zur Motivation konnte es kaum beitragen. Sollte es auch nicht: Denn wo es keinen Ansporn durch Vorbilder gab, würde auch kein Wettbewerb entstehen.

So entledigte man sich aller »bourgeoisen« Relikte – aber warum man überhaupt noch etwas lernen sollte, das konnte den Kindern keiner erklären. Wenn die Gesellschaft der

Bundesrepublik wirklich, wie die 68er-Lehre lautete, eine Interessengemeinschaft von Spießern, die Wirtschaft ein Club zur allgemeinen Ausbeutung und der Staat ein faschistoides Unterdrückungsinstrument waren – dann fragte sich wirklich, ob es überhaupt lohnte, mitzumachen. Oder ob man nicht lieber den »Marsch durch die Institutionen« antrat, um dieses Land so recht von Grund auf zu verändern. Manche, die damals vor dieser Frage standen, geben heute, das Ministerportefeuille in Händen, ihre politische Antwort darauf.

Nicht weniger deutlich fielen die Folgen für unser Bildungssystem aus. Schon zu meiner BDI-Zeit mehrten sich die Beschwerden der Handelskammern, dass rund fünfzehn Prozent der jungen Leute, die sich auf Lehrplätze bewarben, nicht richtig lesen, schreiben oder rechnen konnten. Sie hatten unser Schulsystem absolviert und traten dennoch als praktizierende Analphabeten in die Gesellschaft ein. Andere hatten sehr wohl gelernt, aber das Falsche. Auf die Anforderungen, die das Berufsleben an sie stellen würde, waren sie einfach nicht vorbereitet. Denn selbst wenn unsere fortschrittlichen Pädagogen die Schüler mit Wettbewerb verschont hatten – in der Wirklichkeit sollte er ihnen nicht erspart bleiben.

Während man wie hypnotisiert auf die historische »Erbsünde« der Deutschen starrte, deren Wiederholung es mit allen Kräften zu verhindern galt, beging man an deren Zukunft, dem Bildungssystem, mehrere Todsünden: Unter dem Vorwand der Chancengleichheit hat man nicht nur gleiche Bedingungen, sondern möglichst auch das gleiche Ziel vorgegeben. Der Langsamste bestimmte hinfort die Reisegeschwindigkeit aller. Um nie wieder falschen Autoritäten auf den Leim zu gehen, hat man alle Vorbilder abgeschafft und damit die wichtigste Motivation zur Leistung. Denn wer kein Vorbild hat, sieht auch keinen Grund, sich zu bilden. Wer sich nicht an etwas Größerem misst, wird wenig Neigung zeigen, über sich hinauszuwachsen. Schließlich hat man der Jugend das Gefühl gegeben, die Gesellschaft, die immerhin ihre Ausbildung bezahlte, sei von Grund auf schlecht, weshalb es auch nicht erstrebenswert schien, irgendetwas zum Wohl des eigenen Landes beizutragen. Der praktische Gemeinsinn, der in anderen Ländern Kräfte mobilisiert, wurde bei uns durch Weltverbesserungsallüren ersetzt, die sich heute noch in wirklichkeitsfremden Parteiprogrammen niederschlagen.

Die Scheu vor dem Wettbewerb zeigte sich auch an den Schaltstellen der Bildungspolitik. Bewusst verhinderte man die Konkurrenz zwischen den Bundesländern. Während die Bildungshoheit durch die Verfassung eindeutig den Ländern zugewiesen wurde, gründete man in bestem Einvernehmen eine Kultusministerkonferenz, die dafür sorgte, dass in Zukunft Beschlüsse nur noch in Einstimmigkeit gefasst wurden. Wodurch das, was in den Klassenzimmern geschah, am runden Tisch seine Entsprechung fand: Man bewegte sich im Tempo des jeweils langsamsten Teilnehmers. Das heißt, man bewegte sich eigentlich nicht. Denn seitdem bestimmt der reformfeindlichste Kultusminister die Innovationsfreudigkeit der ganzen Konferenz. Nicht der beste Vorschlag legt den Kurs fest, sondern die Einigung auf den kleinsten gemeinsamen Nenner. So beging man mit gutem Gewissen eine weitere Todsünde am deutschen Bildungssystem. Denn wo, per definitionem, Spitzenleistungen angestrebt werden, wirkt das organisierte Mittelmaß wie Gift. Statt Motivation verabreichte man Schlafmittel.

Die Motivationslücke entstand auch durch die so genannte »kritische Einstellung« zur Gesellschaft, die an den Schulen wie ein Katechismus gelehrt wurde. Was in einer Diktatur zur Pflicht wird, nämlich sich gegen die Willkürmaßnahmen des Staates aufzulehnen, erscheint in einer freien Demokratie als Bremse, die jeden positiven Impuls mit negativen Vorzeichen versieht. Wird aber die Gesellschaft selbst unter Generalverdacht gestellt, kann die Jugend kaum den Ehrgeiz entwickeln, in ihr erfolgreich zu sein oder ihr gar die eigenen Fähigkeiten zur Verfügung zu stellen. Wer sich mit seiner Gesellschaft nicht identifizieren kann, findet auch keinen Grund, an ihrem Wohlergehen mitzuarbeiten. So erzogen unsere Schulen Staatsbürger, die im Herzen den Staat ablehnten. Sie konzentrierten sich deshalb ganz auf ihr persönliches Fortkommen, ohne auf die Gemeinschaft Rücksicht zu nehmen und konnten sich dabei sogar auf ihre »gesellschaftskritische Einstellung« berufen. Der Egoismus, den man austreiben wollte, wurde so erst geschaffen.

Ein Mittel, die Gleichheit in den Klassen durchzusetzen, war der Umgang mit den Zensuren. Seit es Schulen gibt, bieten sie das einzige Mittel, den Leistungsstand innerhalb einer Klasse, aber auch im Vergleich mit anderen Gleichaltrigen festzustellen. Deshalb verfiel man in manchen Bundesländern auf die Idee, die Zensuren in den frühen Schuljahren einfach abzuschaffen oder in einer Klasse nur in Relation zur Leistung dieser Klasse anzusetzen. Zwar stellte man dadurch nach der Gauß'schen Normalverteilungskurve sicher, dass es auch unter Blinden immer einen König gab, doch stellte man zugleich die objektive Gültigkeit von Leistungsnormen in Frage – was die Leistung natürlich selbst in Frage stellte. Da in einer schwachen Klasse ebenso viele Einsen vergeben werden wie in einer starken, verliert nicht nur die Note selbst ihren Wert, sondern auch die Bemühung, sie zu erreichen. Da scheint es nur konsequent, dass man mancherorts dazu übergegangen ist, ganz auf Zensuren zu verzichten. Oder, wie die niedersächsische Kultusministerin im Frühjahr 2002 allen Ernstes forderte, das Sitzenbleiben abzuschaffen. Dank all dieser Maßnahmen gelingt es zwar, Begabungen nachhaltig zu unterdrücken, doch nur um den Preis, dass das Niveau ganzer Schulen dramatisch absinkt. Spätestens beim Übertritt ins Berufsleben müssen die Schüler dann für die Ideologie ihres Schulsystems büßen.

Das Bild des modernen Lehrers, der von der Gesellschaft dafür bezahlt wird, seine Vorbehalte gegen diese an die Schüler weiterzugeben, hat denn auch mit den Jahren sehr gelitten. Eigentlich müssten die Lehrer – von der Grund- bis zur Hochschule – in der Hitparade der prestigeträchtigsten Berufe ganz oben stehen. Denn in ihren Händen liegt die Leistungsfähigkeit der nachfolgenden Generationen. Doch das Gegenteil ist der Fall, und selbst ein Politiker wie Gerhard Schröder konnte als Ministerpräsident einmal von den Lehrern als »faulen Säcken« sprechen. In anderen Ländern wäre dies undenkbar – bei uns gehört es zu den vielen Folgen der »antiautoritären Bewegung«, die längst als selbstverständlich hingenommen werden.

Das Versagen unseres Bildungssystems wurde spätestens durch die TIMMS-Studie der 1990er Jahre offenbar. Bei dieser

»Dritten Internationalen Mathematik- und Naturwissenschaftsstudie« wurden eine halbe Million Schüler aus 46 Ländern den gleichen Tests unterzogen. Dreimal hintereinander landeten die deutschen Schüler auf einem schlechten Platz, und zwar in absteigender Folge. Besonders fiel auf, wie schlecht gerade die »potentiell leistungsstärksten Schüler im Vergleich mit Spitzenschülern europäischer Nachbarländer« abschnitten. »In der internationalen Spitzengruppe«, so die Auswertung, »sind die deutschen Schüler nicht vertreten.«

Natürlich ließ die Kultusministerkonferenz nichts unversucht, die Ergebnisse herunterzuspielen und mögliche Konsequenzen daraus auf die lange Bank zu schieben. Vor allem wehrten sie sich gegen die Möglichkeit, aus der Studie Vergleiche zwischen einzelnen Bundesländern anzustellen. Man behauptete sogar, dies sei unmöglich, da die Stichproben zu klein waren – für andere Länder galt dies Problem offenbar nicht. Ich kann mir allerdings gut vorstellen, warum das Land Nordrhein-Westfalen von Johannes Rau und Wolfgang Clement kein Interesse daran hatte, sich etwa mit Bayern zu messen. Wer lässt schon gerne die Wahrheit über das eigene Versagen ans Licht kommen.

Kaum war, auch dank der ministeriellen Tabuisierung, Gras über die TIMMS-Studie gewachsen, als neues Ungemach ins Haus stand. Im Herbst 2001 wurden die Ergebnisse einer neuen Studie durch das »Programme for Internationale Student Assessment«, kurz PISA, vorgestellt, mit dem Ergebnis, dass der schiefe Turm offensichtlich in Deutschland steht. Diese internationale Vergleichsstudie ist eigentlich nichts Neues. Neu war, dass Deutschland um eine Beteiligung an diesem »Benchmarking« jetzt nicht mehr herumkam. Jahr für Jahr hatten sich die deutschen Bildungspolitiker geweigert, die Fähigkeiten deutscher Gymnasiasten mit denen aus anderen Ländern zu vergleichen. Warum wohl? Es gibt eigentlich nur zwei Erklärungen. Entweder man war als Vertreter des Volkes der Dichter und Denker wirklich davon überzeugt, dass niemand uns das Wasser reichen könne – oder man ahnte wohl schon, dass hier eine der größten Blamagen deutscher Politik der letzten Jahrzehnte sichtbar würde. Diesmal hatte man in 32 Staaten jeweils 4500 bis 10 000 Schüler im Alter von fünfzehn Jahren getestet, darunter 5000 deutsche Schüler an 219 Schulen. Über zu kleine Stichproben konnte sich also keiner mehr beschweren. Man prüfte die so genannte Lesekompetenz, also das Begriffsvermögen und die Fähigkeit, Zusammenhänge zu verstehen, aber auch Grundbildung in Mathematik und Naturwissenschaften.

Das Ergebnis war so niederschmetternd, dass man es nicht mehr unter den Teppich kehren konnte. Das Leseverständnis der Jugend und damit die Lesefähigkeit des Volkes, das einmal die Druckerpresse erfunden hat, liegt bei seinem Nachwuchs auf einem traurigen Platz 21, hinter fast allen europäischen Nachbarn, aber auch hinter Ländern wie Neuseeland oder Tschechien. Dafür können die jungen Letten oder Brasilianer noch etwas von uns lernen. Ähnlich schlechte Plätze ergaben sich für uns in Naturwissenschaft und Mathematik, nämlich jeweils Platz 20. Wie beim Lesen die Finnen, geben hier die Südkoreaner und Japaner das internationale Leistungsniveau an. Die Deutschen aber sind, wenn nicht durchgefallen, so doch zum Nachsitzen und Nachdenken verurteilt.

Die Reaktion der Bildungspolitiker entsprach meiner Erwartung: Man redete sich heraus. Die einen behaupteten, die Fragen seien spezifisch auf den angelsächsischen Raum zugeschnitten gewesen, weshalb es zu keinem fairen Vergleich kommen konnte. Genau das war die Reaktion des rheinland-pfälzischen Ministerpräsidenten Kurt Beck in einer Talk-Sendung zum Thema der PISA-Studie, die von Sabine Christiansen Anfang 2002 moderiert wurde. Das Erklärungsmuster für deutsche Schwachstellen im Vergleich zu angelsächsischen Ländern kannte ich schon von den Kanzlern Kohl und Schröder. Nur entsprach dieses Entlastungsargument auch hier nicht der Wahrheit: Die Fragen waren von Deutschen definiert worden, und man hatte typisch »englische« oder »amerikanische« Fragen bewusst weggelassen.

Eine andere Reaktion derer, die für unser Abschneiden die Verantwortung tragen, bestand in dem Gegenargument, man »redet unsere Schüler schlecht«. Auch dieser Reflex war mir aus meiner jahrelangen Arbeit als BDI-Präsident vertraut. In diesem Fall war also nicht das deutsche Schulsystem, sondern dessen Kritiker durch die Prüfung gefallen. Eine dritte Gruppe von Kulturverantwortlichen versicherte, man hätte alles schon längst gewusst. PISA? Schnee von gestern. Dadurch sollte der Eindruck erweckt werden, dass bei einem schon so lange bekannten Phänomen überstürztes Handeln nicht angezeigt sei. Dabei wurde übersehen: Wenn alles schon lange bekannt war, warum hatte man dann nicht längst etwas unternommen? Wer auf die nötigen Folgerungen drängte, bekam zu hören: Nur keine Schnellschüsse! Nichts wird so heiß gegessen, wie es gekocht wird!

Wer also trägt die Verantwortung für dieses Debakel einer einstigen Bildungsnation? Der Staat? Die Länder? Die ungeklärte Kompetenz macht es allen leicht, betreten in den Schoß zu blicken und auf bessere Zeiten zu hoffen. Symptomatisch für die Art und Weise, wie die deutsche Politik mit dem Bildungsthema umgeht, war die Antwort auf meine Frage, warum Sabine Christiansen denn ausgerechnet den Schlagersänger Guildo Horn zu der von vielen Millionen Zuschauern verfolgten Fernsehsendung über die PISA-Studie eingeladen hatte. Zu meiner Überraschung saß mir dieser Künstler, der das Blödeln zu seiner unverwechselbaren Marke erhoben hatte, plötzlich im Tropenanzug – mit Tropenhelm auf dem Kopf – gegenüber. Die Antwort? Er sei doch von Ministerin Bulmahn zum »Bafög-Botschafter« ernannt worden! Einige Tage später besuchte ich die Ministerin in ihrem Berliner Amtssitz in der Hannoverschen Straße und traute meinen Augen nicht: In der Lobby hing das Plakat mit einem überlebensgroßen Guildo Horn, diesem von der Frau Ministerin persönlich ernannten bildungspolitischen Vorbild für unsere Jugend.

Dann kam eine weitere Bedrohung auf die Kultusminister zu: Im Rahmen der PISA-Studie gibt es in Deutschland genügend Daten, die einen Leistungsvergleich zwischen den Bundesländern ermöglichen sollten. Und da über 50 000 Schüler teilnahmen, kann das Argument der zu kleinen Stichproben nicht mehr verfangen. Man wird also nicht mehr umhin kommen, das reale Leistungsgefälle in Deutschland den Bürgern schwarz auf weiß zu präsentieren. Das wichtigste Ergebnis steht jetzt schon fest: Es gibt diesen Wettbewerb zwischen den Ländern, nur will es keiner wahrhaben. Die sechzehn Bundesländer stehen in einer heimlichen Konkurrenz um ihre eigene Zukunftsfähigkeit, und es wird Zeit, dies offen einzugestehen.

Dank der innerdeutschen PISA-Studie ist es nun möglich, den verdeckten in einen offenen Wettbewerb umzuwandeln. Die Schulen von Bayern und Baden-Württemberg sind Spitze, die des Saarlands und Bremens stehen ganz hinten. Das Ergebnis wird, wie im Sport, einen deutlichen Anstieg der Leistungen bringen, und zwar bei allen. Denn nichts motiviert stärker als der Vergleich mit Ebenbürtigen. Um die Nase vorn zu haben, werden Reserven mobilisiert, von denen sich die meisten zuvor nichts träumen ließen. Die Folge wird eine deutliche Steigerung des Bildungsniveaus sein und hoffentlich eine Verbesserung unserer Platznummer im internationalen Vergleich. Am Rande sei noch erwähnt, dass der damalige rot-grüne Hamburger und der damalige rot-schwarze Berliner Senat es verstanden hatten, sich dem Vergleich der schulischen Ergebnisse zwischen den Bundesländern vorsorglich zu entziehen, indem sie auf verschlungenen Wegen dafür sorgten, dass nicht genügend Jugendliche pro Schultyp befragt wurden.

Schulbildung liegt zunächst einmal in der Verantwortung des Elternhauses. Gute Leistungen in der Schule werden nur erreicht, wenn die Eltern dies ausdrücklich erwarten und fördern. Die Bildung der Kinder ist nicht allein Angelegenheit der Lehrer, sondern setzt als Grundlage eine solide Erziehung voraus. Wenn das Kind zu Hause begreift, dass gute Leistungen vollen Einsatz erfordern, sich aber auch auszahlen, wird es in der Schule den Wettbewerb nicht scheuen. Erziehung muss nach meiner Überzeugung auch Erziehung zum Lesen sein. Leider hat die Beschäftigung mit Büchern im Medium Fernsehen einen übermächtigen Konkurrenten bekommen. Jede Stunde, die ein Kind vor dem Bildschirm sitzt, geht für etwas Wichtigeres verloren. Natürlich bieten Filme die Bequemlichkeit, sich ohne eigene Anstrengung zu unterhalten. Da das Fernsehen verwöhnt, gibt es eine zu harmlose Vorstellung dessen, was Wirklichkeit für den bedeutet, der sich in ihr bewähren muss. Das Lesen dagegen erfordert beständiges Mitdenken, wodurch es eine bessere Einübung in das reale Leben bietet: Nur wer sich konzentriert, begreift den logischen Zusammenhang. Mich wundert es nicht, dass uns gerade auf diesem Feld die PISA-Studie unser Versagen vor Augen führte.

Auch den Lehrern kommt bei der Reform unserer Bildung eine entscheidende Rolle zu. Viele werden umdenken müssen: Wie die Gesellschaft ihnen Respekt schuldet, müssen auch sie der Gesellschaft gegenüber – und nicht nur deren »politisch korrektem« Teil – loyal sein und ihren Fortbestand sichern. Auch sie müssen sich wie die Gemeinschaft, die für sie aufkommt, dem Wettbewerb stellen. Wie die Manager eines Unternehmens, sollten auch die Lehrkräfte für die Leistungen ihrer Schule geradestehen. Die Verantwortung, die sie so gerne für die »gesamtgesellschaftliche Entwicklung« in Anspruch nehmen, sollten sie für ihre eigenen Leistungen und die ihrer Schüler übernehmen und sich nicht scheuen, wie andere Bürger auch, miteinander in Konkurrenz zu treten und sich dem Vergleich mit anderen zu stellen. Das Nachlassen, aber auch das Nachlässigwerden, lässt sich so am besten erkennen und anhand der immer neu aufgelegten Messlatten korrigieren.

In vielen Bundesländern sind die Lehrer wegen des Versagens der Eltern einerseits und des gewollten politischen Kurses andererseits inzwischen aber völlig überfordert. Das Versagen des Elternhauses in elementaren Erziehungsfragen führt dazu, dass viele Lehrer immer öfter die Funktion eines Sozialarbeiters wahrnehmen müssen. Für die Vermittlung von Wissen bleibt ihnen entsprechend weniger Zeit. Und die Politik trägt immer dort Verantwortung, wo sie die Rolle der Eltern und die Funktion der Familie aushöhlt. Die reflexartige Reaktion der Politik auf den PISA-Schock ist wieder einmal typisch für den Wunsch, sofort medien- und wählerwirksam zu reagieren, auch wenn es die falsche Reaktion sein kann. Ohne überhaupt auf die verwinkelten Zusammenhänge zwischen Schulsystem, Erkenntnissen der Bildungsforschung und der Familienpolitik einzugehen, wird gleich das Rezept verschrieben: 10 000 neue Ganztagsschulen!

Eigentlich sollte jedes Bundesland Messlatten auflegen – damit nicht nur die Lehrer, sondern jede Schule und jede Klasse die Mindestanforderungen erfüllen, die durch den Vergleich mit anderen Ländern definiert werden. Jedes Bundesland sollte die Leistungen seiner Oberschulen durch ein zentrales Abitur prüfen, ob das ein nur für das jeweilige Bundesland oder für unser ganzes Land gültiges Abitur sein soll, ist von geringerer Bedeutung. Fest steht, nur so weiß jede Schule, wo sie auf der Skala ihres Landes steht – wie jeder Schüler wissen muss, welchen Rang er in seinem Jahrgang einnimmt. Ganz von selbst würde sich eine Elite von Erziehungsinstituten herausbilden, wie dies, trotz unseres Systems, bereits in vielen Städten der Fall ist. Schnell spricht sich herum, welche Schule »besser« ist, und natürlich bemühen sich alle Eltern, ihre Kinder dorthin zu schicken. Die Behörden sollten sich hier der Realität anpassen. Erhalten solche Musterschulen mehr Förderung – weil sie de facto für die Gesellschaft nützlicher sind –, werden die anderen einen Anreiz finden, ihnen nachzustreben. Das Gesamtniveau wird gehoben, und davon profitiert jeder einzelne Schüler.

Zu einer effektiveren Schulbildung gehört auch die bessere Integration der ausländischen Schüler. Mit 8,9 Prozent hat Deutschland die zweithöchste Ausländerrate Europas, und unsere Zukunft hängt nicht zuletzt davon ab, ob deren Kinder einen konstruktiven Platz in unserer Gesellschaft finden. Deshalb unterstützte ich in der Hitze der Debatte um die Zuwanderungsregelung auch den Vorschlag von CDU/CSU, das Nachzugsalter für Kinder möglichst niedrig anzusetzen. Wollen sie in deutschen Schulen überhaupt eine Chance haben, dann nur, wenn sie schon als Kinder am Unterricht teilnehmen. Wer mit sechzehn oder gar achtzehn in unser Land kommt, bleibt auf seine ethnische Gruppe angewiesen, die, wie man heute weiß, auf die berühmte Integration gar keinen Wert legt. Um Mitglied unserer bundesrepublikanischen Gesellschaft zu werden, muss man in jedem Sinn des Wortes unsere Sprache sprechen und durch unsere Schule gegangen sein. Wenn es dies war, was die Union einst mit »Leitkultur« meinte, so sehe ich keinen Grund, dies abzulehnen.

Als meine Enkeltochter Marlene im baden-württembergischen Tuttlingen in die Schule ging, gab es in ihrer Klasse sechzehn Kinder. Vier davon sind Deutsche, die anderen Türkinnen und Türken. Als Marlene mich im Frühjahr 2002 besuchte, berichtete sie mir stolz, dass sie nur noch Einsen schrieb. Ich freute mich für sie – und erschrak zugleich. Denn dasselbe hatte ich 25 Jahre zuvor mit ihrer Mutter Helene an der Julian Curtis Public School in Greenwich/Connecticut erlebt. Leider nicht nur, weil sie so gut, sondern auch weil die anderen so schlecht gewesen waren. Übrigens zeigte auch die PISA-Studie, dass man sich bei uns mit der Integration ausländischer Schüler schwer tut. Deswegen sollten möglichst junge Zuwandererfamilien zu uns kommen, deren Kindern das Erlernen unserer Sprache noch leicht fällt. Sonst werden nicht nur ihre Chancen in der Gesellschaft beeinträchtigt, sondern auch die ihrer deutschen Mitschüler. Der Hinweis der Grünen, dass man in Frankreich und England bis achtzehn nachziehen könne, verschweigt den simplen Umstand, dass deren »Immigrants«, da zumeist aus ehemaligen Kolonien, die jeweilige Landessprache sprechen. Deutsch dagegen ist für unsere Zuwanderer immer Fremdsprache.

Das Dilemma in solchen »Misch-Klassen« entspricht dem zwischen den Bundesländern: Wie ein deutscher Schüler in seiner Entwicklung behindert wird, weil sich die Unterrichtsgeschwindigkeit an den langsameren Ausländern orientiert, so leidet, sagen wir, ein bayerischer Schüler darunter, dass der für ihn zuständige Kultusminister in seinem Handeln vom Konsens der nordrhein-westfälischen Kollegin abhängt. Das ist nicht einzusehen, und deshalb plädiere ich für eine Auflösung der Kultusministerkonferenz. Gerne soll man in Kultur- und Medienwelt die »runden Tische« pflegen und der deutschen Harmoniesucht Tribut zollen. Bei der Bildung allerdings hört der Spaß auf. TIMMS und PISA sind Warnungen, die sich nicht, wie der angedrohte »blaue Brief«, auf diplomatischem Wege aus der Welt schaffen lassen. Wenn wir uns als Land von Gutenberg und Einstein nicht länger vor unseren Nachbarn blamieren wollen, müssen wir unser Bildungssystem sehr schnell umstellen. Und uns nicht scheuen, nach dem Vorbild unserer erfolgreicheren Nachbarn, zu einem radikalen Umdenken zu gelangen.

Das gilt genauso für die Hochschulen. Führt man den Wettbewerb zwischen Schülern und Schulen ein, ergibt sich der zwischen Studenten und Universitäten zwangsläufig. Nicht, wie Kritiker argwöhnen, um Ellenbogen, sondern um hellere Köpfe hervorzubringen. Nicht um die angeblich so unmenschliche Leistungsgesellschaft auch an den Hochschulen – den »Freiräumen des Geistes« – durchzusetzen, sondern weil sich unser humanistisches Menschenbild dem geistigen Wettbewerb an den Akademien verdankt. Es kam nicht von ungefähr, sondern wurde seit der Renaissance von Wissenschaftlern erarbeitet. Wenn wir es weiterentwickeln wollen, dürfen wir nicht hinter sie zurückfallen. Universität heißt nämlich auch: sich der großen Vorbilder würdig erweisen, die dort in den Instituten, Laboren und Hörsälen unser Menschen- und Weltbild hervorgebracht haben. Im Wettbewerb miteinander, durch höchste Anstrengung aller Fähigkeiten. Wer an den Hochschulen nicht alles gibt, wird am Ende nichts erreichen.

Gleich zu Beginn jedes Studiums sollte dies den Anfängern vor Augen geführt werden: Ich plädiere dafür, Eingangsprüfungen an den Hochschulen, wie sie früher üblich waren, wieder einzuführen. Auf diese Weise werden die angehenden Studenten Klarheit über ihre Befähigung zum Studium erhalten, wie gleichzeitig die Universitäten sich ihre Studenten selbst aussuchen können. Dem Anforderungsniveau entsprechend, wird sich also schon vor Antritt des Studiums herausstellen, wer geeignet ist und wer nicht. Eine weitere erfreuliche Nebenwirkung wird bei den Gymnasien eintreten. Nicht länger werden allein die Zensuren über die akademische Zukunft des Schülers entscheiden. Vielmehr steht der Wert der jeweiligen Benotung durch die Eingangstests an den Hochschulen selbst auf dem Prüfstand.

Eine Schule wird in Zukunft daran gemessen, ob ihre Absolventen den Schritt auf die Universität schaffen oder nicht. Zeigt sich eine Schule nicht mehr in der Lage, ihre Abiturienten an den führenden Universitäten unterzubringen, werden die Eltern sehr schnell die Konsequenzen ziehen und diese Schule meiden. Gerade dieser Einfluss könnte sich als das beste Korrektiv für die Qualität der Schulen erweisen. Die Rückkopplung, die sich durch das Abschneiden der Studienwilligen ergäbe, würde den Gymnasien keine Wahl lassen, als in den Wettbewerb einzusteigen. Dann würde nicht mehr die Anzahl der »Einser-Abiturienten« das Kriterium bilden, sondern die Zahl derer, die das gewünschte Studium antreten können.

Das hausgemachte Problem der immer längeren Studienzeiten wird sich dann von selbst lösen. Die Eingangsprüfungen werden viele davon abhalten, etwas zu studieren, für das sie nicht geeignet sind. Die Vorstellung, dass jeder »alles« studieren darf und das auch noch, ohne selbst einen eigenen finanziellen Beitrag zu leisten, geht an den wirklichen Begabungen der jungen Leute vorbei. Nur durch eine Prüfung lässt sich relativ schnell feststellen, ob der persönliche Studienwunsch mit der realen Befähigung übereinstimmt. Da dies heute bei uns nicht der Fall ist, darf man sich kaum über die vielen Abbrecher und Umsteiger wundern. Der Hauptgrund für das Anwachsen der Studienzeiten – übrigens auf Kosten der Gesellschaft, die oft genug finanzieren muss, dass sich der Einzelne dem Arbeitsleben entzieht – liegt nicht in spektakulären Ausnahmestudien auf einem Feld, sondern in der Neigung, mitten im Studium »umzusatteln«.

Auf der anderen Seite sollten auch deutsche Hochschulen mehr als bisher Weiterbildungsangebote für bereits Beschäftigte, Arbeitslose oder gar Pensionäre anbieten können. Ich erlebe es immer wieder in den Vorlesungen, die ich an der Universität Mannheim zum Thema »Management in einer globalisierten Welt« halte, dass gerade die Kombination von jungen und erfahrenen Studierenden beiden viel bringt. Manchmal habe ich das Gefühl, dass unter den Studenten Vater und Sohn, Mutter und Tochter nebeneinander sitzen.

Dem Wettbewerb der Studenten um die besten Studienplätze entspricht der Wettbewerb der Universitäten um die besten Studenten. Was in anderen Staaten längst selbstverständlich ist, sollte endlich auch bei uns gelten. Den besten Weg bieten hier die Studiengebühren. Eine Hochschule, die für ihre Angebote Geld verlangt, muss sich natürlich bemühen, für die zahlenden Studenten attraktiv zu sein. Denn jeder Studienanfänger wird sein Geld nur dort anlegen wollen, wo es auch Früchte trägt. Andererseits vermittelt es dem Studenten ein Gefühl für den Wert dessen, was ihm hier zu seiner Fortbildung angeboten wird. Er wird viel gewissenhafter umgehen mit seiner Zeit, da auch hier der Spruch gilt »time is money«. Und er wird nach dem Examen erkennen, ob er mit dem Einsatz, den er und seine Familie gebracht haben, auch sinnvoll umgegangen ist.

Bezeichnenderweise hat sich in Deutschland eine Debatte über das Für und Wider von Studiengebühren entwickelt, die mit der Realität nichts, mit der deutschen Ideologie dagegen sehr viel zu tun hat. Die Politiker sagen eben lieber, was ankommt, als zu erklären, worauf es ankommt. Dass dies durch alle Parteien hindurchgeht, erlebte ich bei einer Fernsehdiskussion mit dem einstigen CDU-Bildungsminister Rüttgers. Als ich ihn fragte, warum er eigentlich gegen Studiengebühren sei, antwortete er im Ton des moralischen Lehrmeisters, auch Kinder armer Eltern sollten studieren dürfen. Beifall vom Publikum. Rüttgers tat, als hätte das irgendjemand bestritten. Er wusste genau, dass sämtliche Modelle für Studiengebühren – auch der Stifterverband für die deutsche Wissenschaft hat ein solches vorgestellt – eines gemeinsam haben: Selbstverständlich werden für begabte Kinder, wie in den USA, genügend Stipendien bereitgestellt, unabhängig vom Einkommen der Eltern. Andere Modelle, etwa in Australien, sehen vor, dass Gebühren erst dann fällig werden, wenn die Studenten sie, nach erfolgreichem Abschluss, aus eigenen Einkünften begleichen können.

Nach unserem heutigen Modell dagegen muss die Gemeinschaft die Ausbildungskosten für eine Minderheit erbringen, die sich dadurch Wettbewerbsvorteile verschafft. Ich kenne keine andere Investition, die von allen finanziert wird, während nur ein privilegierter Teil davon profitiert: Wer studiert, findet einen besseren Arbeitsplatz und verdient auch mehr als jene, die für seine Ausbildung aufkommen mussten. Dass es auch eine Frage der Fairness wäre – von »sozialer Gerechtigkeit« ganz zu schweigen –, dies Geld der Gemeinschaft zurückzugeben, scheint noch keinem Ideologen aufgegangen zu sein. Tony Blair allerdings war hier, wie meist, den deutschen Sozialpolitikern voraus: Er führte Studiengebühren ein und begründete dies zudem mit sozialen Argumenten.

Dass unsere Universitäten ihre Leistungen gratis anbieten, kann ihnen im internationalen Vergleich nicht nützen. Das Studium in Deutschland, einst weltweit Garantie für akademische Erfolge, hat längst seine Attraktivität eingebüßt. Während sich heute eine Rekordzahl deutscher Studenten an gebührenpflichtigen Hochschulen des Auslands aufhält, um bei Eignung das Investment der deutschen Steuerzahler deren Forschungsstätten zugute kommen zu lassen, zieht es zu wenig echte ausländische Studenten – ich rede hier nicht von den Bildungsinländern, also den Kindern von ansässigen Ausländern – an unsere Hochschulen. Und das, obwohl es nichts kostet. Die Vorstellung, dass der Verzicht auf Gebühren zur Freiheit der Forschung beiträgt, hat sich bei der deutschen Studentenschaft offenbar noch nicht herumgesprochen.

Wenn ich heute einen Großteil meiner Zeit und Energie für die Leibniz-Gemeinschaft einsetze, so kämpfe ich damit nicht nur für die rund achtzig darin zusammengeschlossenen Institute mit ihren zwölftausend Fachkräften, sondern für Wissenschaft und Forschung insgesamt. Denn dieser Bereich wird in der deutschen Öffentlichkeit kaum wahrgenommen – allenfalls, wenn gelegentlich ein Nobelpreis für uns abfällt oder ein deutscher Astronaut in der Space Shuttle mitfliegen darf. Während bei uns jede Sparte, von den Autofahrern über die Landwirtschaft bis zu den Ärzten oder den Umweltschützern, über leidenschaftliche Anwälte verfügt, die sich für ihre jeweiligen Interessen zum lautstarken Chor zusammenschließen, meldet sich zugunsten der Wissenschaft keiner zu Wort. Über unser wichtigstes Zukunftspotenzial herrscht meist betretenes Schweigen.

Das muss nicht so sein: In Kanada etwa gilt die Forschung als Angelegenheit von nationalem Interesse. Vom Präsidenten des »National Research Council« – des Nationalen Forschungsrats Kanadas – erfuhr ich, dass die dortige Regierung beschlossen hat, zur Förderung des Bereichs in den nächsten fünf Jahren zweitausend zusätzliche Lehrstühle einzurichten. Mir persönlich erscheint das, angesichts der rapiden Entwicklung des internationalen Wissens-Netzwerks, nicht einmal übertrieben. Bei uns geht die Tendenz dagegen in die andere

Richtung. Statt Lehrstühlen werden bei uns Funktionärsposten geschaffen.

Man stelle sich vor, wir hätten Politiker, die sich für Bildung so interessierten wie für den Fußball. Kanzler Schröders medienwirksame Eingriffe in die Diskussion um die gebührenfreie Übertragung der Spiele um die Weltmeisterschaft in Japan war symptomatisch. Mir fiel auf, dass die Erklärung dazu die einzige war, die er aus seinem Urlaub in Italien im Sommer 2001 hatte verbreiten lassen. Beim Pokalfinale zwischen Schalke 04 und Bayer Leverkusen im Mai 2002 drängelte er sich mit Bundespräsident Rau um das Abgeben staatsmännisch vorgetragener Beschreibungen der ersten Halbzeit. Nach dem Spiel gab er im Stile Günther Netzers Kommentare über Tore, Abseitsstellungen und Spieler ab.

In der Woche davor, für mich die bisher absolute Spitze für den bei uns schrankenlos und verantwortungslos gepflegten Populismus, nahm er Franz Beckenbauer auf seine erste Reise in das geschundene Afghanistan mit, als wenn es in diesem Land nicht andere Prioritäten als ausgerechnet den Aufbau nationaler Fertigkeiten im Fußballspiel gäbe. Ich weiß oft nicht, was mich mehr wundert: die Chuzpe, mit der hier billigste Wählerpolitik betrieben wird, oder die unglaubliche Naivität der Medienvertreter, die in Kanzlerbegleitung noch wohlwollend darüber berichten. Wohlgemerkt, Schröder ist nicht der Einzige, der gern das sagt, was ankommt. Und er ist nicht der Erste. Auch Altkanzler Kohl hat dem damaligen Bundestrainer Berti Vogts nach Erringung der Europameisterschaft das »Du« angeboten ...

Schon zu meiner BDI-Zeit fiel mir die Vernachlässigung auch der Forschungsförderung auf. Immer öfter zählen für einige Politiker vor allem Projekte, die bei den Wählern unmittelbaren Eindruck hinterlassen. Langfristiges Denken wird zu oft zugunsten medienwirksamer Strohfeuer zurückgedrängt. Denkt die Wissenschaft in Zeiträumen von Dekaden, hat der kurzatmige Politiker meist nur die nächste Wahl vor Augen. Deshalb sehe ich mich heute als Präsident der Leibniz-Gemeinschaft in die Pflicht genommen. Es fällt mir schwer, die Lethargie zu akzeptieren, mit der unsere Wissenschaftler sich von der

Regierung Mittel streichen und absurde Gesetze oktroyieren lassen.

Was ich beim BDI ehrenamtlich für die Wirtschaft anstrebte, will ich nun für die Wissenschaft erreichen: Die Öffentlichkeit muss für einen Bereich sensibilisiert werden, von dessen immenser Bedeutung für die Zukunft sie sich keine Vorstellung macht. Ich fürchte, auch die Politiker, die sich nach ideologischen Vorgaben als Bildungsgestalter versuchen, wissen kaum mehr darüber. Vor allem scheint unbemerkt geblieben zu sein, wie sehr unser Land gegenüber den anderen »Bildungsnationen« zurückgefallen ist. Offenbar verwechselt man bei uns »Bildung« mit Selbstzufriedenheit. Doch zu der haben wir wahrlich keinen Anlass.

Im Frühjahr 2001 habe ich mein Ehrenamt unter der Voraussetzung angeboten bekommen und angenommen, mich nach außen für die Belange dieses unterschätzten Bereichs einzusetzen, und zwar vernehmlich und ohne diplomatische Zurückhaltung. Auf die Idee zu meiner Berufung war man Ende 2000 auf einer Sitzung der Leibniz-Gemeinschaft gekommen, bei der die Wahl eines neuen Präsidenten auf dem Programm stand. Von allen wurde beklagt, dass die Politik die Probleme des Bereichs nicht ernst genug nahm, dass die Öffentlichkeit keinerlei Interesse an der Forschung zeige, dass immer mehr Gelder gestrichen wurden – der neue Präsident sollte das möglichst alles ändern. Nur wer konnte das tun? Der damalige Präsident meinte, man müsste einen Mann finden, der das für die Wissenschaft leistete, was »der Henkel für den BDI gemacht hat«. Worauf ein anderer sagte, »aber der Henkel wird doch jetzt frei, da er beim BDI nicht mehr kandidieren kann«.

Zwar konnte ich tatsächlich aus Satzungsgründen kein drittes Mal für die Wahl des BDI-Präsidenten antreten, doch frei war ich ebenfalls nicht mehr: Dem damaligen Rektor der Universität Mannheim, Frankenberg, hatte ich die Zusage gegeben, den BWL-Lehrstuhl für Unternehmensgründer zu übernehmen. Es handelte sich dabei um eine gut dotierte C-4-Professur mit Assistenten und Forschungsmitteln. Prompt erreichte mich das Angebot der Leibniz-Gemeinschaft, was schon vom Zeitaufwand her die Übernahme des Mannheimer

Lehrstuhls ausschloss. Die Leibniz-Professoren hatten mich, unterstützt von einer Reihe anderer Wissenschaftler, gebeten, endlich einmal zum Thema Forschung »Tacheles zu reden«. Das gefiel mir. Als ich Frankenberg, zwischenzeitlich als Kultusminister von Baden-Württemberg vorgesehen, meinen Entschluss mitteilte, war er nicht gerade erfreut, zog aber die Alternative aus dem Ärmel, mir eine Honorar-Professur anzubieten. Dem schönen Titel zum Trotz bedeutete dies, dass ich 28 Stunden im Semester Vorlesungen halten muss, ohne Honorar zu bekommen – ein Umstand, den ich bereits vom BDI und jetzt von der Leibniz-Gemeinschaft gewohnt war. Dafür habe ich, verlockt von der Aussicht »Tacheles zu reden«, mein Gehalt als C-4-Ordinarius geopfert. Warum sollte ich mir also ein Blatt vor den Mund nehmen?

Wenn ich heute zu Gesellschaftsfragen Stellung nehme, spüre ich förmlich die Verlegenheit meiner Gegner, mich nicht länger als »Lobbyist der Wirtschaft« abtun zu können. Stattdessen sind einige dazu übergegangen, mich als einzigen »Nicht-Wissenschaftler« der Wissenschafts-Gemeinschaft zu diskreditieren. Aber sie täuschen sich. Ich habe einst ohne Abitur an der Hamburger Hochschule für Gemeinwirtschaft bei großartigen Professoren wie Eberhard Witte und Ralf Dahrendorf studiert. Übrigens hat mein Wechsel von der Wirtschaft in die Wissenschaft ein berühmtes Vorbild: 1937 wurde der Chemie-Nobelpreisträger und langjährige BASF-Vorstandsvorsitzende Carl Bosch Präsident der Kaiser-Wilhelm-Gesellschaft, Vorläufer der heutigen Max-Planck-Gesellschaft.

Zu der Zeit begann allerdings längst der Glanz zu verblassen, den die deutsche Wissenschaft einst über die ganze Welt verbreitete. Er ist seither nicht mehr aufpoliert worden. Zum Aderlass durch das Hitler-Reich und die Auswanderungswelle der Nachkriegszeit kam in der 68er-Zeit eine Art Wissenschaftsmüdigkeit, da nur noch das »Gesellschaftsrelevante« zählen sollte. Von den politisierten Hochschulen wandten sich die Spitzenforscher jenen Ländern zu, in denen sie unbehelligt ihren Projekten nachgehen konnten. Dass sie ihre Ergebnisse der Wirtschaft – also dem Wohl der ganzen Gesellschaft – zur Verfügung stellten, galt dort, im Gegensatz zu unserem Land, als selbstverständlich. So finanzierte der Steuerzahler einen Bereich, von dem er spürbar profitierte. Bei uns dagegen rümpfte man die Nase über derlei »Profanierung«, wie man sich heute vor der »wirtschaftlichen Nutzung« der Stammzellenforschung bekreuzigt. So sank das Niveau der deutschen Universitäten im selben Maß ab, wie die Studienzeiten anstiegen. Mehr Studenten brachten ein Weniger an Ergebnissen hervor. Die einstige Musternation des Wissens begnügte sich mit dem Mittelmaß – und keiner wollte es wahrhaben.

Gehörte Deutschland vor 1933 zu den weltweit führenden Standorten in der Physik, so hat es in einem halben Jahrhundert Bundesrepublik nur drei Physik-Nobelpreisträger hervorgebracht – Klaus von Klitzing, Wolfgang Paul und Rudolf Ludwig Mössbauer – während acht andere für ihre Arbeit im Vorkriegsdeutschland oder im Ausland ausgezeichnet wurden. Als vor einem Jahrzehnt zwei deutsche Physiker den Nobelpreis erhielten – erst Gerd Binnig für das Rastertunnelmikroskop und wenig später Georg Bednorz für die Supraleitung – klopfte man sich hierzulande auf die Schulter, der Wissenschaftsminister sprach sogar von der »Wende in der deutschen Forschungspolitik«. Geflissentlich übersah man, dass sie für ihre Arbeit bei einem amerikanischen Unternehmen in der Schweiz ausgezeichnet wurden – beide forschten als so genannte Fellows im IBM-Labor in Rüschlikon. Meine damalige Firma leistete sich nämlich den Luxus, Spitzenkräfte der Grundlagenforschung mindestens fünf Jahre lang ohne jede Auflage ihre Projekte verfolgen zu lassen. Konkret hieß das, dass sie keinerlei Zusammenhang mit IBM-Produkten aufweisen mussten. Wir förderten die Wissenschaft um ihrer selbst willen. Die Resultate finden sich heute in Forschungslabors von Universitäten und Wirtschaft auf der ganzen Welt wieder.

Natürlich kann die Wirtschaft nicht auf staatliche Forschung verzichten. Während vor allem an den Universitäten, den Instituten der Leibniz-Gemeinschaft, der Max-Planck-Gesellschaft, der Helmholtz-Gemeinschaft und der Fraunhofer-Gesellschaft langfristig geplant wird und Ergebnisse oft erst von der jeweils nächsten Generation erzielt werden, müssen Unternehmen sich der aktuellen Marktlage anpassen. Selbst die anerkannten Strategen in der Wirtschaft planen kaum über längere Zeiträume hinaus – worin sie sich oft nicht von unseren Politikern unterscheiden. Beide suchen, da ihr Auftrag als Vorstandsvorsitzender oder Kabinettsmitglied befristet ist, den schnellen Erfolg und gehen damit am Interesse der Nation vorbei, das sich über viele Generationen erstreckt. Wie der Journalist, der seiner Berufsbezeichnung gemäß »für den Tag« – le jour – lebt, konzentriert sich Politik und Wirtschaft auf die anstehenden Aufgaben, selbst wenn es sich dabei um Illusionen und Scheingefechte handelt.

Obwohl es zu den vornehmsten Aufgaben des Staates gehören müsste, die Langfristigkeit der Forschung zu sichern, werden gegenwärtig rund zwei Drittel der Ausgaben für Forschung und Entwicklung von der Industrie bestritten. Das heißt, dass die Zukunftsfähigkeit unseres Volkes mehrheitlich von dem Bereich gesichert wird, der nach der gängigen Ideologie vom »schnellen Profit« und den »gefüllten Taschen« lebt. Der Staat dagegen hält sich immer mehr zurück. Seit Jahrzehnten steigen die Zinszahlungen des Bundes für Schulden, die man um kurzfristiger Erfolge willen aufgenommen hat – Erfolge, die sich, wie die ständig wachsenden Sozialausgaben, in Wählerstimmen auszahlen sollten.

Dagegen sinken die Aufwendungen für Zukunftsinvestitionen, inflationsbereinigt auch die für Bildung, Forschung und Wissenschaft. Mit anderen Worten, man missachtet die Interessen der nachfolgenden Generationen, um die gegenwärtigen bei Laune zu halten. Zwar schien der Amtsantritt der rot-grünen Koalition eine vorsichtige Verbesserung zu bringen. Doch der angekündigte jährliche Zuwachs von fünf Prozent schrumpfte auf drei Prozent zusammen und auch dies nur bezogen auf den Bund. Die meisten Bundesländer hinken mit ihrem Anteil an der Zukunftsförderung deutlich hinterher.

Besonders drastisch zeigt sich dies, wie ich als Präsident der Leibniz-Gemeinschaft erfahren musste, in den neuen Bundesländern. 34 unserer Institute sitzen im Osten, und alle sind vom Wissenschaftsrat positiv beurteilt worden – die sechs, die geschlossen oder umstrukturiert werden müssen, liegen alle im Westen. Trotzdem behandelt man oft die östlichen Leibniz-

Institute gegenüber den westlichen stiefmütterlich. Die Politiker verkünden zwar immer wieder, dass die Forschung dort gefördert werden müsse, doch den Worten folgen keine Taten. Im Frühjahr 2002 habe ich deshalb zusammen mit Roland Berger ein Programm ausgearbeitet und es dem Wahlkämpfer Stoiber erläutert – in der Hoffnung, dass er zu gleichen Schlüssen kommt und nach dem Wahlsieg die nötigen Konsequenzen zieht.

Was wir besonders brauchen, ist ein Aufbauprogramm Ost im Bereich Forschung und Entwicklung: Unter tausend Arbeitnehmern findet sich dort nur ein Wissenschaftler oder Ingenieur, während es im Westen vier sind und in Japan acht. Wenn man überhaupt noch den Anschluss finden will, geht dies nur über hoch qualifizierte Arbeitsplätze. Leider zeigt auch die Wirtschaft wenig Neigung – Ausnahmen bieten etwa die BASF in Schwarzheide oder Siemens in Dresden – sich im Forschungsbereich Ost zu engagieren. Und das, obwohl sie dort ein technikfreundlicheres Umfeld und weniger Bürokratie oder gewerkschaftliche Bevormundung als im Westen antrifft. Hält man sich zudem vor Augen, dass in Deutschland der Anteil der Spitzentechnologie an der Wertschöpfung nur 2,5 Prozent beträgt, während er in den USA 3,5 und in Japan vier Prozent ausmacht, bietet sich ein Investment in den Sparten Informations-, Kommunikations- und Biotechnik im Osten förmlich an.

Hier müssen Staat und Wirtschaft jetzt gemeinsam Förderung betreiben, am besten, indem Neuansiedlungen durch entsprechende Strukturpolitik unterstützt werden – Jülich, München oder Karlsruhe können hier als Vorbilder dienen, aber auch das legendäre Silicon Valley in Kalifornien. Als Charles de Gaulle dies in den 60er Jahren in der Not leidenden Region Südfrankreich durchführte, entstand ein phantastischer Forschungsverbund, zu dem auch die IBM mit einem Forschungslabor in der Nähe von Nizza und einem Werk bei Montpellier beitrug. Sein Motiv lag allerdings weniger in der gewünschten Industrialisierung Südfrankreichs als in der Entzerrung des anschwellenden Kolosses Paris. Trotzdem, als Folge stellten sich im Süden ein Aufblühen des Landes, bedeutendes Wirtschaftswachstum und Absinken der Arbeitslosigkeit ein. Ich frage mich, wo sind die entsprechenden Investitionen für die Forschung in Ostdeutschland? Wann, wenn nicht jetzt, wollen wir die Grundlagen für die Zukunft legen?

Aber leider hat die Zukunft bei uns keine Lobby. Der Vergleich mit anderen Staaten fällt deshalb trübe aus. Noch 1989, im Jahr des Mauerfalls, betrugen unsere Gesamtausgaben für Forschung und Entwicklung pro Kopf 488 Dollar, hinter den USA mit 581, aber noch vor Japan mit 482 Dollar. Knapp zehn Jahre später hat sich das Bild dramatisch verändert: 1997 waren Japans Pro-Kopf-Ausgaben auf 715 Dollar und die der USA gar auf 794 Dollar angestiegen. Deutschland dagegen verharrte mit 511 Dollar praktisch auf dem alten Stand. Es ist sprichwörtlich »sitzen geblieben«. Die Folgen dieses Rückfalls bekommen wir heute schon zu spüren: In den innovativen Technologien stehen wir nicht mehr an der Spitze, sondern kämpfen um einen Platz im Mittelfeld.

Um den Anschluss überhaupt zu schaffen, müssten Staat und Wirtschaft ihre Forschungsinvestitionen um ein Drittel steigern, also um rund zwanzig Milliarden Euro. Wem diese Summe gigantisch vorkommt, der vergleiche damit die über sechshundert Milliarden Euro, die unsere gigantischen Sozialsysteme jedes Jahr verschlingen. Allein in diesem Jahr werden sie um weitere zig Milliarden ansteigen. Zugunsten unserer augenblicklichen Bequemlichkeit, die wir gern »soziale Gerechtigkeit« nennen, zerstören wir so die Grundlagen unserer Zukunft.

Und was wird von der Berliner Regierung zur Förderung der Wissenschaften verordnet? Ministerin Bulmahn hat ein neues Hochschulrahmengesetz vorgelegt, über das ich nur staunen kann. So dürfen Forscher künftig aus ideologischen, will sagen wirklichkeitsfremden Gründen nur noch zwei mal sechs Jahre lang befristet arbeiten, um dann entweder einen unbefristeten Vertrag zu erhalten oder für Arbeitslosenhilfe anzustehen oder an eine ausländische Universität abzuwandern.

Eine Woche vor Verabschiedung des Gesetzes habe ich als Präsident der Leibniz-Gemeinschaft einen Brief an die Ministerin geschrieben, in dem ich unter anderem darauf hinwies, dass dieses Forschungsgesetz im Geist sogar gegen sämtliche anderen Teilzeitgesetze aus dem Hause Riester verstieß. Zudem ignorierte es die Tatsache, dass die deutschen Arbeitsrichter im Zweifelsfall für Forscher entscheiden werden, die sich nach Ablauf der Zeit in ein Institut einklagen wollen. Jedenfalls hat die Neigung, befristete Stellen einzurichten, damit erheblich abgenommen, während zugleich für eine Ausweitung der unbefristeten Stellen das Geld fehlt.

In der Wissenschaft hat man sich mit derlei Willkürmaßnahmen schon so weit abgefunden, dass niemand lautstark dagegen zu protestieren wagte. Es fällt unseren Akademikern offenbar leichter, gegen die Bedrohung durch den globalisierten Imperialismus auf die Straße zu gehen als für ihre eigenen Interessen. Man bildet Lichterketten gegen rechts und lässt sich von links über den Löffel balbieren.

Eine überraschende Neuerung bietet das Gesetz, indem es den Wettbewerb zwischen Professoren einführt. Jahrzehntelang galt an den Universitäten dasselbe wie in der tarifgesteuerten Wirtschaft: Ob einer gut arbeitete oder schlecht, sich einsetzte oder sich drückte, er bekam dasselbe wie die Kollegen. So gab es zwar keine Motivation, sich durch Spitzenleistungen hervorzutun, aber dafür blieb einem auch der Stress erspart, seine Qualifikation immer neu unter Beweis stellen zu müssen. An der Universität Dortmund wurde deshalb vom Stifterverband eine Untersuchung finanziert, die feststellen sollte, ob es überhaupt möglich war, Professoren nach Leistung zu bezahlen. Das Ergebnis lautete: natürlich. Dazu muss man den Dekanaten möglichst viel Freiheit geben, die Leistungen ihrer Dozenten selbst zu beurteilen. Wie sieht es beispielsweise mit der Forschung der Institute aus? Wie viele Untersuchungen werden veröffentlicht? Wie viele Diplomabschlüsse werden erreicht? Das Projekt zeigte, dass man Qualität durchaus quantitativ erfassen kann. Wenn Frau Bulmahn jetzt dafür sorgt, dass Leistungsträger anders behandelt werden als Leistungsverweigerer, findet das meinen Beifall. Ich hielte es allerdings für konsequent, nun auch die leistungsbezogene Bezahlung der Bildungspolitiker einzuführen.

Leider hat die Neuerung einen Haken: Die leistungsbezogene Bezahlung muss kostenneutral erfolgen – das war sicher die Voraussetzung für die Zustimmung des Finanzministers. Das heißt, dass kein zusätzliches Geld zur Verfügung steht und deshalb die ohnehin niedrigen Grundgehälter weiter abgesenkt werden müssen. Vermutlich wird sich dann die Leistungsbemessung, wie bei Beamten üblich, eher nach sozialen als wettbewerbsmäßigen Kriterien richten. Dass es am Ende zur Verbesserung des Gesamtniveaus führt, bezweifle ich.

Dasselbe gilt für die universitäre und außeruniversitäre Frauenförderung, die in den letzten Jahren massiv vorangetrieben wurde. Ob die missionarisch gepredigte Gleichberechtigung auf eine Hebung des Niveaus hinausläuft, bleibt ebenfalls sehr die Frage. Ich bezweifle nicht, dass jede Frau, die dank ihrer Geschlechtszugehörigkeit eine Stelle erhält, einen unmittelbaren Nutzen aus dieser Ideologie zieht – allerdings bin ich nicht sicher, ob auch die Gesellschaft insgesamt davon profitiert. Bei einer Berliner Diskussion im Frühjahr 2002, an der auch Luxemburgs Ministerpräsident Claude Juncker, nebenbei Chef einer Vereinigung zur Frauenförderung in der EU, teilnahm, ging es um dies beliebte Thema der Gleichstellung. Außer ihm saß eine Dame von der Europäischen Kommission da, daneben Familienministerin Bergmann, Frau Höhler natürlich, und auch ich durfte meine Meinung beitragen. Alle Reden hatten den gleichen Tenor, nämlich alles werde besser, wenn man nur den Frauen mehr Gleichberechtigung einräume. Ich persönlich hatte nie etwas dagegen. Ganz im Gegenteil, als Vizepräsident der IBM legte ich schon vor Jahrzehnten Wert darauf, statt des üblichen Assistenten eine Assistentin zu haben, was damals völlig aus dem Rahmen fiel, und ich setzte mich zu einer Zeit energisch für das Frauenförderungsprogramm der IBM-Deutschland ein, als es hierzulande noch gar kein Thema war.

Doch man kann alles übertreiben. Als Präsident der Leibniz-Gemeinschaft erlaubte ich mir deshalb, zur Berliner Diskussion einige persönliche Erfahrungen beizutragen. In der Forschung, so erklärte ich dem zumeist weiblichen Publikum, sei es im Gegensatz zur Wirtschaft heute eine Selbstverständlichkeit, immer auch Frauen aufzufordern, sich auf offene Stellen zu bewerben. Wir hätten in der Leibniz-Gemeinschaft Frauenquoten und Gleichstellungsprogramme, weshalb der Anteil der Weiblichkeit in den entscheidenden Bereichen höher sei als in anderen Forschungsgemeinschaften. Vermutlich, fügte ich ironisch hinzu, werden wir bald, aus Gründen der Gleichberechtigung, einen Männerbeauftragten brauchen. Als Reaktion gab es im Publikum Kopfschütteln und empörtes Gelächter. Meine Diskussionspartnerinnen, in ihren heiligsten Überzeugungen verletzt, bestritten glatt, dass ich die Wahrheit sagte. Es passte nicht ins Bild.

Nun besteht – ich möchte sagen, erwartungsgemäß – eine weitere Neuerung darin, dass jedes Forschungsinstitut eine hauptamtliche Gleichstellungsbeauftragte bereitstellen muss. Ich habe zusammen mit meinen Kollegen von der Deutschen Forschungsgemeinschaft und der Max-Planck-Gesellschaft der Regierung klarzumachen versucht, welche absurden Konsequenzen dieses Gesetz nach sich zieht. Da wir dafür kein zusätzliches Geld und keine einzige zusätzliche Stelle vom Staat bekommen, kann es sein, dass allein die von mir vertretene Wissenschaftsgemeinschaft über achtzig Positionen in der Forschung abbauen muss, um ebenso viele administrative Positionen einführen zu können. Wir werden also gezwungen, unsere fachliche Kompetenz zu beschneiden, um Funktionäre im Gewerkschaftsstil bereitzustellen – wodurch immerhin sichergestellt ist, dass zusätzliche Frauen einen neuen Job in der Wissenschaftsgemeinschaft bekommen, während forschende Frauen und Männer den ihren aufgeben müssen. Die Ministerin, zur Rede gestellt, antwortete: Das ist noch zu klären. Als ich diese neue Sachlage mit einer sehr kompetenten Institutsleiterin in Dresden besprach, sagte sie: Sind die denn wahnsinnig geworden? Ich soll jetzt eine wissenschaftliche Stelle abschaffen, um eine Gleichberechtigungsstelle einzurichten? Welch ein Schildbürgerstreich!

Ein weiterer Schildbürgerstreich des Hochschulrahmengesetzes ist das ausgesprochene Verbot der Habilitation, die früher für die Bewerbung auf einen Lehrstuhl vorausgesetzt wurde. Einerseits finde ich es richtig, dass eine Universität einen Professor aufgrund seiner wirklichen Leistung beruft, die er an einem Forschungsinstitut oder in der freien Wirtschaft erbracht hat. Wozu muss sich ein bewährter Ingenieur habilitieren, bevor er als Professor vor seine Studenten treten kann? Andererseits gibt es Wissenschaftszweige, wo es kaum eine bessere Möglichkeit gibt, seine Qualifikation unter Beweis zu stellen, als eben eine Habilitationsschrift. Das ist in vielen geisteswissenschaftlichen Fächern der Fall. Wie soll man seine Befähigung zum Historiker oder Altphilologen in der Praxis demonstrieren? Um eines Vorteils im einen Bereich willen, wirkt dieses Gesetz also wie ein Fallbeil auf ungezählte Karrieren des anderen Bereichs.

Und wieder bemerkte ich dieses eigenartige Schweigen, mit dem meine Universitätskollegen absurde Entscheidungen achselzuckend hinzunehmen bereit sind. Mittlerweile glaube ich zu wissen, warum: Wissenschaftler sind zunächst einmal mit ihren Projekten befasst. Polemik und Rhetorik bleiben ihnen fremd. Alles Politische im weitesten Sinn ist ihnen zuwider. Und deshalb können ihnen Politiker die sinnlosesten Gesetze zumuten, ohne Gefahr zu laufen, sich mit Protesten auseinander setzen zu müssen. Die gibt es nämlich nicht. Ein weiterer Grund der akademischen Zurückhaltung liegt darin, dass die Professoren von denen abhängig sind, die sie kritisieren. Also kritisieren sie nicht. Als BDI-Präsident konnte ich Kanzler Schröder klar ins Auge sagen: Ihre Politik taugt nichts. Und ich habe das auch zu Kohl gesagt. Wenn sich das der Vertreter einer Wissenschaftsorganisation herausnimmt, muss er damit rechnen, vom »Zuwendungsgeber« durch »Liebesentzug«, sprich durch Budgetkürzung bestraft zu werden. Dies scheint, seit ich mich für die Leibniz-Gemeinschaft einsetze, bereits eingetreten zu sein. Für mich ein weiterer Grund, »Tacheles« zu reden.

Den Gipfel der Bulmahnschen Errungenschaften bildet das gesetzliche Verbot von Studiengebühren. Statt es den einzelnen Hochschulen freizustellen, sich auf eigenes Risiko dem Wettbewerb auszusetzen, wird es ihnen rundheraus untersagt. Und auch hier schweigen viele der Betroffenen, die es vorzuziehen scheinen, sich nicht mit der politischen Korrektheit anzulegen. Nur geht ihre Nonchalance auf Kosten unserer Zukunftsfähigkeit. Immerhin haben sich Bayern, Sachsen-Anhalt, Thüringen und Baden-Württemberg aufgerafft, dagegen zu klagen. Mir erscheint dies als wichtiger Schritt weg von der Konsens-Philosophie: Zum ersten Mal verlassen vier Länder die Einheitsfront der Kultusministerkonferenz und klagen gemeinsam. Ein Erfolg vor dem Verfassungsgericht würde nicht nur den deutschen Universitäten helfen, sondern auch die verfassungsmäßig vorgesehene Eigenständigkeit der Länder bestätigen.

Die Frage, welche Funktionen dann noch dem Bundeswissenschaftsminister bleiben, lässt sich schnell beantworten: kaum eine. Je schneller das Amt aufgelöst und die verbleibenden Verantwortungen, etwa im Forschungsbereich, mit dem Wirtschaftsministerium kombiniert werden, desto besser. Dasselbe gilt für den Berliner »Kulturstaatsminster«, Herrn Nida-Rümelin. Auch er verdankt sein Amt einer zentralistischen Phantasie Gerhard Schröders, die unserem föderalen Staat widerspricht. Es entspräche nur dem Grundgesetz, wenn man diese künstliche – vermutlich von Jack Lang abgeguckte und dem Ex-*Spiegel*-Redakteur und Verleger Michael Naumann auf den Leib geschneiderte – Konstruktion wieder abschaffte. Sechzehn Länderminister, die sich mit dem Herzen für die deutsche Kultur und Wissenschaft einsetzen, sollten eigentlich genügen.

6

Die Chance der Globalisierung

Eines gleich vorweg: Ich halte die »Globalisierung« neben Aufklärung und Menschenrechtserklärung für die größte Errungenschaft der Menschheitsgeschichte. Bedeutete sie doch von Anfang an – und der liegt Jahrtausende zurück – dass die Leistung jedes Einzelnen der Gesamtheit zugute kommt. Globalisierung hieß immer: Was einem Individuum oder einem Volk nützt, soll allen nützen. Solange es Menschen gibt, wurden unter diesem Vorzeichen Informationen, Ideen, Dienstleistungen und Waren, aber auch Ideale über Grenzen hinweg ausgetauscht. Wenn es Fortschritt gibt in der Geschichte, dann dank dieser Tendenz zur Ausbreitung und Weitergabe von Gütern – reellen wie ideellen. Wenn die Welt je einen gemeinsamen Willen hatte, dann den zur Globalisierung.

Zwischen den frühesten Handel treibenden Nationen, die unbekannte Weltteile erschlossen, und dem Internet, das weltweit die letzten Wissenslücken schließt, sehe ich nur einen graduellen Unterschied. Was ist der Unterschied zwischen Alexander von Humboldt und Bill Gates? Im Kern entsprach es immer dem Wunsch, an jedem Fortschritt möglichst alle teilhaben zu lassen. So ist Globalisierung schon vom Ansatz her Ethik – wenn Ethik denn bedeutet, aus eigenem Antrieb für die anderen da zu sein. Führt diese Hinwendung auch noch dazu, dass diese anderen in ihren Fähigkeiten, an dieser Entwicklung teilzunehmen, bereichert werden, kann man von einer Ethik des Erfolgs sprechen. Globalisierung war schon immer eine ethische Erfolgsgeschichte.

Globalisierung bedeutet Fortschritt. Wer diesen in der Geschichte leugnet, nimmt die dramatische Entwicklung der

Menschheit nicht wahr. Ich glaube, dass es vor allem die totalitären Weltanschauungen – also die gewalttätigen Weltreiche und die Weltreligionen – waren, die diesen Fortschritt erst leugneten und dann regelmäßig behinderten. Ihnen ging es immer nur um Ausbreitung und Zementierung von Herrschaft. Wie das Christentum von den Kreuzzügen bis zu Galilei der Welt seine Dogmen aufzuzwingen suchte, erleben wir heute einen fundamentalistischen Islam, der sich zugunsten metaphysischer Traditionen von der modernen Geschichte abwendet, ja, diese mit Hass verfolgt. Im Gegensatz zur Globalisierung der Märkte, Informationen und Werte ging es den totalitären Imperien und Religionen niemals um Austausch, sondern immer um die einseitige Durchsetzung von Oberhoheit und Glaubenssätzen, gleich ob der Empfänger sie wünschte oder nicht. Beide haben auf ihre Weise versucht, die Globalisierung zu ihren Zwecken umzufunktionieren: Nicht Austausch und Wettbewerb von Informationen und Waren standen im Mittelpunkt, sondern die Verbreitung von Dogmen, teilweise »mit Feuer und Schwert«. Da ist es denn auch logisch, dass ausnahmslos alle Diktaturen ihre Völker von der Globalisierung abschotten wollten, teilweise auch, um, wie bei Hitler und Stalin der Fall, ihren Machtbereich gewaltsam über den Globus zu verbreiten.

In die Fußstapfen der Weltreiche und -religionen trat seit dem 19. Jahrhundert der Marxismus. Diese »Weltrevolution« sollte das Ende der Geschichte herbeiführen, um die Menschheit auf die allein selig machende Heilslehre einzuschwören. Der Marxismus, der durch Umsturz und Krieg seine Gewaltherrschaft über einen Teil der Welt errichtete, wollte die freiheitliche Globalisierung durch einen neuen Totalitarismus brechen. Mit dem Resultat, dass die Globalisierung in steiler Aufwärtsbewegung an den kommunistischen Ländern vorbeigezogen ist, während der Wert der Arbeit, die in jenen Ländern geleistet wurde, immer tiefer absackte. Das Modell, die Welt gegen die Bedürfnisse der Menschen regieren zu wollen, scheiterte. Der Marxismus musste sich irgendwann eingestehen, dass die Menschen, die er angeblich befreit hatte, lieber in der »freien«, das heißt globalisierten Welt leben wollten.

Mit dem Ende der 1980er Jahre brach die kommunistische Ersatzreligion, die so viel Unglück über den ganzen Globus gebracht hat – man frage nicht die Ideologen, sondern die Betroffenen – in sich zusammen. Die Mauern, an denen die Globalisierung geendet hatte, wurden niedergerissen, die Welt atmete auf, der willkürlich gebremste Fortschritt konnte an Tempo und Umfang noch zulegen. Gerade in den folgenden Dekaden wurde das elektronische Kommunikationssystem des Internet aufgebaut und weltweit ausgedehnt. Damit bot sich erstmals in der Menschheitsgeschichte die Möglichkeit, an jeder Stelle der Welt sämtliche Informationen verfügbar zu haben. Das Wissensgefälle, ein Hauptgrund für die Globalisierungsschwäche vieler Länder, war durch diesen Quantensprung, wenn auch vorerst nur theoretisch, überwunden. Vom freien Informationsfluss wurde noch jedes totalitäre Dogma hinweggeschwemmt.

Es dauerte einige Jahre, bis sich das marxistische Heilsdenken von dem Schock des Zusammenbruchs erholte. War es in Europa 1968 als Anti-Vietnamkriegs-Bewegung aufgetreten, die eigentlich den »US-Kapitalismus« im Visier hatte, so tritt es heute als Anti-Globalisierungs-Bewegung auf, die dasselbe meint. Selbst die Taktik der friedliebenden Ideologen, die sich scheinbar von den aggressiven Krawallmachern distanzieren, denen sie doch selbst die Ziele vorgegeben haben, ist die gleiche geblieben. Da sich, wie damals, die Medien zu nützlichen Multiplikatoren umfunktionieren lassen, wird der Begriff der Globalisierung fast nur noch im negativen Kontext genannt. Wie vor dreißig Jahren die »weltumspannende Macht der Multis«, sind es heute deren »Werkzeuge« – die Welthandelsorganisation WTO, die Weltbank und der Internationale Währungsfonds IWF – die angeblich die Ausbeutung der arbeitenden Massen ermöglichen. Wie man 1968 von »Imperialismus« sprach, verwendet man heute das Wort »Globalisierung« als Schimpfwort gegen jene, die sich dem Traum der Gleichheit aller, einst Kommunismus genannt, entziehen. Gegen die Globalisierung zu sein ist in diesen Kreisen einfach »in«. Dass man sich totalitärer Argumente und Methoden bedient, fällt da nicht weiter auf.

Gern spricht man bei uns abschätzig von der Globalisierung. Nur weiß kaum einer, was sich hinter dem Schlagwort verbirgt. Bei genauerer Betrachtung fehlt ihm sogar der konkrete Inhalt. Denn das Wort bedeutet doch nur, dass sich etwas über den Globus ausdehnt, nicht aber, was. Wie das Wort Dynamisierung die Anwendung von Dynamik auf einen bestimmten Prozess meint, so bezieht sich die Globalisierung immer auf einen Bereich, der sich aus kleinen Anfängen zur weltumspannenden Dimension entwickelt. Wer also gegen Globalisierung ist, soll erst einmal erklären, gegen die Globalisierung wovon er ist. Protestiert man gegen die weltweite Ausdehnung der Kommunikationssysteme? Die weltweite Anwendung neuer Technologien? Die weltweite Verfügbarkeit wichtiger Daten? Die weltweite Präsenz der Nachrichtensender und ihrer Reporter? Die weltweite Verbreitung von Medikamenten und Therapien? Die weltweite Öffnung von Grenzen und Reisebeschränkungen? Die weltweiten Reise- und Transportmöglichkeiten für Menschen und Güter? Das weltweite Angebot weltweit erzeugter Produkte? Die weltweite Anlagemöglichkeit privater Ersparnisse? Die weltweite Verbreitung der Demokratie? Die weltweite Durchsetzung der Menschenrechte?

Ich könnte mit der Aufzählung beliebig fortfahren, denn es sind tatsächlich unendlich viele Felder, auf denen die Globalisierung geradezu sensationelle Fortschritte gebracht hat – wenn nicht für alle, so doch für täglich mehr, und eines Tages, davon bin ich felsenfest überzeugt, für alle. Die Anti-Globalisierungs-Bewegung selbst gehört zu den besten Beispielen für eine funktionierende Globalisierung, nämlich der Internet-Kommunikation, des internationalen Medienverbundes und der unbeschränkten Einreisemöglichkeiten – denn all dies bietet überhaupt erst die Voraussetzung für diese weltweit operierende Eingreiftruppe, die jedes internationale Treffen demokratisch gewählter Politiker in ein brennendes Chaos verwandelt. Man bedient sich globaler Vernetzung, um absurde, wenn nicht sogar totalitäre Visionen durchzusetzen.

Ich frage mich immer, ob die schwarze Prügelgarde, die als Phalanx der alten Ideologie auftritt, einen Begriff von dem hat, wofür sie Fensterscheiben einwirft und Molotowcocktails auf Polizisten wirft. Will sie das Internet, den freien Handel, die weltweit vernetzte Forschung abschaffen? Oder geht es, wie 1968, gegen das »internationale Großkapital«, das die Verdammten dieser Erde ausbeutet? Ich fürchte, wir erleben hier ein Re-play der alten, längst erledigten und von der Entwicklung überholten Ersatzreligion Marxismus, und das »auf vielfachen Wunsch« von solchen, die es besser wissen müssten.

Der Hass einiger von ihnen richtet sich wie zu alten Moskauer Tagen auf den unbehinderten weltweiten Handel mit Gütern, Informationen und Dienstleistungen. Im selben Jahrhundert, in dem Marx seine irreale Weltreligion begründete – 1864 entstand die Erste Internationale – nahm der reale Welthandel einen wahrhaft dramatischen Aufschwung. Auf das Jahrhundert der Französischen Revolution folgte das der wirtschaftlichen Revolution. Globalisierung im modernen Sinn zeichnete sich ab. In der Mitte des 19. Jahrhunderts entstanden die ersten weltweiten Telegraphenverbindungen, bald darauf wurde das erste transatlantische Kabel verlegt. In den 1890er Jahren konnte man bereits von Paris nach London telefonieren. Man, das heißt: Wer es sich leisten konnte. Noch 1940 musste man für ein Drei-Minuten-Gespräch zwischen New York und London knapp 190 Dollar bezahlen – heute kann es sich fast jeder leisten, es kostet keinen Vierteldollar. Die Welt wuchs zusammen. Bilaterale Handelsverträge der 1860er Jahre, der 1870 begründete Goldstandard und die Gründung des Internationalen Telegraphenvereins 1865, auf den der Allgemeine Postverein 1874 folgte, schufen den Rahmen der modernen Zivilisation, die nicht nur für sich lebt, sondern am Ganzen – dem Globalen – Anteil nimmt.

Zeitgleich mit der Kommunikation blühte der Handel auf. Natürlich spielte er sich damals im Kielwasser der Kolonialpolitik der Weltmächte ab. Die Global Players von damals verschafften sich Kolonien, mit denen sie einen lukrativen Handel etablierten – lukrativ zuerst für die Stärkeren, die im Vollgefühl ihrer Macht nicht vor Ausbeutung zurückschreckten; lukrativ aber auch für die Kolonien, die bald eigenen Handel begannen und sich endlich, unterstützt von den abdankenden Großmächten, emanzipierten. Entscheidend für ihr Gedeihen blieb meist die Anbindung an die Kolonialmacht, die ihnen zu Infrastruktur, Arbeitsplätzen und Handelsdependancen verhalf. Auch Deutschland wollte an diesem Aufschwung teilhaben, was zu einer nur kurzen kolonialen Episode, dafür aber einem kräftigen Anteil am Welthandel mit Produkten »Made in Germany« führte. Für unser hoch produktives Land wurde der globalisierte Markt schon damals zur großen Chance.

Nach den beiden Weltkriegen, in denen sich ein »globales« Gemeinschaftsgefühl im Kampf gegen das Deutsche Reich entwickelt hatte, ging es mit der Ausbreitung der Kommunikations- und Warennetze rapide voran. Gerade die Deutschen, die sich seit Hitlers Machtergreifung von der übrigen Welt isoliert hatten und sich damit als Globalisierungsfeinde gerierten, um ihrerseits die Herrschaft über den Globus zu erringen, hatten enormen Nachholbedarf. Man hatte ihnen den freien Zugang zu Informationen untersagt – nun wurden die Bundesrepublikaner ein Volk von Zeitungslesern und Nachrichtenhörern und -sehern. Man hatte sie von den weltweiten Warenströmen abgeschnitten – nun schufen sie als westliches Bündnisland in wenigen Jahren den Zugang zu diesen Quellen des Wohlstands und der Lebensqualität. Rigoros hatte man ihre zivile Bewegungsfreiheit eingeschränkt – sobald sie motorisiert waren, wurden sie zu Reiseweltmeistern. So erschien Westdeutschland bald als Mustervolk der Globalisierung. Als 1989 die Mauer fiel, folgte der östliche Teil mit vergleichbarem Enthusiasmus, wenn auch mit weniger begeisternden Resultaten.

Seit den 1950er Jahren wächst der Welthandel ohne Unterbrechung. Allein in den letzten fünfzehn Jahren ist das Bruttosozialprodukt der Welt um 95 Prozent gestiegen, der Welthandel im gleichen Zeitraum um 180 Prozent. Die Direktinvestitionen wiederum erreichten rund das doppelte Volumen des Welthandels, woraus sich ablesen lässt, dass der Impuls, der die Globalisierung vorantreibt, optimistisch ist. Die Globalisierung glaubt an die Zukunft, während ihre Feinde an der Vergangenheit kleben. Die Globalisierung setzt auf die

Selbstbestimmung des freien Menschen, während ihre Feinde der Menschheit diktieren möchten, wie sie sich zu verhalten hat.

Dass die moderne Welt in einem so atemberaubenden Tempo erschlossen wurde, verdankt sie im Wesentlichen drei Faktoren. Der erste ist die progressive Liberalisierung des Welthandels, der zweite der Ausbau der Verkehrsstrukturen und der dritte die explosionsartige Entfaltung von Informations- und Kommunikationstechnik. Die Entwicklung des Welthandels nahm bereits im 19. Jahrhundert »globalisierte« Strukturen an. So gab es in der zweiten Hälfte dieses Jahrhunderts erste Freihandelszonen. England schaffte 1864 die Zölle auf Getreideimporte ab, was hieß, dass der Schutz der eigenen Landwirtschaft zugunsten der Verbraucher aufgegeben wurde. In den 1860er Jahren entstanden Zollsenkungsverträge zwischen England und Frankreich, aber auch Preußen und anderen europäischen Ländern. Dennoch blieb der Welthandel bis in die 1950er Jahre sehr stark durch nationale Zölle eingeschränkt. Sie betrugen oft 50 Prozent oder mehr.

Diese willkürlichen Hemmnisse gegen den »globalisierten Kapitalismus« – auch die heute eingeforderte weltweite Tobin-Steuer ist eine Art Zoll – sind aber ein zweischneidiges Schwert. Zwar schützen sie einheimische Industrien vor unwillkommenen Konkurrenten, aber gleichzeitig halten sie die Bevölkerung auch vor meist sehr erwünschten Produkten und Angeboten fern. Dabei sehe ich durchaus die Notwendigkeit, dass Länder in der industriellen Aufbauphase nicht auf Einfuhrzölle verzichten können. Dennoch: Zölle bedeuten immer die Abschaffung von Freiheit. Übrigens hat sich die Liberalisierung des Welthandels gelohnt – für alle. Denn erst dadurch, dass die Güter überall angeboten werden, entsteht eine weltweite Vergleichsmöglichkeit. Das wiederum mobilisierte die Effizienzreserven der Länder und Regionen. Denn jeder möchte die jeweils beste Idee, die solideste Qualität, das schickste Design, die günstigste Herstellung oder die praktischste Funktion anbieten, um sich auf der ganzen Welt damit durchzusetzen. Ein Land, das seine Industrie abschottet, bleibt irgendwann auf seinen Ladenhütern sitzen – und seine Bürger bedanken sich bestens. Freier

Welthandel dagegen heißt: Der Beste setzt sich durch, nicht nur zum Wohl der Menschen, sondern auch nach deren Votum. Denn wer jeweils der Beste, der Schickste und Funktionstüchtigste ist, entscheiden nicht Regierungen oder Konzerne, sondern der globalisierte Kunde. Dank der Globalisierung betragen die Durchschnittszölle heute nur noch wenige Prozent.

Dass in den letzten fünfzig Jahren die Handelshemmnisse so deutlich zurückgingen, verdanken wir verschiedenen multinationalen Verträgen, die von GATT und später WTO ausgehandelt worden sind. Seit der Uruguay-Runde, die von 1986 bis 1994 tagte, ist die Liberalisierung von Industrieprodukten über Dienstleistungen bis zur Landwirtschaft, mit Einschränkungen, ausgedehnt worden. Diese Befreiungsschritte wurden weltweit begrüßt, und es waren gerade die kleinen Staaten, die von den Konzessionen der großen Industrieländer profitierten. Zwar wurde heftig um die nationalen Interessen gerangelt, doch Kritik gab es nicht. Die Vorteile für das Ganze waren zu offensichtlich, weshalb alle Länder und Parteien sie unterstützten. Dazu gibt es heute in der Welt rund zweihundert bilaterale, trilaterale und regionale Abkommen, die, wie unsere Europäische Gemeinschaft, den Handel in den einzelnen Weltteilen erleichtern und organisieren. Neben der EU finden sich das südamerikanische Mercosur, NAFTA zwischen den USA, Kanada und Mexiko oder das asiatische ASEAN – sie alle dienen dem gleichen Zweck eines die ganze Welt umspannenden Abkommens. Die Vielzahl der bilateralen Abkommen hat insgesamt mindestens genau so viel zur Globalisierung beigetragen wie die multilateralen Abkommen unter den Flaggen von GATT oder WTO.

Um die Dynamik der Globalisierung zu erkennen, ist es höchst aufschlussreich, die Entwicklung Europas im Rückblick zu verfolgen. Bei der Europäischen Union stand am Anfang die Errichtung eines europäischen Binnenmarktes, der EWG. Erst dessen erfolgreiche Einführung, die über Stufen verwirklicht wurde, bot die Voraussetzung für weitere Einigungsschritte, die zum einigen Markt noch die einige Währung und endlich die gemeinsame Politik hinzufügten. Europa konnte zusammenwachsen, weil seine Märkte vorangegangen waren.

Dem Austausch der Waren folgte der Austausch der Meinungen. Warum sollte dies nicht weltweit möglich sein? Zeigt das europäische Beispiel nicht, dass die Abschaffung von Zollschranken auch die Abschaffung menschlicher und nationaler Beschränktheiten mit sich bringt? Man lernt sich durch die persönliche Begegnung kennen, weil Reisefreiheit herrscht – aber eben auch durch die jeweiligen Produkte des anderen Landes, die man der Palette des eigenen nur allzu gerne hinzufügt. Das europäisierte Waren- und Dienstleistungsangebot ist uns heute so selbstverständlich, dass wir die geradezu revolutionären Schritte, die es ermöglichten, vergessen haben. Womit wir zugleich die Tragweite der Globalisierung aus den Augen verlieren.

Bezeichnenderweise hat sich kaum Widerstand gegen die »Globalisierung« Europas gebildet – obgleich die EU nichts anderes darstellt als eine Vorstufe zum weltweiten Binnenmarkt, auf den eine weltweite politische Einigung, wie sie die UNO andeutet, folgen könnte. Man hat wohl auch deshalb nicht gegen das Zusammenwachsen Europas aufbegehrt, weil damals die abschreckende Alternative noch existierte: der Ostblock, der hinter dem Eisernen Vorhang vergeblich seinen »Planzielen« hinterherlief. Während sich im freien Europa Demokratie, Marktwirtschaft und Menschenrechte etablierten, wurde der kommunistische Machtbereich zum Synonym für Unfreiheit und Mangelwirtschaft. Um die Menschen bei der Stange zu halten, mussten Mauern und Stacheldraht errichtet werden – das Paradies der Arbeiterklasse wurde zu einem von MG-Türmen bewachten Gefängnis.

Zwar wird inzwischen auch bei EU-Gipfeln demonstriert, aber dass heute nur wenige Globalisierungskritiker ernsthaft gegen die EU protestieren, liegt wohl an der unvergleichlichen Erfolgsgeschichte Europas, die nicht minder vom »Kapitalismus« und »multinationalen Konzernen« geprägt ist wie jene globalisierte Welt, gegen die ihre Gegner mit religiösem Fanatismus Sturm laufen. Nur zeigt sich in der EU, dass jene vermeintlichen Negativaspekte, an denen sich der Neo-Marxismus berauscht, politisch eingebunden und durch Spielregeln kontrolliert, hunderten Millionen von EU-Bürgern genützt haben. Und es zeigt sich nicht minder, dass die gefürchteten »Kapitalflüsse«, in das richtige Bett geleitet, auch noch die kleinsten Gärten bewässern können.

Deshalb sehe ich auch der anstehenden Erweiterung der EU optimistisch entgegen. Je mehr Mitglieder, desto mehr Wettbewerb. Allerdings löst die freizügige Wahl von Wohnort und Arbeitsplatz, die dann auch für die osteuropäischen Mitglieder gelten wird, bei unseren Politikern große Ängste aus. Diese Ängste machen sich einige von ihnen zunutze, andere schüren sie erst, um sie dann instrumentalisieren zu können. Ich teile diese Ängste nicht, im Gegenteil: Ich plädiere dafür, diese Liberalisierung ohne künstlichen Aufschub zu ermöglichen. Wir haben schließlich gelernt, dass wir die Fristen für Griechenland, Spanien und Portugal gar nicht gebraucht haben. Die erwartete Arbeiterflut ist nämlich nicht eingetreten, weil die Leute lieber zu Hause geblieben sind. Verständlich, da die Arbeitslosenrate in Portugal mittlerweile unter die deutsche gesunken ist. Die Spanier wiederum, die immer noch eine schlechtere Arbeitsmarktsituation haben als wir, sind auf dem besten Weg, uns ebenfalls zu überholen. Seit sie ihrem Arbeitsmarkt das Rezept der Liberalisierung verschrieben haben, produzieren sie weitaus mehr neue Arbeitsplätze als das viel größere Deutschland.

Was die Beitrittskandidaten im Osten betrifft, ist die Arbeitslosigkeit in unseren neuen Bundesländern höher als in den meisten Ländern des ehemaligen Ostblocks. Warum sollten die Ungarn oder Tschechen zu uns kommen? Um hier arbeitslos zu werden? Ich bin sicher, dass nur solche Kräfte zuwandern werden, die sich dank ihrer Qualifikation und Motivation eine reelle Chance auf unserem Arbeitsmarkt ausrechnen. Trotzdem fordert Kanzler Schröder eine siebenjährige Übergangsfrist. Ehrlich gesagt, kann ich deren Sinn nicht erkennen. Mal ganz davon abgesehen, dass diese Meinung in einem unüberbrückbaren Widerspruch zu seiner sonstigen Zuwanderungspolitik steht, stellt sich doch die Frage: Wollen wir Freizügigkeit, oder haben wir Angst vor der eigenen Courage? Den besonders träge gewordenen Staaten Westeuropas, zu denen ich auch Frankreich, Italien und Belgien zähle, kann eine solche Konkurrenz durch arbeitswillige und hoch motivierte Fachkräfte nicht schaden. Als Amerika und Kanada beschlossen, mit Mexiko ihren NAFTA-Bund zu gründen, hatte es in den USA ähnliche Bedenken gegeben. Die Wirklichkeit zeigte, dass der zusätzliche Wettbewerb zu einer Stärkung aller Beteiligten führte. Auch dies gehört zu den Lehren der Globalisierung: Da man durch Wettbewerb wettbewerbsfähig wird, kann es, bei fairen Spielregeln, nur Gewinner geben.

Die zweite Entwicklung, die zu einem Zusammenrücken der Menschheit geführt hat, ist der rapide Ausbau der Transportmöglichkeiten. Ich erinnere mich, wie ich 1958 zum ersten Mal in einem Flugzeug saß, um von Hamburg nach Berlin zu reisen. Obwohl schon damals subventioniert, war Fliegen ein kostspieliges Vergnügen, das sich nur wenige leisten konnten. Um meine Freundin Rita besuchen zu können, die ich im Urlaub im Harz kennen gelernt hatte, musste ich das von meinem Lehrlingsgehalt gesparte Geld zusammenkratzen. Zwar haben, wie mir Lufthansa-Chef Weber verriet, auch heute noch rund zwanzig Prozent der Deutschen und mehr als 99 Prozent der Chinesen nie in einem Flugzeug gesessen, doch hängt dies sicher nicht nur mit den Preisen zusammen – denn diese sind im selben Maße gesunken, wie die privaten Vermögen gestiegen sind. Heute ist der Flugverkehr zu einem selbstverständlichen Bestandteil der Fortbewegung geworden, der, mit seinem weltumspannenden Routennetz, entscheidend zur Globalisierung beigetragen hat.

Das gilt in noch stärkerem Maße für die Luftfracht: Noch vor zwanzig Jahren waren 95 Prozent der von der Lufthansa transportierten Güter Ersatzteile, die weltweit auf schnellstem Wege, koste es, was es wolle, befördert werden mussten. Heute bestehen 95 Prozent der Luftfracht aus normalem Transportgut, das innerhalb der Logistikkette zu den weltweiten Empfängern gebracht wird. Diese Kostensenkung durch Ausbau der Transportkapazität ging dabei nicht auf Kosten der Umwelt. Was Politiker für die Autos fordern – möglichst drei Liter Benzin pro hundert Kilometer – ist in der neuen Airbus-Generation fast erfüllt: Ein Passagier verbraucht umgerechnet nur vier Liter Kerosin auf hundert Flugkilometern. Beim neuen A 380, dessen Auslieferung 2007 beginnt, wird das Drei-Liter-Flugzeug bereits zur Wirklichkeit. Das heißt, dass die globalisierten Verkehrswege immer kostensparender und umweltschonender zurückgelegt werden können. Auch immer leiser: Gerade in den letzten Jahren hat der Lärmschutz enorme Fortschritte erzielt. Geräuschmessungen auf Straßen in unmittelbarer Nähe von Flugplätzen haben ergeben, dass ein normaler Lkw schon mehr Dezibel an Fahrgeräuschen verursacht als ein modernes Flugzeug beim Abheben von der Startbahn aus entsprechender Entfernung.

Dieselbe dramatische Entwicklung wie der Luftverkehr hat die Seefahrt genommen. Ich selbst war in den 1950er Jahren Lehrling bei der Speditionsfirma Kühne & Nagel, wo ich mich drei Jahre lang intensiv mit dem Hamburger Hafen und der Frachtschifffahrt beschäftigen konnte. Ich erinnere mich, welch gewaltiger bürokratischer Aufwand nötig war, um Güter über die verschiedenen Zollschranken hinweg in andere Weltteile zu verschicken. Dasselbe galt für die Verpackung, die ebenfalls höchst aufwendig und zeitraubend war. Ich hatte oft den Eindruck, dass die diversen Hüllen mehr kosteten als die Waren, die sie schützen sollten.

Mit der Einführung des Containers wurden diese Probleme schlagartig behoben. Heute sieht man in den Häfen weltweit die riesigen Containerlager, die es tatsächlich möglich machen, jede Ware buchstäblich von Haus zu Haus zu bringen – vom Lastwagen zur Bahn, von dort zu Schiff oder Flugzeug und wieder zurück auf Gleis oder Schiene, und immer im selben Container. Diese Norm hat sich weltweit durchgesetzt, wodurch die Transportkosten gewaltig gesenkt werden konnten. Überhaupt gehören Normen zu den großen Vorzügen des globalisierten Welthandels. Ich wünschte, wir hätten heute schon den weltweiten Stecker, der in alle Stromdosen passt. Aber das hat noch nicht einmal die EU geschafft. Wir bezahlen zwar mit einheitlicher Währung, aber für Notebook und Rasierapparat benötigen wir immer noch die skurrilsten Stecker und Adapter.

Die Leichtigkeit, mit der sich heute die kompliziertesten Transporte bewerkstelligen lassen, habe ich kürzlich selbst erleben können. Es ging um das vielleicht heikelste Frachtgut überhaupt, nämlich Kunst, und ein Weg um die halbe Welt war nötig, der von China in meinen Berliner Dachgarten führte. Begonnen hatte die Geschichte vor vielen Jahren bei meinem ersten China-Aufenthalt als BDI-Präsident, wo ich den dortigen Schweizer Botschafter, Uli Sigg, kennen lernte. Nachdem ich ihn später als Aufsichtsratskollegen bei Ringier wiedergetroffen hatte, lud er mich auf sein zwischen Zürich und Luzern gelegenes Schlösschen ein, das sich auf einer Insel inmitten eines Sees befindet. Uli Sigg war mit Leib und Seele der chinesischen Kunst verfallen. In seinem Schlösschen türmten sich förmlich die asiatischen Kunstwerke – und zwar nicht die traditionellen, sondern moderne Stücke, Gemälde und Plastiken unserer Zeit. Für die dortigen Künstler, so erfuhr ich, war es überhaupt kein Problem, ihre Schöpfungen weltweit gegen Dollars zu verkaufen. Dank Globalisierung und Internet hat sich für sie ein lukrativer Markt aufgetan.

Als wir ins Freie traten, blieb ich wie angewurzelt stehen. Eine Plastik stand da im Abendlicht, und mein erster Gedanke war: Die muss ich auch haben. Es handelte sich um eine Mao-Statue, die weder Beine noch Kopf besaß, sondern nur aus dem Rumpf mit der legendären Mao-Jacke bestand. Sie war aus Aluminium gegossen, ragte fast zweieinhalb Meter in die Höhe und wog, wie ich erfuhr, stattliche zehn Zentner. Vor dem Hintergrund des mittelalterlichen Schlosses wirkte sie wie eine surreale Erscheinung. In meiner Fantasie sah ich sie bereits, umgeben von japanischen Zierpflanzen, auf meiner Berliner Dachterrasse stehen.

Gleich am nächsten Tag wandte ich mich auf Uli Siggs Rat im Internet an eine Kunstgalerie in Zürich, die wiederum den weltweit renommierten Künstler Sui Jianguo in Peking per E-Mail anschrieb. So erfuhr ich, dass die Form bereits zerstört war. Doch gab es insgesamt fünf Exemplare der kolossalen Mao-Jacke in verschiedenen Museen und Sammlungen rund um die Welt. Ein einziges Exemplar, hieß es, habe der Künstler bei sich aufbewahrt, und er sei bereit, sich davon zu trennen. Per Internet überwies ich die gewünschte Summe nach Peking. Ein paar Wochen später tauchte ein riesiger Kran vor dem Fenster meines Arbeitszimmers auf, der eine Kiste in den sechsten Stock hievte und genau an der gewünschten Stelle sanft absetzte. Scheinbar mühelos hatte ich die Plastik erhalten und, wie ich feststellen konnte, ohne die geringste Schramme. Nun stand das Pekinger Kunstwerk dank einer logistischen Meisterleistung auf meiner Terrasse und blickte über das Berliner Dächermeer.

Die dritte Kraft, die zu einer unvorstellbaren Komprimierung von Zeit und Raum führte, bildete die elektronische Informations- und Kommunikationstechnik. Komprimierung von Zeit und Raum, das heißt, dass die wichtigsten Schranken zwischen den Menschen fast mühelos aufgehoben wurden. Es war hauptsächlich die räumliche Entfernung, die die Menschen der verschiedenen Weltteile einander zu Fremden – und oft hieß das auch: zu Feinden – machte. Denn was man nicht kennt, fürchtet man. Auch die Zeit-Räume, die sich, nicht zuletzt durch die Tag-und-Nacht-Unterschiede, zwischen die Menschen legten, verhinderten das gegenseitige Kennenlernen und damit den Austausch von Wissen. Seit Einführung der modernen Kommunikationsmittel gibt es für die Teilnehmer nur noch eine Tageszeit: das Jetzt der Kommunikation. Und nur einen Ort: das Hier des Informationsaustauschs. Waren frühere Weltepochen immer durch die Last der Vergangenheit geprägt, die sich als nationale oder religiöse Traditionen der Gegenwart aufdrängten, ist durch die Internet-Technik die Gegenwart gleichsam allgegenwärtig geworden. Überall herrscht das Hier und Jetzt unserer globalisierten Informationskultur.

Früher wurde durch Staat und Religion geregelt, was als Information erlaubt war. Man durfte nicht alles sagen, und selbst wenn man manches sagen durfte, so konnte doch nur ein Teil gedruckt werden, und von den Zeitungen und Büchern, die entstanden, konnte wieder nur ein Teil die Zensurbarrieren überwinden. Informationen waren ein kostbares Gut. Herrschaft bestand im Wesentlichen darin, den Informationsfluss zu manipulieren und auszudünnen. Das Volk galt als »dumm« – die Priester meinten sogar, es »wolle betrogen werden« – und musste sich auf die »Klugen« an seiner Spitze verlassen. Wissen ist Macht, hieß es damals. Ich meine übrigens, dass unsere Parteien, die Hohenpriester der Verwaltung deutscher Tabus, sich heute ziemlich ähnlich verhalten. Bloß keine plebiszitären Elemente, nur keine Debatte über Zuwanderung und schon gar kein Gedanke an eine Angleichung unserer Verfassung an die Notwendigkeiten Europas und der Globalisierung!

Heute sitze ich – wie unzählige andere Menschen – an meinem PC, generiere Informationen und stelle sie allen anderen, die am weltweiten Netzwerk beteiligt sind, zur Verfügung, ohne Zensur, ohne Manipulation. Was ich schreibe, kann, falls gewünscht, hunderte Millionen von Menschen erreichen, die an meinen Informationen interessiert sind. Wie mir die Empfänger wiederum ihre Antwort per Mausklick zusenden können – womit auch der geneigte Leser, wie schon in meinen früheren Büchern, eingeladen sei, sich an diesem Gespräch zu beteiligen. Meine Adresse lautet *henkel@wgl.de*. Manche der Gedanken, zu denen ich per E-Mail von meinen Lesern angeregt wurde, sind auch in dieses Buch eingegangen. Ihnen allen sei hiermit ausdrücklich noch einmal gedankt.

Wie man durch das Internet seine Gedanken verbreitet, kann man sich auch alle Informationen einholen, die die Welt zur Verfügung stellt – und das sind unendlich viel mehr, als in einem Menschenleben verarbeitet werden können. Dennoch, die Möglichkeit ist geboten, und immer mehr nehmen daran teil. Wenn man vergleicht, wie schwer es in früheren Jahrhunderten fiel, mit neuen Erkenntnissen oder Entdeckungen Gehör zu finden, von der eigenen Meinung ganz zu schweigen, erscheint mir diese neu gewonnene Dimension wie das eigentliche Herzstück der Globalisierung. Dass jeder mit jedem jederzeit sprechen und sich austauschen kann, ohne dass sich wie früher politische, religiöse oder moralische Instanzen dazwischenschieben, ist auch das Herzstück einer neuen Ethik. Wenn es früher hieß, Wissen ist Macht, kann man heute getrost hinzufügen: Der Weg zu dieser Macht steht jedermann offen. Wer heute noch »dumm« bleibt, trägt oft selbst die Schuld. Ebenso oft allerdings liegt es daran, dass die technischen Möglichkeiten noch fehlen. Die »digital divide«, die Grenze zwischen den Menschen, die Anschluss zum Internet haben, und jenen, die ihn noch nicht haben, hängt leider allzu oft mit Armut oder repressiven Systemen zusammen, die ihren Untertanen den Zugang verweigern.

Ich kann mich nicht erinnern, in meiner Zeit bei Kühne & Nagel zwischen 1956 und 1959 jemals ein internationales Telefongespräch geführt zu haben. Die Adressaten, für die ich Frachtbriefe ausstellte und bei den Konsulaten »Konnossemente« besorgte, blieben für mich nur Namen ohne menschliche Bedeutung. Solche Telefonate durfte nicht einmal mein Abteilungsleiter führen. Nur der Bereichsleiter griff gelegentlich zum Hörer und sprach mit Übersee. Ich sehe Herrn Dürkopp noch vor mir, wie er mit rotem Gesicht und Glatze in seinem Glashäuschen saß und aufgeregt auf den schwarzen Hörer einsprach. Denn derlei war so teuer, dass er sich vorher jedes Wort überlegt hatte, das etwa nach New York durchzugeben war. Und heute? Jeder hat Telefon, Telefax oder E-Mail zur Hand und kann zu lächerlich niedrigen Tarifen mit der ganzen Welt kommunizieren.

Die Welt ist damit kleiner geworden, während der einzelne Mensch im selben Maße gewachsen ist. Immer weniger ist »fremd« geblieben, immer mehr ist zugänglich und vertraut geworden. Ich selbst habe mich nach dem Studium bewusst an die IBM angeschlossen, weil ich die Welt kennen lernen wollte. So habe ich von Anfang an den Triumphzug der elektronischen Datenverarbeitung miterlebt, die immer schon ein globales Phänomen war: Daten ließen sich weltweit verbreiten und austauschen, und selbst kleine Volkswirtschaften fanden dank der globalen Vernetzung den Anschluss an die Moderne. Ich baute unsere Großrechner in Indien und Ceylon auf, verbreitete unsere Anlagen zur Beschleunigung von Arbeitsprozessen in vielen Weltteilen. Und jeder einzelne Computer trug dazu bei, die Welt besser zu verstehen und zu organisieren. Das ethische Prinzip der Aufklärung, von Philosophen ersonnen, fand in der Informationsverarbeitung eine konkrete Verwirklichung. Dort, wo zuvor Unwissenheit gewesen war, herrschte jetzt wissenschaftliche, statistisch untermauerte Klarheit.

Wurden zuerst Lösungen für die staatlichen Verwaltungen und für Großunternehmen ersonnen, kamen bald auch die

Bedürfnisse kleinerer Firmen und schließlich der Individuen hinzu. Alle lernten, ihre Arbeit und Kommunikation besser zu koordinieren. Die Preise für Computer schrumpften so schnell wie ihre Dimensionen. Was von Zimmergröße auf ein Notebook-Format gebracht wurde, kostete statt vieler Millionen nur noch ein Tausendstel des einstigen Preises. Weltweite Verbindungen entstanden nicht etwa, weil das »Großkapital« es wollte, sondern weil Millionen von Mitwirkenden, die sich dies mühelos leisten konnten, die weltweite Kommunikation tagtäglich zur Realität werden ließen. Zwischen 1998 und 2000 stieg etwa die Beteiligung der amerikanischen Bevölkerung am Internet von 26,3 Prozent auf 54,3 Prozent, die der OECD-Länder – also der industrialisierten Hochlohnländer, zu denen auch Tschechien oder Mexiko, Südkorea oder die Türkei gehören – um das Vierfache, nämlich von 6,9 Prozent auf 28,2 Prozent. Mit anderen Worten: Die Welt fand immer mehr Gefallen daran, mit sich selbst zu kommunizieren. Ich habe die schrittweise Entdeckung dieser neuen Informationswelt, die jener des Columbus durchaus vergleichbar ist, miterleben können. Sie hat unseren Globus von Grund auf verändert.

Deutschland hat zu dieser Neuentdeckung der Welt einen großen Beitrag geleistet. Das »Wirtschaftswunder« ließ uns gegenüber der Welt zu einem der wichtigsten Lieferanten von Gütern, Dienstleistungen und Informationen werden. Wodurch wir uns umgekehrt auch leisten konnten, zu einem der wichtigsten Kunden zu werden. Deutschlands Erfolgsgeschichte nach den beiden desaströsen Sonderwegen ist der Globalisierung zu verdanken – und trug einen erheblichen Teil zu ihrem Gelingen bei. Während viele noch auf die Schatten der Vergangenheit starrten, traten andere aktiv in eine Weltgemeinschaft ein, in der es nicht auf historischen Aufarbeitungseifer, sondern auf Zukunftsfähigkeit ankam. Deutschland wurde, was seinen Ideologen bis heute verborgen blieb, zu einer »globalisierten« Nation. Der Außenhandel unseres Landes stieg in den zwanzig Jahren zwischen 1980 und 1999 von 577 Milliarden DM auf 1584 Milliarden DM. Der Anteil des Außenhandels am Bruttosozialprodukt nahm dabei allein zwischen 1995 und 1998 von 46,9 Prozent auf 56,1 Prozent zu. Ob wir es wissen oder nicht – wir sind längst zu einem der produktivsten Teile des Weltganzen geworden. Das Gesicht, das die Welt heute trägt, wurde auch von uns mitgeprägt.

Als ich 1965 von der IBM-Deutschland nach Kalkutta geschickt wurde, um einen so genannten Stücklistenprozessor auf einem Computer der Reihe IBM 1401 zu installieren – es handelte sich um den ersten Computer in Westbengalen –, reisten gerade die letzten deutschen Ingenieure ab, die das erste moderne indische Stahlwerk in Rourkela aufgebaut hatten. Damit war von Deutschen die Grundlage der indischen Schwerindustrie gelegt worden, ohne die das Land kaum den großen Sprung zur Industrialisierung geschafft hätte – wie mit meinem Auftauchen das Computerzeitalter für Kalkutta begann. Deutsches Geld wurde überall in der Welt investiert, und das trug bis heute zum Ansehen unserer Wirtschaft bei. Wenn ich für den BDI Veranstaltungen in Mexiko oder Brasilien abhielt, nach Asien oder in den Nahen Osten reiste, fiel mir immer auf, dass wir dort einen besseren Ruf genießen als etwa die Briten, die Japaner oder die Amerikaner, und das trotz unserer Geschichte. Jahrzehntelang haben deutsche Unternehmen rund um die Welt ihre Filialen aufgebaut, und dies durchaus zum Nutzen der Länder, die zusammen mit den Produkten das Know-how geliefert bekamen. Auch die Zuwanderung so vieler hoch qualifizierter Deutscher, die in allen Weltteilen die Volkswirtschaften mit aufbauten, verhalf unserem Land zu einem weltbürgerlichen Image. So war Globalisierung für uns schon eine Angelegenheit nationalen Interesses, als es dieses Wort bei uns noch gar nicht gab.

Heute profitieren wir mehr als jedes andere Land von der Globalisierung. Zugleich ist unsere Wirtschaft weitaus abhängiger von den internationalen Verflechtungen als unsere direkten Konkurrenten – weshalb wir auch am meisten von der Globalisierungsgegnerschaft zu befürchten haben. Wie bezeichnend für den Zustand unserer Gesellschaft, dass der Anteil der Deutschen unter den besonders radikalen Globalisierungsgegnern besonders hoch ist. Blind für die Wirklichkeit, verfolgen sie ihre Ziele mit dem Fanatismus von Erweckungspredigern. Ob beim Weltwirtschaftsforum, den Weltbank- und

IWF-Tagungen, den G-8-Treffen oder den EU-Gipfeln, gleich ob in New York, Prag, Quebec, Genua, Davos oder Göteborg – die deutschen Protestler liefern ihren hochmobilen Beitrag an Aufruhr und Brachialgewalt, womit sie indirekt zwei wesentliche Errungenschaften der Globalisierung bestätigen: die unbegrenzte Bewegungs- und Meinungsfreiheit. Und dass die Bilder ihrer brutalen Aktionen, ganz nach Wunsch, in den elektronischen Medien um die Welt gehen, verdanken sie der globalisierten Informationstechnik. Nur scheinen sie diese simplen Zusammenhänge nicht zu begreifen.

Übrigens profitiert Deutschland seit über zehn Jahren mehr von der Globalisierung als es beisteuert. Seit 1991 hat es nur ein Jahr mit einem leichten Überschuss in der Leistungsbilanz gegeben, ansonsten immer nur Defizite. Besonders beunruhigend wirkt dies im Bereich der Informations- und Kommunikationstechnik. Hier ist das Defizit, trotz Siemens und SAP, geradezu erschreckend. Wir führen wesentlich mehr ein, als wir ausführen – und gerade in dem Bereich, der am schnellsten wächst, der die größten Gewinne bringt und die meisten Arbeitsplätze der Zukunft schafft. Dass wir zur Zeit weit mehr für Lizenzen, Patente und Copyrights ausgeben, als wir einnehmen, heißt nichts anderes, als dass wir uns der geistigen Errungenschaften anderer bedienen, deren Erfindungen wir für teures Geld einführen. Deutschland weist seit 1986 ein Defizit beim Export wissensintensiver Dienstleistungen auf, das sich in dem Jahrzehnt bis 1996 von minus 0,8 Prozent auf minus 4,9 Prozent verschlechterte. Im gleichen Zeitraum erzielten die USA einen Überschuss, der von 13,5 Prozent im Jahr 1986 auf 44,1 Prozent anstieg. Während wir also zunehmend unser Know-how vom Ausland importieren, profilieren wir uns durch Exporte auf weltanschaulichen Gebieten, indem wir, ob als Grüne oder als Globalisierungsgegner, den weltweiten Fortschritt in Frage stellen.

Nicht weniger Sorge als unsere Ideenarmut bereitet mir die Struktur der deutschen Wirtschaft. Unser Land weist im Vergleich zu anderen Volkswirtschaften einen relativ hohen Anteil an kleinen und mittelständischen Unternehmen auf. Ich habe das früher immer als großen Vorteil gesehen. Denn kleine Firmen reagieren schneller auf Marktveränderungen, kennen die Kunden und ihre Bedürfnisse besser, können tarifliche Diktate leichter umgehen, planen, da meist in Familienhand, langfristig – kurz, sie haben als kleinere Einheiten die größere Bewegungsfreiheit und oft auch den längeren Atem. Und das, obwohl sie deutlich weniger verdienen als in anderen Ländern. Unsere Nettoumsatzrendite liegt bei höchstens zwei Prozent, will sagen: Zieht man von hundert Euro Umsatz alles ab, was an Kosten, Abgaben und Steuern aufzubringen ist, bleiben meist weniger als zwei Euro übrig. Wenn Deutschland heute – nach zwanzig Jahren ständig verschlechterter Standortbedingungen – überhaupt noch wirtschaftlich zählt, dann verdankt es dies einem Mittelstand, der, bildlich gesprochen, die Zähne zusammengebissen hat, um überleben zu können.

Entsprechend der Dominanz des Mittelstandes, verfügt unser Land über relativ wenig große Firmen. Zwar sind auch sie flexibel, nur eben auf grenzüberschreitende Weise. Hat ein großes Unternehmen Probleme, geht es ins Ausland. Das scheint den Schluss nahe zu legen, dass deutsche Manager einfach nicht gut genug sind, sich im eigenen Land durchzusetzen. Doch das Gegenteil ist der Fall. Jene deutschen Firmen, die besonders aktiv im Ausland sind, sind auch die erfolgreichen Firmen. Natürlich zahlt man dort auch Steuern, aber die sind viel geringer als bei uns. Und natürlich fährt man Gewinne ein, doch die sind erheblich größer als bei uns. Kein Wunder, dass sich viele Firmen diese Gelegenheit nicht entgehen lassen.

Als ich 2002 in den Aufsichtsrat der Bayer AG gewählt wurde – ein in seinen Branchen weltweit führendes Unternehmen – erfuhr ich zu meiner Überraschung, dass diese urdeutsche Firma über 85 Prozent ihres Umsatzes im Ausland erzielt. Und ebendies gehört zu ihrem Erfolgsrezept, das dem deutschen Mittelständler meist verwehrt ist. Deshalb kann sich der Vorteil unserer Wirtschaft, einen starken Mittelstand zu besitzen, in der globalisierten Welt als Nachteil erweisen. Ein kleines Unternehmen kann sich nicht einfach verpflanzen. Es ist ortsgebunden, produziert für eine bestimmte Käuferschicht, verarbeitet Material einer bestimmten Gegend. Das Baugewerbe kann seine Häuser nicht im Ausland bauen und dann nach Deutschland schicken. Der Bäckerbetrieb kann keine Brötchen in Irland backen, um sie anschließend in Hamburg zu verkaufen. Der Mittelständler kann nicht, wie DaimlerChrysler, ein Werk in einem anderen Erdteil errichten – meist hat er nur einen Betrieb, und der muss stehen, wo er steht.

Auch hier gibt es Ausnahmen. Als BDI-Chef führte mich eine Auslandsreise nach Sri Lanka, wo ich dreißig Jahre zuvor, in den 1960er Jahren eine IBM-Niederlassung aufgebaut hatte. Mein Gastgeber, der Industrieminister, wollte mich auch der Präsidentin Kumaratunga vorstellen. Die Dame hatte sich, aus Angst vor Anschlägen durch die Tamilen, gegenüber dem berühmten direkt am Meer gelegenen Galle-Face-Hotel förmlich eingebunkert. Meine Delegation wartete 45 Minuten auf sie, worüber der Industrieminister uns mit dem Hinweis hinwegzutrösten suchte, Prinz Charles hätte gerade eine ganze Stunde warten müssen. Als ich die Dame dann kennen lernte, fiel mir auf, dass eines ihrer Augen auffällig klein war – die Folge eines früheren Tamilen-Attentats, wie mir der Industrieminister später diskret verraten hat. Zwei Jahre später fiel er selbst einem Bombenanschlag durch militante Tamilen in Colombo zum Opfer.

Nach dem Gespräch, das sich um Sri Lankas Wirtschaftslage drehte, brachte man uns in eine Industriezone nahe des Colombo Airports Katunayake. Dort konnten internationale Betriebe unter Ausnutzung des niedrigen Lohnniveaus der Insel steuerbegünstigt produzieren. Im Vergleich zum übrigen Land erlebte dieses Vorzeigeprojekt, in das zollfrei ein- und ausgeführt werden konnte, einen sichtbaren Boom. Als wir eine Strumpffabrik besichtigten, bemerkte ich zu meinem größten Erstaunen, dass sie einem jungen deutschen Ehepaar gehörte. Die Eltern der Frau, so erfuhr ich, hatten im Bielefelder Raum eine Textilfabrik geführt und sich auf Strumpfherstellung spezialisiert. Da der deutsche Konsument irgendwann keine Bereitschaft mehr zeigte, Waren zu kaufen, die mit deutschen Lohnkosten belastet waren, ging die Traditionsfirma pleite.

Die Erbin des alten Unternehmens ließ sich dadurch nicht entmutigen. Zusammen mit ihrem Mann verfrachtete sie die verwaisten Maschinen nach Sri Lanka, wo die beiden in der Industriezone am Flughafen eine neue Fabrik eröffneten. Hier stellten sie Socken und Strümpfe für den internationalen Markt, vor allem aber für Deutschland, her. Nebenbei fiel mir auf, dass die gleichen Socken mit den unterschiedlichsten französischen, italienischen, englischen und deutschen Markennamen versehen wurden. Die Ceylonesen, die an den Maschinen arbeiteten, waren offensichtlich sehr glücklich über die Arbeitsplätze, die ihnen ein weit überdurchschnittliches Einkommen sicherten. Mir wurde richtig schwer ums Herz, als ich sah, mit welchem Einsatz die jungen Leute sich abmühten, die alte Textiltradition ihrer Familie nicht untergehen zu lassen – zumal sie von neuen Sorgen heimgesucht wurden: Während Sri Lanka eine hohe Inflationsrate aufzuweisen hatte, war in Indonesien – viele tausend Meilen entfernt – die Währung so weit abgewertet worden, dass die Lohnkosten dort attraktiver wurden. Als Folge entstanden in Indonesien immer mehr Textilfabriken, wodurch die Investition des deutschen Paares in Sri Lanka gefährdet war. Auf meine Frage, wie sie zu reagieren gedächten, antworteten sie ganz unbekümmert, dass sie wohl demnächst ihre Maschinen einpacken und nach Indonesien verschiffen würden.

Der Niedergang der deutschen Textilindustrie gehört zu den Trauerspielen, die von der Öffentlichkeit fast unbemerkt vor sich gegangen sind. Hatten wir vor zwanzig Jahren noch 800 000 Arbeitsplätze in dieser Branche, sind es heute höchstens noch 140 000. Hätten wir nicht Löhne und Lohnnebenkosten so drastisch ansteigen lassen, wären sicherlich viele dieser Arbeitsplätze zu retten gewesen. So wanderten sie, oft über Direktinvestitionen deutscher Firmen, ins Ausland ab oder gingen unter, wodurch ihr Marktanteil von ausländischen Anbietern übernommen wurde. Indien, Thailand, China oder Indonesien profitierten von unserer verfehlten Wirtschaftspolitik. Jeder Käufer kann heute leicht feststellen, dass seine Hemden oder Socken nicht aus heimischer Produktion, sondern aus jenen Ländern kommen, die ihm sonst nur als Fernreiseziele vertraut sind.

Auch wenn ich nicht jeden Cent umdrehe, bevor ich ihn ausgebe, achte ich doch immer darauf, preiswert einzukaufen. Da ich mir jede Nacht ein-, zweimal die Nase schnäuzen muss, habe ich einigen Bedarf an Taschentüchern, die ich leider, zu meinem Ärger, des Öfteren in Hotelbetten liegen lasse. Mein unfreiwilliger Taschentuchverschleiß ist also enorm, und alle halbe Jahre stelle ich fest, dass ich keine mehr besitze. Dann muss ich mich auf die sprichwörtlichen Socken machen, um ein neues Sortiment zu kaufen. Da diese Gebrauchsgüter in deutschen Warenhäusern mittels Hochglanzverpackung zu Luxusgütern geadelt werden, glaubt man, auch einen unvernünftig hohen Preis für sie verlangen zu dürfen.

Ich beschloss, auch auf diesem Feld von der Globalisierung zu profitieren. Bei meiner letzten Indienreise Anfang 2002 ging ich auf die Suche nach einer preiswerten Taschentuchquelle und wurde fündig. Auf einem Marktplatz in Jodphur entdeckte ich diese Massenware, in Aussehen und Qualität mit der unseren identisch, doch eben ohne Geschenkverpackung und deshalb enorm günstig. Ich kaufte sechzig Stück für den Gegenwert von jeweils 20 Cent, gebe aber zu, mit dem Verkäufer ein wenig gefeilscht zu haben. Ein Mitreisender, Horst Schaumann, der sich angestachelt durch mich ebenfalls nach Taschentüchern umsah, kehrte ebenfalls mit einer Großpackung zurück und erklärte stolz, er hätte pro Stück ganze 40 Cent gezahlt. Feilschen lohnt sich also, und nicht nur in Indien!

Ob die beiden Deutschen jemals mit ihren Maschinen nach Indonesien gezogen sind, blieb mir leider unbekannt. Während eine solche Verschiffung von Anlagen in der Großindustrie häufig vorkommt – im Frühjahr 2002 baute Thyssen-Krupp eine größere Stahlfabrik in Deutschland ab, um sie in China wieder aufzubauen –, gehört es im Mittelstand noch zu den Ausnahmen. So profitiert er bisher kaum von den Vorteilen der Globalisierung, läuft aber gleichzeitig Gefahr, durch die internationale Konkurrenz unter Druck zu geraten. Der deutsche Standort kann sich für den Mittelstand als Falle erweisen, da ihm der Ausweg der Großen versagt bleibt. Allein 2001 sind die Pleiten meist mittelständischer Firmen mit über hundert Mitarbeitern gegenüber dem Vorjahr um 34 Prozent gestiegen. Schon deshalb muss die Politik die Standortbedingungen ändern, damit wir nicht mit jedem Jahr neue Pleitenrekorde zu verzeichnen haben: Zigtausende gescheiterte Unternehmen pro Jahr kann sich unsere Volkswirtschaft einfach nicht mehr leisten. Deutschen Firmen müssen in unserem Land ähnliche Rahmenbedingungen geboten werden wie im Ausland. Erst dann wird auch der Mittelstand im weltweiten Wettbewerb konkurrenzfähig sein.

Doch bietet die Globalisierung dem Mittelstand, den sie bedroht, zugleich eine große Chance: Dank Internet muss das Angebot nicht länger auf den heimischen Kundenmarkt beschränkt bleiben. Über Nacht kann der Betrieb, die richtigen Produkte vorausgesetzt, zum globalen Unternehmen werden. Man braucht nicht länger Auslandsniederlassungen, die sich nur die Großen leisten können, sondern stellt sein Angebot ins Internet. Dank der weltweit operierenden Suchmaschinen, die ja eigentlich Findemaschinen sind, lässt sich jede Ware oder Dienstleistung von der potenziellen Kundschaft schnell auffinden. Die Website wirkt dabei als Werbung, Katalog und Bestellschein in einem. Wer etwas sucht, wird es im Internet finden, egal, ob aus heimischer oder internationaler Produktion. Dabei können Serviceunternehmen dem Mittelständler zu seinem internationalen »Auftritt« verhelfen, der ihm ungeahnte Käuferschichten erschließen kann. Unterlässt er es, wird er irgendwann bemerken, dass seine eigenen Kunden auf ebendiesem Weg abgeworben werden. Denn auch der Käufer profitiert von dem unendlichen Angebot: Er wird nicht nur das gewünschte Produkt finden, sondern kann es auch mit sämtlichen Konkurrenzprodukten und -preisen vergleichen, und zwar weltweit.

Im Gegensatz zu anderen Ländern hat der deutsche Mittelständler diese Möglichkeit noch nicht genügend erkannt. Zudem hat sich seit dem Absturz des Neuen Marktes und den rückläufigen Verkaufszahlen der Internet-Shops Ernüchterung über den Nutzen des E-Commerce breit gemacht. Zu Unrecht: Die Durchdringung aller Branchen mit Informations- und Kommunikationstechnik geht ungehindert weiter, und die Geschwindigkeit der Globalisierung spiegelt sich im Ausbau des weltweiten Internet-Angebotes wider. Selbst im Krisenjahr

2001/2002 sind diese Branchen in Deutschland drei- bis viermal so schnell gewachsen wie das Bruttosozialprodukt. Wirtschaftlicher Erfolg hängt immer stärker von aktuellen Informationen ab, an denen sich auch die eigene Position im Wettbewerb ablesen lässt. Wer, wie so viele Mittelständler, allein auf gute Traditionen baut, behält vielleicht seine Kundschaft, verliert aber auf Dauer den Anschluss an den wachsenden Markt.

Nicht nur der Mittelstand hat hier großen Nachholbedarf. Bis heute wird viel zu wenig Gebrauch von den Möglichkeiten gemacht, die uns die weltweite Kommunikation bietet. Die Tatsache, dass wir bei der Breitbandverkabelung die Weltführerschaft innehaben, bedeutet noch nicht, dass wir damit umzugehen wissen. So wurde ich immer wieder Zeuge einer anscheinend kontroversen Diskussion: Auf der einen Seite bestehen die Bundesregierung sowie einige Hersteller und Betreiber von Telekommunikationsdiensten wie Ron Sommer von der Telekom darauf, dass Deutschland auf diesem Gebiet das fortschrittlichste Land der Welt sei. Auf der anderen Seite weisen Klaus Eierhoff von Bertelsmann und die mehr anwendungsorientierten Firmen und Nutzer darauf hin, dass wir in der praktischen Anwendung dieser Techniken höchstens Mittelmaß sind.

Dabei sind die unterschiedlichen Betrachtungsweisen einfach zu erklären. Denn eigentlich haben beide Recht. Diese Breitbandnetze sind mit Autobahnen vergleichbar, die zwar überall hinführen, doch kaum benutzt werden. So haben wir in der Tat in der Kommunikationstechnik sozusagen perfekt ausgebaute Verkehrswege, aber, im übertragenen Sinne, zu wenige Autos und noch weniger Menschen mit Führerschein. Genau hier müssen wir ansetzen, statt nur in immer neue Daten-Autobahnen zu investieren. In jedem Fall müssen unsere Mittelständler, aber auch die nachwachsende Generation, lernen, mit den modernen Technologien umzugehen, um sich der Möglichkeiten, die sich durch sie bieten, bedienen zu können. Das Internet ist kein Spielzeug, sondern nach Gutenbergs bahnbrechender Innovation die bedeutendste Informations- und Wirtschaftsplattform in der Menschheitsgeschichte.

Noch scheinen das nicht alle zu begreifen. Zu wenige Unternehmer und Politiker gehen hier mit gutem Beispiel voran. Es fehlt einfach an Vorbildern, die unsere Gesellschaft ermutigen, diesen wichtigen Schritt zu gehen, sozusagen den Führerschein für Zukunftstauglichkeit zu erwerben. Gerade die führenden Persönlichkeiten in Wirtschaft und Politik scheinen sich hier bewusst zurückzuhalten. Wie man sich bei uns, mehr als in anderen Ländern, vom Chauffeur kutschieren und von Bodyguards bewachen lässt, legt man auch Wert darauf, dass E-Mails und Internet-Informationen im Vorzimmer ausgedruckt werden. Das gilt für den Bundeskanzler wie für alle Mitglieder seines Kabinetts. Das gilt selbst für viele Topmanager. Irgendwie scheint es bei uns unfein zu sein, den PC selbst zu bedienen und das Geschehen auf dem Bildschirm zu verfolgen. Man »lässt das machen«. Wie ich auch schon einmal in einer Chefetage den Spruch zu hören bekam, »darüber lass ich mal nachdenken«. Das war sogar ernst gemeint. Es mag auch witzig klingen – aber in unsere Zeit passt es nicht mehr.

Nirgendwo in der Bundesregierung finden wir heute eine informationstechnische Anwendung, die sich als Vorbild für die deutsche Gesellschaft oder andere Länder eignete. Das Internetzeitalter, das längst in anderen Industrienationen herrscht, scheint in Berlin immer noch nicht ernsthaft angebrochen. Deshalb wurde von führenden deutschen Unternehmen der Informations- und Kommunikationstechnik die »D21-Initiative« gegründet. Sie soll Deutschland – unter dem Vorsitz des Bundeskanzlers und des IBM-Deutschland-Chefs Staudt – auf dem Weg zu einer modernen Informationsgesellschaft voranbringen. Die Initiative, der, zusammen mit vielen Persönlichkeiten des öffentlichen Lebens, auch ich angehöre, hat sich etwa für die Verwirklichung der Green-Card-Regelung für ausländische Informationsfachkräfte eingesetzt und kümmert sich im Augenblick vor allem um den Ausbau der elektronischen Infrastruktur im Osten, die Förderung der Public-Private-Partnerships und die Anwendung der Breitbandtechnologie für ganz Deutschland. Unser Ziel, die Akzeptanz und Verbreitung der neuen Medien dem Standard unserer Nachbarn anzugleichen, ist noch lange nicht erreicht. Zudem wird die Diskussion oft genug auf die technischen Aspekte dieser Innovation verkürzt. Entscheidend scheint mir dagegen, dass die Menschen sich so weit innerlich damit beschäftigen, dass der Informationsaustausch im World Wide Web zu einer Selbstverständlichkeit wird – wie in den USA oder Kanada, wie in sämtlichen Ländern Skandinaviens. Das Deutschland des 21. Jahrhunderts – »D21« – hat hier gewaltigen Nachholbedarf.

Nehmen wir als Gegenbeispiel Finnland: Ein Land an der Peripherie Europas, das nicht wie wir über einen zentralen Standort verfügt und zudem eine Sprache spricht, die in keinem anderen Land verstanden wird. Auch das Angebot an Kulturdenkmälern und -ereignissen prädestiniert das Land nicht gerade zum Vorreiter der Globalisierung. Vor zwanzig Jahren lag Finnland durch Wirtschaftsschwäche, Arbeitslosigkeit und Inflation am Boden – heute ist es die Nummer eins. Es erwirtschaftet Haushaltsüberschüsse, hat die Arbeitslosigkeit so gut wie abgeschafft und in der PISA-Studie am besten abgeschnitten. Nicht zufällig verfügt Finnland über die höchste Zahl an Internet-Anschlüssen, Servern und Mobilfunkbenutzern.

Was war geschehen? Hat man, wie Nachbar Norwegen, Öl gefunden? Das nicht, und es war auch nicht nötig. Denn man hat etwas viel Wichtigeres gefunden: den Mut nämlich, ehrliche Aufklärung zu betreiben, wie man es von Politikern in jeder Demokratie erwarten sollte. Die Politiker haben ihrem Land über die miserable Lage reinen Wein eingeschenkt. Sie haben offen über die Probleme der Volkswirtschaft gesprochen. Und sie haben nach Kräften in die Bildung investiert. Schließlich unternahmen sie ein Political Re-Engineering, traten der EU bei, führten früher als ihre Nachbarn den Euro ein. Als die deutsche Linke noch vor dem gefährlichen »Jobkiller« Computer warnte, rüstete bereits ganz Finnland auf diese Zukunftstechnik um. Gerade als die rot-grüne Koalition in Berlin die Kernkraft langfristig abschaffte, beschloss das finnische Parlament den Bau eines neuen Atomkraftwerks. Kurz gesagt: Man setzte auf zukunftsfähige Technologien und machte sich fit für die Globalisierung.

Vor allem förderte Finnland die Nutzung des Internet. Dabei waren sich die führenden Köpfe nicht zu schade, selbst als Vorbilder aufzutreten. Als ich zu BDI-Zeiten den finnischen Präsidenten besuchte, saß er gerade vor seinem PC, um die Internetfragen eines Journalisten zu beantworten. Jeder Bürger, so erklärte er mir, könne ihm direkt eine E-Mail senden und erhalte selbstverständlich Antwort. Zwar lässt sich dies kaum auf ein 80-Millionen-Volk wie Deutschland übertragen – doch würde auch dem deutschen Kanzler und seinen Ministern ein wenig praktizierte Bürgernähe via Internet gut anstehen, zumal dadurch, wie in Finnland, die Akzeptanz dieses Kommunikationsmittels gefördert würde.

Aber zu viele deutsche Politiker sehen sich nicht als Teil eines Kommunikationszusammenhangs. Sie wollen regieren, Gesetze durchbringen, am besten »die Gesellschaft verändern«, statt die Rahmenbedingungen an die sich verändernde Gesellschaft anzupassen. Sie sehen sich als Vertreter von Parteien, die gewissen Weltanschauungen anhängen. Infolgedessen scheint ihre Aufgabe darin zu bestehen, die ideologischen Vorstellungen, die sie mit manchen ihrer Wählern teilen, in die Wirklichkeit umzusetzen. Aber vielleicht wäre es nützlicher, statt die Gesellschaft zu verändern, sich erst einmal Klarheit darüber zu verschaffen, was diese Gesellschaft ist, was sie will, was ihr langfristig nützt? Vielleicht sollte man nicht auf Parteiprogramme, sondern auf die Wirklichkeit sehen, an der sich ablesen lässt, ob man auf dem richtigen Weg ist.

Finnland hatte den Mut zu diesem Schritt. Es wagte den Abschied von lieb gewordenen Ideologien, um sich der Wirklichkeit zu stellen – und diese heißt heute: weltweite Vernetzung, globaler Wettbewerb. Um zu wissen, wo man steht, muss man den Vergleich mit den Nachbarn wagen. Um zu wissen, wohin man steuern will, muss man das Schiff begreifen, an dessen Ruder man steht, und welches Gewässer man befährt. Doch unsere ideologischen Seekarten stimmen nicht mehr. Unser Staatsschiff ist heillos veraltet und braucht eine Generalüberholung. Vor allem brauchen wir eine Standortbestimmung gegenüber unseren Mitkonkurrenten. Wo stehen wir? Die Antwort, die unsere Politiker darauf geben, lautet meist nur: vor den nächsten Wahlen.

Wer die heutige Welt objektiv betrachtet, kommt nicht um

die Feststellung herum, dass die drei Grundwerte aus Demokratie, Menschenrechten und freier Marktwirtschaft überall auf dem Vormarsch sind. Es gibt inzwischen kein Land mehr, das die freie Marktwirtschaft eingeführt hätte, ohne zugleich die Demokratie zu übernehmen, und umgekehrt gilt das auch. Man findet keine Demokratie, die nicht für die Menschenrechte einträte, obwohl es immer noch zu viele Defizite auch in Demokratien gibt, wie Amnesty International jedes Jahr wieder nachweist. Möglich wurde dies nur, weil die Globalisierung die Grenzen zwischen den Völkern abgebaut hat und im selben Maße die Hindernisse, die sich der freien Wirtschaft in den Weg stellten. Globalisierung ist ohne Liberalisierung nicht denkbar. Und diese ist nur ein anderes Wort für Freiheit.

Gerade mit der Freiheit hat Deutschland traditionell Probleme. Bei Einführung des Grundgesetzes hat man, aus Furcht vor einer Rückkehr zu den alten Sonderwegen, bewusst auf wichtige Freiheiten verzichtet und selbst der Demokratie die Parteienfessel angelegt. Nun hat sich über ein halbes Jahrhundert lang gezeigt, dass die Deutschen mit der ihnen gewährten Freiheit umgehen können. Wer allerdings geglaubt hatte, dass Demokratie und Marktwirtschaft von alleine eine fortschreitende Liberalisierung des Landes mit sich bringen würden, sah sich getäuscht. Man hielt an Überkommenem fest, mehr noch, man verstärkte mit jeder Legislaturperiode das Korsett aus Gesetzen und Vorschriften, das den Deutschen die Luft zum Atmen nimmt – ich meine jene Deutschen, denen am Gedeihen ihres Landes gelegen ist. Jene Deutschen, die den Anschluss an den weltweiten Fortschritt nicht verlieren wollen. Jene Deutschen, die ihren Kindern ein wettbewerbsfähiges Land hinterlassen wollen. Früher nannte man das: die Menschen guten Willens.

Die Weltentwicklung der letzten fünfzig Jahre hat uns gezeigt, dass dieser Fortschritt nur durch Liberalisierung, also Abbau von Unfreiheit, zu erreichen ist. Länder, in denen die Bürger bevormundet werden, finden sich auf der Verliererstraße wieder. Regierungen, die ihren Bürgern die Freiheit zur Selbstentfaltung gewähren, gehören zu den Siegern. Welches traurige Paradoxon: Im gleichen Maße, wie die Welt sich in den vergangenen Jahrzehnten von den kollektiven Fesseln der

Feudalsysteme, Diktaturen und menschenverachtenden Ideologien befreite, hat Deutschland seine eigene Freiheit Stück für Stück eingeschränkt, die Macht des Staates und der Bürokratie ausgeweitet und die Demokratie an die Interessen der Parteien ausgeliefert.

Schlimmer noch: Nachdem der real existierende Sozialismus überall zusammengebrochen war, hat Deutschland sich seiner ideologischen Überreste angenommen und sie geschickt in unser Gesellschaftsleben integriert. Schließlich erlaubte man sich sogar, der im neuen Gewande auftretenden DDR-Staatspartei in manchen Ländern Regierungsverantwortung zu übertragen. Den Erben des kommunistischen Unrechtsregimes, das Verantwortung für Jahrzehnte der Diktatur und Misswirtschaft in Ostdeutschland trägt, wurde Mitsprache an unserem Staatswesen eingeräumt. Heute posieren sie wieder stolz unter Karl-Marx-Postern. Die schrittweise Abkehr von unserer freiheitlichen Demokratie, die sich mit dem Etikettenschwindel der »sozialen Gerechtigkeit« ziert, ist in ihrem Kern eine Rückkehr zum Sozialismus. Kein Wunder, dass die weltweite Informationsgesellschaft bei uns gerne als Ausgeburt des Großkapitals denunziert wird. Den Preis für unsere Ignoranz werden die nachfolgenden Generationen zahlen müssen.

Es gibt zahllose Beispiele, wie die Freiheit, die andere Länder genießen, bei uns durch sozialistische Dogmen eingeschränkt wird. Ein besonders spektakuläres ist die jüngste Ausweitung des Betriebsverfassungsgesetzes. Überall in der Welt hat sich herumgesprochen, dass die Motivation der Mitarbeiter erste Voraussetzung für den Erfolg eines Unternehmens bildet. Während vorgegebene Leistungsziele immer äußerlich bleiben, gehört die Motivation zu den inneren Antrieben, genauer: zur freien Selbstbestimmung. Durch sie lernt der Mensch, sich selbst Ziele zu setzen und diese unter Einsatz all seiner Kräfte zu erreichen. So nützt die Motivation dem Mitarbeiter, der in seiner Beschäftigung »aufgeht«, wie dem Unternehmen, das durch ihn vorankommt. Jede Spitzenleistung, ob in Wirtschaft, Wissenschaft oder Sport, verdankt sich dieser inneren Zielsetzung, bei der die Anstrengung nicht als »entfremdet«, sondern im Gegenteil als Herzstück des eigenen Lebens erfahren wird.

Was Menschen im Einzelnen motiviert, ist von Kultur zu Kultur, selbst von Unternehmen zu Unternehmen verschieden. Wer als Manager von der Motivation seiner Mitarbeiter abhängt, muss flexibel sein, sich veränderten Stimmungslagen anpassen und Anreize vermitteln können. Weltweit demonstrieren moderne Unternehmen, wie durch gemeinsame Motivation, die ein ganzes Unternehmen erfasst, eine »Corporate Identity« geschaffen wird. Früher nannte man das »esprit de corps« oder auf Neuhochdeutsch »Teamgeist«. Dieser bleibt sich nie gleich, sondern ist, wie die Produkte oder Dienstleistungen, auf ständige Innovation angewiesen. Nur ein Unternehmen, das sich immer neu motiviert, kann im weltweiten Wettbewerb erfolgreich bleiben.

Wir Deutschen haben nun seit Jahrzehnten den Sonderweg der Mitbestimmung beschritten. Und statt uns langsam die Frage zu stellen, warum kein anderes Land der Welt ihn geht, hat die rot-grüne Regierung ihn noch weiter ausgebaut. Im Augenblick wird einer großen Zahl kleinerer und mittlerer Betriebe, die bisher ungeschoren davongekommen waren, dieselbe anachronistische Regelung aufgezwungen. Zugleich werden die Rechte und Aufgaben, an denen der Betriebsrat mitwirkt, kräftig erweitert. Dabei scheint keinem aufzufallen, dass dieser Sonderweg in dieselbe Sackgasse führt wie die sozialistische Planwirtschaft.

Denn die Hauptkraft jedes Unternehmens, die Motivation seiner Mitarbeiter, wird durch die Mitbestimmung, diesen institutionalisierten Widerspruch, nicht gefördert. Was sich so demokratisch Mit-Bestimmung nennt, erzeugt eigentlich eine Gegen-Stimmung. Es teilt jedes Unternehmen automatisch in opponierende Lager auf, ob es diese in der Wirklichkeit gibt oder nicht. Statt an einem Strick zu ziehen, setzt man sich auseinander. Der Klassenkampf, diese ideologische Schimäre des 19. Jahrhunderts, wird so in unseren modernen Unternehmen immer neu inszeniert, mit dem Arbeitsminister und den Tarifparteien als Regisseuren. Doch das Stück bietet nur die endlosen Wiederholungen alter Rituale, von den nächtelangen »Lohnrunden« bis zum Trillerpfeifenkonzert vor den Werkstoren, mit Live-Schaltung zur »Tagesschau«. Als Resultat solcher Spektakel sind die Tarifgehälter, zum Schaden der Volkswirtschaft, erheblich schneller gestiegen als anderswo. Was das Unternehmen eigentlich will, gerät in Vergessenheit. Nicht die Gesamtleistung steht mehr im Mittelpunkt, sondern der Ausgleich politischer Interessen. Streng genommen haben aber alle Beteiligten eines Unternehmens nur ein einziges Interesse: den Erfolg im Wettbewerb mit der Konkurrenz. Er motiviert, er setzt Kräfte frei und vermittelt jedem Einzelnen das stolze Gefühl, am Aufblühen des Ganzen beteiligt zu sein.

Diese Beteiligung an der gemeinsamen Anstrengung drückt sich im Verdienst aus. Auf der ganzen Welt gilt dies, übrigens auf allen Ebenen der Tätigkeit, als eine akzeptierte Motivationskraft. Auch am Verdienst lässt sich die eigene Leistung quantifizieren und mit anderen vergleichen. Ideal wäre es, wenn der Verdienst jedes Menschen seinen Verdiensten entspräche. Wer seine Kräfte anstrengt, um das Unternehmen voranzubringen, wird entsprechend entlohnt, ja belohnt. Und je größer die Erfolge, die gemeinsam erzielt werden, umso größeren Anteil wird der Einzelne am erwirtschafteten Gewinn erhalten. Diese Rückkopplung zwischen Leistung und Gewinn ist das beste Mittel, um eine Gemeinschaft zu Höchstleistungen anzuspornen.

Doch genau dies wird durch Mitbestimmung und Tarifsystem verhindert. Wie sich der Betriebsrat nicht auf das gemeinsame Vorankommen, sondern bestenfalls auf den mühsamen »Ausgleich von Interessen« konzentriert, nimmt der deutsche Flächentarifvertrag, auch er einmalig in der Welt, den einzelnen Unternehmen die Möglichkeit, die Mitarbeiter durch gerechte Entlohnung zu motivieren. Wie im Betriebsrat jede Stimme gleich zählt, ob sie nun konstruktiv oder destruktiv wirkt, erhält jeder Mitarbeiter, ob er sich anstrengt oder nicht, den gleichen Lohnzuwachs. Dadurch wird nicht nur der Anreiz zur Leistung genommen, sondern das Unternehmen selbst in seiner Handlungsfreiheit entmachtet. Nicht die eigentlich Verantwortlichen entscheiden über den Anteil, den jeder Einzelne am Gewinn erhält, sondern Tarifkommissionen, die weder von diesem speziellen Unternehmen noch seinen Bedürfnissen oder seiner Wettbewerbssituation die geringste Ahnung haben. Das wollen sie auch nicht. Alles soll über den gleichen Kamm geschoren werden. So erreicht man vielleicht Gleichheit, doch auf Kosten des gemeinsamen Erfolgs. Und jeder »Tariffrieden« bietet nur eine Atempause bis zur nächsten Auseinandersetzung.

Wenn es dagegen nicht so läuft, wie die Gewerkschaften sich dies vorstellen, wird der Frieden aufgekündigt und Streik beschlossen. Damit wird das Unternehmen vorübergehend – manchmal auch für immer – seiner Wettbewerbsfähigkeit beraubt. Spätestens dann muss jeder Mitarbeiter bemerken, dass er eigentlich gar kein Teil dieses Unternehmens ist, dass Motivation nur Selbsttäuschung und dass Freude an der Arbeit ein Verrat am Genossen ist. Auch der Streik gehört ins 19. Jahrhundert der Klassenkämpfe. Denn nicht allein die jeweiligen Forderungen, die durch Erpressung durchgesetzt werden, sind das Ziel, sondern die Zerstörung der »Corporate Identity«. Die Gräben sollen offen bleiben. Der Mitarbeiter soll zuallererst zu seiner Klasse, seinem Interessenblock gehören und sich vor keinem Mittel scheuen, diese Interessen gegen jene des eigenen Unternehmens oder des Volkes durchzusetzen. Wer heute, um die 32-Stunden-Woche oder eine Gehaltserhöhung von 6,5 Prozent durchzusetzen, den Betrieb blockiert und die Verantwortlichen beschimpft – von den Behinderungen des Gesellschaftslebens ganz zu schweigen – kann morgen wohl kaum mehr guten Gewissens in seine Rolle als motivierter Mitarbeiter zurückschlüpfen. Das soll er auch nicht. Man arbeitet mit, aber bleibt Gegner. Das Resultat ist nicht Motivation, sondern Opposition. Auf diese Weise erfüllt man sozialistische Glaubenssätze, doch die Spitzenleistungen, die uns der globale Wettbewerb abverlangt, werden nicht erreicht. Wundert es da, dass auch die Gewerkschaften gegen die Globalisierung Front machen und den 1. Mai zum Anti-Globalisierungstag umfunktionieren?

Längst hat die weltweite Informationsgesellschaft die alten Klassenkampfszenarien hinter sich gelassen. Im gemeinsamen Wettbewerb geht es um den Ausbau des Kommunikationsnetzes, der Verkehrswege und der Märkte. Es geht um unseren Wohlstand, aber auch den der Dritten Welt und der Schwellenländer. Die Behauptung, von der Globalisierung profitierten nur die Großen, ist absurd. Alle Zahlen belegen, dass auch die Schwächeren von der weltweiten Vernetzung der Kommunikations- und Warenströme profitieren. Zwischen 1990 und 1998 ist der Anteil der Armen, die höchstens einen Dollar täglich verdienten, zurückgegangen – in Afrika um 1,4 Prozent, in Lateinamerika um 1,2 Prozent, in Südasien um 4 Prozent und in Ostasien sowie im Pazifischen Raum sogar um 12,3 Prozent. Gleichzeitig ist das Bruttoinlandsprodukt dieser Weltteile deutlich gestiegen: in Lateinamerika um 1,8 Prozent, in Südasien um 3,9 Prozent und Ostasien/Pazifik um 7,1 Prozent. Nimmt man die gesamte Weltbevölkerung, so hat sich die Wertschöpfung in den letzten fünfzehn Jahren fast verdoppelt.

Noch wichtiger erscheint mir dabei, dass im selben Zeitraum, in dem die Marktwirtschaft zu aller Nutzen gewachsen ist, auch Demokratie und Menschenrechte auf dem Vormarsch waren. Die südamerikanischen Militärdiktaturen – sieht man einmal von Kuba und vielleicht bald wieder Venezuela ab – sind ebenso verschwunden wie die kommunistischen Diktaturen des Ostblocks. In jedem Jahr entscheiden mehr Länder ihre politische Zukunft durch freie Wahlen. Und dank der Globalisierung übernehmen immer häufiger übergreifende Institutionen wie die UNO oder die EU Verantwortung in Teilen der Welt, die sich nicht aus eigener Kraft zu Demokratie, Menschenrechten und Marktwirtschaft durchringen können. Nicht das Einzelinteresse der Starken zählt, sondern das gemeinsame Aufbauwerk an der Globalisierung, von der auch die Schwachen profitieren.

Ich sage es bewusst noch einmal: Für mich ist dieses Zusammenwachsen unseres Planeten zusammen mit der Aufklärung und der Menschenrechtserklärung die größte Errungenschaft der Menschheitsgeschichte. Dank der Globalisierung ist die Möglichkeit in greifbare Nähe gerückt, die Menschheit, in all ihrer Verschiedenheit und Ungleichartigkeit, zu einer Gemeinschaft mit gleichen Spielregeln und Zielen zu formen.

7

Die Gegner der Globalisierung

Als am 11. September 2001 islamische Terroristen die beiden Türme des World Trade Centers zerstörten und tausende Unschuldiger mit in den Tod rissen, gab es bei manchen deutschen Intellektuellen zwar keine »klammheimliche Freude« wie zu RAF-Zeiten, aber doch einiges Verständnis. Kurzerhand reihten einige das beispiellose Massaker in die weltweiten Protestaktionen gegen die Globalisierung ein. Waren die Twin Towers nicht Symbole der kapitalistischen Ausbeutung? Gehörten die Massenmörder nicht dem entrechteten Teil der Menschheit, der Dritten Welt, an? Es konnte sich also nur um eine Verzweiflungstat mit möglicherweise hoch moralischen Motiven handeln.

So las man in manchen Kommentaren und rieb sich die Augen: Wurde hier wieder einmal der Mord an Unschuldigen durch ideologische Unterfütterung beschönigt? Rechtfertigte man ein sinnloses Massaker, indem man es als Fortsetzung des Anti-Globalisierungskampfes mit anderen Mitteln darstellte? Ja, so räumten viele mit gerunzelter Stirn ein, es ist ein Verbrechen – aber andrerseits, ist die Ausbeutung der Dritten Welt nicht ebenfalls ein Verbrechen? Auch Präsident Rau zog danach in seiner »Berliner Rede« eine Verbindungslinie zwischen Bin Ladens Terror und der Globalisierung.

Manche internationale Kommentatoren gingen so weit, den mörderischen Fundamentalisten gar zu einer Art Robin Hood der islamischen Welt zu stilisieren. Auch viele Politiker der ärmeren Länder, wie etwa der malaysische Premierminister Mahathir bin Mohammed bei seinem Berlin-Besuch im März 2002, schoben ganz unverhohlen die Schuld am weltweiten

Terrorismus den westlichen Industrieländern in die Schuhe. Durch ihre Globalisierungspolitik werde die Ungerechtigkeit in die kleinen Länder hineingetragen.

Was die politisch-moralischen Gepflogenheiten Mahathirs betrifft, konnte ich 1998 als BDI-Präsident eigene Erfahrungen sammeln. Bei einem Besuch Malaysias war ich vom stellvertretenden Ministerpräsidenten Anwar, der auch das Amt des Finanz- und Wirtschaftsministers innehatte, sehr freundschaftlich empfangen worden. Anwar, ein Freund der freien Marktwirtschaft, hinterließ bei mir einen höchst sympathischen Eindruck. Umso erstaunter war ich, als wenige Monate später die Nachricht durch die Presse ging, dass Mahathir seinen Stellvertreter unter anderem wegen angeblicher Homosexualität ins Gefängnis werfen ließ. Meine Empörung wuchs, als auch noch Bilder des grün und blau geschlagenen Anwar in der Presse zu sehen waren.

Daraufhin schrieb ich als BDI-Präsident einen Brief an den Premierminister, in dem ich, mit Bezug auf meinen Besuch, gegen die Behandlung Anwars Protest einlegte. Zwar mögen in seinem Land andere Gesetze herrschen – wie man weiß, wird man für den Besitz von über 18 Gramm Haschisch aufgehängt – doch sei in diesem Fall auch gegen die eigenen Gesetze verstoßen worden. Obwohl, wie später bekannt wurde, die meisten Beschuldigungen gegen Anwar in sich zusammenbrachen, sitzt er nach wie vor im Gefängnis – als wahrscheinlich unschuldiges Opfer politischer Gewalt. Für mich selbst hatte mein Protest die Folge, dass ich in Malaysia zur unerwünschten Person wurde.

Wie Mahathir bin Mohammed führen auch andere Herrscher die Schwierigkeiten im eigenen Land auf den schädlichen Einfluss des Westens zurück, um damit vom eigenen Versagen abzulenken. Im Zweifel tragen die Amerikaner, diese Inkarnation des Bösen, die Schuld an allem. Wirkte es da nicht wie höhere Gerechtigkeit, dass der Terrorangriff gerade das Symbol der amerikanischen Wirtschaftskraft traf? Man übersah, dass in den Twin Towers Vertreter von fast hundert Nationen arbeiteten – und beim Attentat ermordet wurden – die am weltweiten Kommunikationssystem und der Entwicklung der globalen Märkte mitwirkten. Die Moderne war getroffen worden, und jene, die einen Ausweg aus ihr suchen, fühlten sich bestätigt.

Seit Jahren führe ich lebhafte Diskussionen mit den Gegnern der Moderne. Dabei hat sich deren Argumentationsstrategie im Lauf der Zeit deutlich verändert. Anfangs konzentrierte man sich darauf, die Globalisierung für alles Schlechte in der Welt verantwortlich zu machen – was mir immer vorkam, als wollte man die Welt für alles Schlechte in ihr verantwortlich machen. Ob es um die Diktaturen in Afrika, die Hungersnöte in der Sahel-Zone, die Umweltverschmutzung in China, das Abholzen der Urwälder des Amazonas oder das Ozonloch über der Antarktis ging – die Globalisierung war an allem schuld. Sie war der Eimer, in den alles Unbequeme hineinpasste. Da man nach dem Untergang des Kommunismus nicht mehr gut den Kapitalismus angreifen konnte, kam das neue Schlagwort in seiner Vieldeutigkeit gerade recht.

Dabei wechselte das Feindbild je nach der Gruppe, mit der ich mich auseinander setzen musste. Für »Greenpeace« war es ausgemacht, dass die Umweltverschmutzung allein auf die Globalisierung zurückging. Für manche Vertreter von Amnesty international – einer Organisation, der ich seit Jahren angehöre – waren die Verletzungen der Menschenrechte hauptsächlich ihr anzulasten. Für unsere Sozialpolitiker gehörte die Armut in der Dritten Welt zu ihren unmittelbaren Folgen. Der frühere Arbeitsminister Blüm führte die Kinderarbeit in Indien darauf zurück, der Weltökonom Stieglitz das wirtschaftliche Chaos in Russland und Argentinien. Mit anderen Worten, die Globalisierung bot jedem, der mit der Welt unzufrieden war, den idealen Angriffspunkt. Außerdem musste man Widerspruch kaum befürchten. Mir fiel dabei immer auf, dass die Selbstdarstellung der Globalisierungsgegner aufs Haar der Argumentation der einstigen Gesellschaftskritiker glich, die gegen die kapitalistische Wirtschaftsordnung ins Feld gezogen waren. Man hatte nur ein paar Begriffe ausgewechselt. Das Verblüffende war, dass sich in der Zwischenzeit die Welt von Grund auf geändert hatte. Das allerdings schien an den Diskutanten spurlos vorübergegangen.

Dass es Unrecht und Hungersnöte und Umweltverschmutzung und Ausbeutung in der Welt gibt – wer wollte das bestreiten? Es ist ebenso wenig zweifelhaft, dass Länder wie Argentinien oder Russland im Prozess der Liberalisierung – allerdings hauptsächlich durch eigenes Fehlverhalten – Rückschläge erlitten haben. Auch dass es ein Wohlstandsgefälle in der Welt gibt, wird von niemandem bestritten. Nur wehre ich mich dagegen, all dies mit der Globalisierung in Zusammenhang zu bringen. Fast in jedem Fall lässt sich entweder ein Versagen der verantwortlichen Politiker, eine historische Rückständigkeit des Landes, eine Naturkatastrophe oder menschliche Niedertracht dafür verantwortlich machen. Aber warum sollte gerade der Prozess der weltweiten Vernetzung, der alle Teilnehmer durch seinen Synergieeffekt stärkt und das Wohlstandsgefälle abgemildert hat, die Schuld daran tragen? Das erschien mir schon immer als bornierte Fehldeutung. Man hatte ein Schlagwort, und nun schlug man, bildlich gesprochen, darauf ein.

Zu Anfang erschienen mir diese Diskussionen müßig – meist schloss ich meine Argumentation mit dem Hinweis auf das Wetter: Globalisierung gleicht dem Wetter, das sich nach eigenen, nicht regulierbaren Gesetzen entwickelt. Wozu über Vor- und Nachteile des Wetters diskutieren, wenn man es offensichtlich nicht beeinflussen kann? Wir machen das Wetter nicht. Vielleicht können wir es immer genauer voraussagen, aber gestalten können wir es nicht. Vor allem kann man ihm nicht ausweichen. Die einzig vernünftige Antwort auf diese Herausforderung heißt deshalb: Wir müssen uns auf das Wetter einstellen. Wenn es warm ist, zieht man sich leicht an. Wird es kälter, nimmt man den Mantel. Regnet es, spannt man den Regenschirm auf. Die Zeit damit zu vergeuden, sich über das Wetter zu empören, erschien mir absurd. In Abwandlung des Marx-Spruches, es komme nicht darauf an, die Welt zu interpretieren, sondern sie zu verändern, empfahl ich als Devise: Es kommt nicht darauf an, die Welt zu verändern, sondern uns auf ihre Veränderungen einzustellen.

Nach den alten Klassenkämpfern, die ein neues Betätigungsfeld gefunden hatten, traf ich im Lager der Globalisierungsfeinde bald auch die feinsinnigen Intellektuellen. An die

Stelle der einstigen Salon-Marxisten traten die Salon-Globalisierungsgegner. Für sie ging es, wie mir schien, im Wesentlichen darum, sich von der Moderne mit ihren unübersehbaren Erfolgen abzusetzen. Überlegen ließ man den »Mainstream«, der einen jahrelang unterhalten hatte, hinter sich und entdeckte den Skandal des Nord-Süd-Gefälles. Das Wohlstandsleben, an dem man bis zum Überdruss partizipierte, erschien plötzlich in einem höchst fragwürdigen Licht. War man nicht dem alten Konsumterror aufgesessen? Internetbenutzer und Hobby-Investmentbanker schienen schlagartig als Dritte-Welt-Sünder entlarvt.

Auch Schriftsteller fühlten sich von der neuen Welle angezogen. Prompt belieferten sie den Markt mit einer Flut von Büchern, die, auf PCs geschrieben und per E-Mail an die Verlage geschickt, gegen die Perversionen des Computerzeitalters polemisierten. Von Viviane Forresters »Diktatur des Profits« bis zu Naomi Kleins »No Logo«, von der »Globalisierungsfalle« bis zu Joseph Stieglitz' »Schatten der Globalisierung« erhob sich ein Wald von warnenden Fingern. In Deutschland war es die inzwischen verstorbene Publizistin Gräfin Dönhoff, die ihr Blatt *Die Zeit* in ein Forum der intellektuellen Globalisierungskritik verwandelte. Die Vorzüge der Globalisierung genießend, geißelte man deren Nachteile. Dank multimedialer Vermarktung wurden diese leidenschaftlichen Angriffe auf die Multimedienwelt fast alle zu Bestsellern. Ein Buch, das sich nicht nur mit den negativen Folgen dieses Weltphänomens beschäftigte und es in eine historische Perspektive brächte, habe ich nicht gefunden. Meinen Beitrag, diesem Mangel abzuhelfen, hält der geneigte Leser in Händen.

Die Politiker folgten dem Trend gleichsam mit heraushängender Zunge. In Frankreich trat der inzwischen gescheiterte Lionel Jospin dem neuen Lager bei, bemüht, die linken Wähler durch die korrekte Begriffswahl an die Urnen zu locken. Bei uns stürzten sich vor allem jene auf das neue Steckenpferd, die mir bisher immer als Reformverhinderer aufgefallen waren. Schon als Finanzminister und Vorsitzender der größten Partei Deutschlands hat Oskar Lafontaine kräftig gegen die Informationsgesellschaft gewettert. Der Mann, der mir bereits 1986 auf einer öffentlichen Podiumsdiskussion als jemand auffiel, der am liebsten die Einführung der Computer auf dem Arbeitsmarkt verhindert hätte, versuchte 1998 mit allen Mitteln, Deutschland aus dem internationalen Wettbewerb herauszulösen.

Lafontaine attackierte die Globalisierung, weil sie unser Land zu Liberalisierungen zwang, die seinen eigenen Vorstellungen widersprachen. Stattdessen empfahl er den europäischen Partnern, unsere antiquierten Arbeitsmarkt- und Besteuerungsmodelle zu übernehmen. Ihm schwebte eine europaweite »Harmonisierung« der Unternehmenssteuern vor, die unserer Wirtschaft mit einem Federstrich die verlorene Konkurrenzfähigkeit zurückgegeben hätte. Wettbewerb war für Lafontaine ein Schimpfwort. Zum Glück ist seine sozialistische Variante der Markwirtschaft bei der EU glatt durchgefallen. Und dies war auch der eigentliche Grund für seinen Rücktritt: Mit seinen ideologischen Vorstellungen hatte Lafontaine sich unter den – damals mehrheitlich sozialdemokratischen – Finanzministern Europas rettungslos isoliert.

Ich erinnere mich, wie ich ihm 1998 als Sprecher des »Gemeinschaftsausschusses der deutschen Wirtschaft« die Sorgen der Unternehmensverbände vortrug. An seiner Seite saßen – physisch präsent – Staatssekretär Noé und – im Geiste anwesend – Flassbeck. Beide waren für mich zusammen mit dem Bremer Professor Hickel die »Verrückten« unter den deutschen Volkswirten: Sie pflegten nämlich in der Öffentlichkeit das genaue Gegenteil dessen zu fordern, was anerkannten Wirtschaftsfachleuten als richtig erschien. Es störte sie auch nicht, grundsätzlich anderer Meinung zu sein als der Sachverständigenrat des Bundeskanzlers. Während auf meiner Seite die Führer der deutschen Verbandslandschaft saßen, trat Lafontaine mit den Genannten sowie weiteren Vertretern der Regierung an. Wir tauschten unsere Argumente aus, die nicht gegensätzlicher hätten sein können. Nach kurzer Zeit schauten mich meine Kollegen ratlos an. Nach allem, was wir gehört hatten, saßen uns weltfremde Ideologen gegenüber, denen die Zukunft unseres Landes gleichgültig schien – solange nur ihre dogmatischen Vorstellungen verwirklicht wurden. Sie waren kompromisslos auf Durchsetzung der eigenen Intentionen bedacht, ohne Rücksicht auf die Wirklichkeit zu nehmen.

Als wir auf die Unternehmenssteuern zu sprechen kamen, hat Lafontaine glatt abgestritten, dass Firmen in Deutschland höhere Steuern zahlten als anderswo. Auf die objektiven Fakten, die wir vorlegen konnten, antwortete der Finanzminister mit immer neuen Vorurteilen. Langsam kam mir der Verdacht, dass die Regierungsseite uns eigentlich gar nicht zuhören wollte. Es ging nicht um Kommunikation, sondern um die Verkündigung ewiger sozialistischer Wahrheiten. Deprimiert verließen wir die Veranstaltung. In welcher Zeit lebte Oskar Lafontaine eigentlich? Nachdem wir gegangen waren, kehrte ich noch einmal in sein Büro zurück. Ich wollte das nicht so einfach im Raum stehen lassen. Noch einmal warb ich, diesmal unter vier Augen, für Nachhaltigkeit in der Finanzpolitik, die seiner Vorstellung, wie man über höhere Löhne und weitere Staatsschulden die Wirtschaft ankurbeln könnte, diametral entgegenstand. Lafontaine hörte mich an und wies dann mit souveräner Geste auf einen großen Bücherschrank, wohl um mir klarzumachen, dass er sich mittlerweile zum Weltökonomen herangebildet hatte. Er griff ein Buch aus dem Regal, es war Samuelsons »Volkswirtschaftslehre«, und versicherte, dies alles gelesen und in seinen Theorien verarbeitet zu haben.

Auch zur Globalisierung hatte sich Lafontaine einschlägige Literatur besorgt, und, assistiert von seinen Weltveränderern Noé und Flassbeck, für Abschottung plädiert. Durch die von ihm vorgeschlagene Unternehmensbesteuerung wäre Europa eine Insel geworden, auf der identische Wettbewerbsbedingungen geherrscht hätten. Das klang zwar viel versprechend, setzte aber das hohe Besteuerungsniveau der Deutschen, mithin also Oskar Lafontaines Wirtschaftideologie, als Maßstab an. Die Folgen für die schwächeren EU-Partner wären, gelinde gesagt, fatal gewesen. Man hätte ihnen nämlich die Chance genommen, durch niedrigere Arbeitskosten – also den bewussten Verzicht auf staatliche Absicherung – wettbewerbsfähig zu werden und Investitionen ins Land zu holen. Und gerade das wollte Lafontaine verhindern. Hätte man das deutsche Steuerniveau durchgesetzt, wären die Standortvorteile und damit die Volkswirtschaft der Kleineren ruiniert worden. Natürlich stießen diese Vereinheitlichungswünsche auf erbitterten Widerstand, mit der Folge, dass zusammen mit Lafontaines Ideen dieser selbst von der europäischen Bildfläche verschwand. Die EU atmete hörbar auf.

Auf dem Höhepunkt der Diskussion hatte ich vom Chefredakteur der britischen Zeitung *Sun* einen Anruf bekommen. Das Murdoch-Blatt, höchst eurokritisch eingestellt, hatte in Lafontaine den »most dangerous man of Europe« ausgemacht. Man ging sogar so weit, ihn mit Hitler zu vergleichen. Da den Briten nicht entgangen war, dass ich als BDI-Chef meine eigenen Probleme mit ihm hatte, hoffte die *Sun*, mich zu einem kräftigen Statement gegen Lafontaine bewegen zu können. Bei dem Interview, das folgte, habe ich mir zuallererst derlei historische Vergleiche verbeten. Lafontaine glich weder Hitler noch war er »der gefährlichste Mann Europas«. Worauf es jetzt ankam, so betonte ich, war eine Auseinandersetzung mit seinen Thesen, die sich bei genauer Betrachtung als falsch erwiesen. Doch mein Versuch, Argumente an die Stelle der Polemik zu setzen, misslang. Das Interview, das den Minister gegen die absurden Vergleiche und Angriffe in Schutz nehmen sollte, wurde nie gedruckt.

Es kam zu Lafontaines spektakulärem Rücktritt, Knall auf Fall verkündet und vollzogen. Kaum einer nahm damals wahr, dass dies vor allem ein Schiffbruch seiner globalisierungsfeindlichen Tendenzen war. Europa wollte keine regulierte Gleichmacherei, sondern den fairen Wettbewerb der verschiedenen Partner. Mit Lafontaines Abgang hatte sich in ganz Europa das Ja zur Globalisierung letzten Endes durchgesetzt. Der Ex-Finanzminister verschwand, um nach einiger Zeit überraschend wieder aufzutauchen. In konsequenter Verfolgung seiner Ideologie hatte er sich ein neues Betätigungsfeld gesucht und, ganz nebenbei, eine nachträgliche Rechtfertigung für seinen überhasteten und unverantwortlichen Rücktritt gefunden. Nun ging er also auf die Globalisierung los.

Oskar Lafontaine ist als prominentestes Mitglied in die globalisierungsfeindliche Organisation »Attac« eingetreten, die

1998 in Frankreich gegründet wurde. Natürlich finden sich unter den offiziellen Beiräten auch der alte Weggefährte Flassbeck und Ernst Ulrich von Weizsäcker, als der durch Bundestagsmandat geadelte Umwelt- und jetzt Globalisierungsexperte, sowie andere alte Bekannte aus früheren ideologischen Schlachten. »Attac« steht für »Association pour la taxation de transactions financières à l'aide des citoyennes et citoyens«, also »Vereinigung zur Besteuerung von Finanztransaktionen im Interesse der Bürgerinnen und Bürger«, meint aber eigentlich die »Attacke« auf die Weltwirtschaft, die sie in dreißig Länderverbänden international organisiert. Der Name der Organisation nimmt eindeutig Bezug auf die so genannte Tobin-Steuer. Auch nachdem ihr Erfinder James Tobin öffentlich von seiner Idee Abstand genommen hatte, ließ man es bei dem Namen. Die Idee hatte sich verselbständigt. Die Massendemonstration mit Straßenschlachten in Genua 2001 war, nach eigenen Angaben, zum »erheblichen Teil« von »Attac« vorbereitet worden. Laut Susan George, der Vizepräsidentin von »Attac« Frankreich, sollte nicht nur die weltweite Handelsliberalisierung, »sondern auch die EU ein vorrangiges Ziel unseres Kampfes sein«. Lafontaine dazu: »Ich unterstütze Attac selbstverständlich, weil ich die Ziele von Attac für richtig halte.«

Seit sich die Globalisierungsgegner immer schlagkräftiger organisieren, sind Diskussionen, wie ich sie anfangs mit ihnen führte, fast nicht mehr möglich. Die Dogmen werden mit solchem Fanatismus vertreten, dass für Gegenstimmen kein Raum mehr bleibt. Hatte ich früher manche Eiferer mit meinem Wettervergleich oder den eindeutig positiven Entwicklungszahlen beeindrucken können, spürte ich, dass man auf Argumente nicht mehr hören wollte. Wie oft sah ich mich an jene Vorfälle an deutschen Hochschulen erinnert, wo mich linke Protestler durch Schläge oder Lärm am Reden hatten hindern wollen. Ich begriff: Mein Plädoyer für die weltweite Kommunikation konnte bei den Globalisierungsgegnern schon deshalb nicht verfangen, weil ihnen an Kommunikation gar nicht gelegen war. Die Informationsgesellschaft interessierte sie nicht, weil sie alle nötigen Informationen bereits aus ihrer Wunschliteratur gesammelt hatten. Was kümmerte sie noch die Wirklichkeit?

Zwangsläufig kam ich davon ab, meine eigenen Vorstellungen vorzutragen, da man ihnen ohnehin kein Ohr schenkte. Stattdessen begann ich mich auf die Argumente der Gegenseite einzustellen. Was wollten sie eigentlich? Inwiefern unterschieden sich ihre Vorwürfe von der Wirtschaftsfeindlichkeit der 68er-Generation? Bald bemerkte ich, dass die scheinbar verschiedenen Argumente in gewisser Eintönigkeit immer auf dasselbe hinausliefen: Die Globalisierung dient nur der Ausbeutung eines Großteils unseres Planeten durch eine kleine Zahl kapitalistischer Großunternehmen und Industriestaaten. Sie erleichtert es den Starken, die Schwachen zu unterwerfen, den Reichen, die Armen noch ärmer zu machen, kurz: Sie ermöglicht die Herrschaft einer bösen Minderheit über die gute, unschuldige Mehrheit.

Ein gängiges, aber falsches Szenario. Da es sehr allgemein gehalten ist, lässt sich auch nur allgemein darauf antworten: Jede Weltanschauung sieht in der Welt eben das, was sie gern sehen möchte. Und wenn diese Weltanschauung auch noch moralistisch eingefärbt ist, scheint es unausweichlich, dass immer die jeweils andere Seite für das »Böse« herhalten muss. Mit dem »Bösen« aber kann man nicht kommunizieren, man kann es nur vernichten.

Ich halte mich lieber an Fakten. Die Globalisierung hat die Unterschiede zwischen den Erdteilen nicht vergrößert, sondern verkleinert. Sie hat den Wohlstand aller nicht verringert, sondern erhöht. Die Statistiken der letzten zwanzig Jahre zeigen eindeutig, dass durch die Globalisierung weltweit hunderte Millionen neuer Arbeitsplätze geschaffen wurden. Jedes Land, das sich dem weltweiten Markt geöffnet hat, konnte auf breiter Front davon profitieren. Gelitten haben nur Länder, die sich der Globalisierung verschlossen.

Allein in den USA wurden während der Clinton-Gore-Regierungszeit zwölf Millionen zusätzliche Arbeitsplätze geschaffen. Und nicht etwa, wie unsere Sozialkritiker gerne behaupten, im unteren Lohnbereich der »Working Poor« – achtzig Prozent gehörten dem gehobenen Bereich der »New Economy« an, also der Telekommunikation, der Informationstechnik und dem Dienstleistungsbereich, und hingen zum Teil unmittelbar mit der Globalisierung zusammen. Zum Ende der Clinton-Ära war die Arbeitslosenrate in den USA so niedrig wie nie zuvor. Von den dortigen vier Prozent konnten unsere Amerika-Kritiker nur träumen. Ähnliche, wenn auch nicht so dramatische Fortschritte waren in den meisten OECD-Ländern zu verzeichnen, zu denen Australien und Südkorea, Ungarn und Mexiko, die Schweiz und die USA gehören. Wer sich der Globalisierung anschloss, erhöhte den Wohlstand seines Volkes. Überall entstanden neue Arbeitsplätze – nur nicht bei uns. Alle profitierten von der Liberalisierung der Welt. Dafür haben wir, zusammen mit den Franzosen, die schlagendsten Argumente dagegen.

Die Antwort der Kritiker auf meine Einwände lautet erwartungsgemäß, dass die Fortschritte in den Industriestaaten gerade ihre Ausbeutungstheorie bewiesen. Während die OECD-Staaten – OECD steht für »Organisation for Economic Cooperation and Development«, also »Organisation für wirtschaftliche Zusammenarbeit und Entwicklung« – profitierten, wurden Dritte Welt und Schwellenländer dank der perfiden Umverteilung immer ärmer. Nur entspricht auch dies nicht den Tatsachen. In den Schwellenländern wurden noch mehr Arbeitsplätze als in der OECD geschaffen. Allein in Indien entstanden Millionen Jobs. Viele davon lassen sich direkt auf die Globalisierung des Welthandels zurückführen. Nicht anders in China, wo immer mehr Menschen ihr Geld durch die weltweite Handelsvernetzung verdienen. Dasselbe trifft für unsere Nachbarn in Osteuropa zu. Nachdem sie durch den Zusammenbruch des Sowjetblocks fast bei Null anfangen mussten, gelang es den meisten, ihre Wirtschaft aufzubauen und neue Arbeitsplätze zu schaffen. Die Arbeitslosenrate der meisten von ihnen ist längst unter jene Ostdeutschlands gesunken.

Viele Kritiker meinen dagegen, dass die weltweite Vernetzung zwangsläufig zu einem Abbau von Arbeitsplätzen führe. Das Schlagwort lautet »Jobless growth«, also Wirtschaftswachstum ohne Beschäftigung. Vergleicht man die Entwicklung seit 1985, so muss man allerdings das genaue Gegenteil feststellen. Das Erfolgsrezept liegt offensichtlich in der Flexibilität, mit der ein Land sich auf die Globalisierung einstellt.

Gerade kleine Staaten wie Luxemburg oder die Niederlande legten bis 1998 um 44 Prozent zu, Irland schuf ein Drittel mehr Stellen, Australien 28 Prozent, aber auch die USA 22 Prozent und Kanada nur ein Prozent weniger. Die Bilanz der Europäer sieht nicht ganz so rosig aus. Zwischen 1986 und 1998 entstanden elf Millionen neue Arbeitsplätze, das ist gerade einmal ein Fünftel des Beschäftigungsausbaus aller dreißig OECD-Länder – und das, obwohl die EU rund vierzig Prozent der OECD-Bevölkerung stellt.

Das Entstehen neuer Jobs hängt von der Fähigkeit ab, sich dem globalen Strukturwandel zu stellen. Natürlich sind durch die neuen Technologien und nicht etwa durch die Globalisierung viele Arbeitsplätze weggefallen. Doch an ihrer Stelle entstanden neue Wirtschaftszweige wie die der Computer-Industrie, der Software-Produktion, der Multimedia-Branche, der Computer-Dienstleistungen und der Internet-Anbieter, die ganz neue Qualifikationen und Ausbildungswege erforderten. Vielen Ländern gelang dieser revolutionäre Umbruch, anderen fiel er, meist aus ideologischen Gründen, schwer. Statt sich durch Reformen der Arbeitswelt auf die Globalisierung einzustellen, zementierte man überkommene Formen und erlitt Einbußen an Arbeitsplätzen und Wirtschaftswachstum. Das gilt für die Bundesrepublik ebenso wie für Japan oder Italien. Man lebt von der Globalisierung, aber bringt nicht die Courage auf, die Konsequenzen daraus zu ziehen. Und behauptet am Ende noch, die Globalisierung sei schuld am eigenen Versagen.

Ein anderer Vorwurf der Kritiker bezieht sich auf die Kapitalströme, die um unseren Erdball kreisen, und angeblich nicht zu seinem Nutzen. Offensichtlich neigt Geld dazu, gerade dorthin zu fließen, wo es den meisten Gewinn erwirtschaftet, und das heißt meistens, wo die Arbeit am billigsten ist. Die Folge laut Globalisierungskritik: Um fremde Investoren anzulocken, verschlechtern die armen Länder ihre Arbeitsbedingungen – aus freien Menschen werden Sklaven des internationalen Kapitals. Wer so argumentiert, übersieht die entscheidenden Fakten: Ohne Freizügigkeit des Investments gäbe es gerade in den armen Ländern überhaupt kein Wirtschaftswachstum. Jedes Land der Welt hofft auf fremdes Kapital wie die Wüste auf den Regen. Dass dieses Kapital auch fließt und, wenn die Bedingungen stimmen, Wüsten in Obstgärten verwandelt, wird wohl keiner bestreiten.

Ein weiterer Denkfehler besteht in dem Glauben, das »Großkapital« bestimme darüber, wo auf der Welt Güter produziert werden und wo nicht. Es ist aber kein anderer als der Konsument – und damit auch der Kritiker selbst – der hier entscheidet. Der deutsche Käufer ist beispielsweise nicht bereit, für ein Paar Socken deshalb mehr Geld auszugeben, weil sie in Krefeld produziert werden, solange er sie billiger bekommt, wenn sie aus Sri Lanka stammen. Er wird aber der Ware aus Sri Lanka nur so lange treu bleiben, bis er auf Socken stößt, die noch billiger sind, weil sie etwa aus Indonesien kommen. Weil der Konsument hier sehr schnell und, wie man akzeptieren muss, egoistisch reagiert, bewegen sich die Kapitalströme der Sockeninvestoren sehr schnell von Sri Lanka nach Indonesien. Und übermorgen vielleicht nach Afghanistan.

Nein, die globalen Geldströme werden nicht von finsteren Kapitalisten gelenkt, die in anonymen Wolkenkratzern der Wall Street sitzen, sondern vom volatilen Willen des Konsumenten. Man kann sogar sagen, dass die Dynamik, die das freie Geld dorthin treibt, wo es den größten Nutzen bringt, dieselbe ist, die den Konsumenten Geschäfte aufsuchen lässt, bei denen er für sein freies Geld den besten Gegenwert bekommt. Würden ab sofort die Kunden aus ethischen Gründen nur solche Läden aufsuchen, die wegen Überschuldung besonders hohe Preise verlangen, dann wäre dieses Prinzip tatsächlich außer Kraft gesetzt. Aber damit ist wohl nicht einmal bei den eingefleischtesten Kapitalfeinden zu rechnen. Es wäre auch absurd, denn dasselbe Geld, das in den Kassen der Problemfirmen verschwände, würde der schuldenfreien Konkurrenz für eigene Investments fehlen. Der selbstverleugnende Impuls ginge also auf Kosten der Zukunft.

Die Kraft, von der die Globalisierung angetrieben wird – und damit der Strom des Geldes – ist nicht die Inkarnation des Bösen im Nadelstreifenanzug, sondern der Weltbürger. Der aufgeklärte, freiheitliche, selbst entscheidende Bürger dieser Welt, der sich als Konsument sein Leben nach eigenen Vorstellungen gestaltet. Das Gegenargument, dass die wenigsten Erdenkinder als aufgeklärte und freie Bürger zu bezeichnen sind, legt wiederum den Schluss nahe, dass sich dies nicht wegen der Globalisierung, sondern aus Mangel an Globalisierung so verhält. Was wir deshalb brauchen, ist ein Mehr an Informationsfluss und Ausbildung, auch an selbständiger Aufklärung durch das weltweite Kommunikationsnetz.

Auffällig, dass Globalisierungsgegner ihre Anhängerschaft nicht nur unter denen finden, die anfällig gegenüber Ideologien sind, sondern ganz besonders unter den nicht Aufgeklärten. Und um diesen Kreis möglichst groß zu halten, tun sie selbst alles, wie ich oft genug erlebt habe, um Aufklärung über die wahren Zusammenhänge zu verhindern und den Fakten ihre eigenen »Wahrheiten« gegenüberzustellen. Allerdings, wie aufgeklärt der heutige Mensch ist, hängt auch davon ab, wie viel Mühe er sich mit seiner eigenen Bildung gibt. Und je gebildeter und wissender er ist, umso mehr muss er die Kraft fördern, die beides, Bildung und Wissen, um den Globus verbreitet. Die Geschwindigkeit der Globalisierung liegt auch in seiner Hand.

Ein gebräuchlicher Ausdruck für das Zufließen von Investmentkapital lautet: wirtschaftliche Blüte. Gerade in einem Binnenmarkt wie dem der EU hat der Bürger unmittelbaren Einfluss auf Gedeih und Verderb von Firmen oder ganzen Regionen. Denn dank des freien Marktes und der Informationsquelle Internet kann er blitzschnell die Stelle herausfinden, wo das von ihm gewünschte Produkt am preiswertesten angeboten wird. Heute kann ich mir einen Volkswagen Polo in Dänemark kaufen, wo er immer noch billiger ist als in unserem eigenen Land. Niemand wird mich davon abhalten, obwohl mein Kapital nun ein fremdes und kein heimisches Unternehmen zum Blühen bringt. Versucht Volkswagen dies zu verhindern, steht ihm eine Klage der EU ins Haus. Denn die Freiheit des Konsumenten muss gewährleistet sein. Er allein entscheidet, welcher Standort Zukunft hat. Augenblicklich ist Deutschland ein Standort, der seine Zukunft hinter sich haben könnte, falls sich nichts Entscheidendes ändert.

Gewöhnlich kommt folgender Einwand: Nun gut, dann sind es also die Milliarden von Konsumenten, die den Fluss des

Investments lenken. Aber wer sagt, dass sie dies in freier Entscheidung tun? Werden sie nicht täglich von Medien und Werbung manipuliert? Geht dem Konsumterror nicht ein wahrer Werbeterror voraus? Natürlich geht es bei jedem Wettbewerb nicht ohne Anpreisung des eigenen Produktes ab. Aber die tatsächliche Kaufentscheidung des modernen Kunden folgt ja dem Vergleich verschiedener Produkte, die alle werben und auf die große Trommel schlagen. Der Kunde vergleicht, und er zieht seine Schlüsse. So könnte Mercedes noch so viel Werbeminuten im Fernsehen buchen – würden seine Produkte zu teuer, weil sie etwa nur noch in Deutschland hergestellt werden, wanderte die Mercedes-Kundschaft zu BMW ab, das meinetwegen in Irland oder Portugal seine Karossen zusammenbaut. Die beste Werbung kann nicht eine scharfe Preiskalkulation ersetzen, die möglicherweise dazu zwingt, einen Teil der Produktion ins Ausland zu verlagern. Zudem ist die Reklame selbst einem permanenten Ideenwettbewerb ausgesetzt – wer am Ende die Nase vorn hat, entscheidet, wie jeder Marketingfachmann weiß, allein König Kunde.

Auch an dieser Stelle weist die Ideologie der Globalisierungsfeinde einen Widerspruch auf. Sie setzen sich für die »Verdammten dieser Erde« ein und wollen sie vor schlechten Arbeitsbedingungen beschützen. In Wahrheit beschützen sie sie vor der Arbeit, die ihre Schützlinge so dringend benötigen. Man wettert gegen den Export von Arbeitsplätzen in Dritte-Welt- und Schwellenländer, was aber nur dazu führen kann, dass die Industriestaaten ihre Produktion ins eigene Land zurückverlagern. Damit wird verhindert, dass überhaupt noch in die armen Weltteile investiert wird. Wozu auch? Wenn man sich abschottet, wie Oskar Lafontaine das will, hat man nicht einmal mehr das Recht, eigene Kapitalflüsse in die Dritte Welt zu lenken, zumindest nicht, um damit Gewinne zu erzielen. Die Alternative zu den Billiglohnländern wären also nicht, wie die Ideologen glauben, weltweite Hochlohnländer, sondern Hochlohnländer und Nulllohnländer. Denn es gäbe dort keine Arbeit mehr. Würden diese Länder nicht billiger produzieren als die EU oder die ASEAN-Staaten, hätten sie auch auf dem Weltmarkt, und das heißt eben: beim Konsumenten, keine Chance.

Beispiel Indien: Ich habe dreieinhalb Jahre lang auf dem indischen Subkontinent Computer installiert und Hilfe zur Selbsthilfe geleistet. Ich kann mich gut an den desolaten Arbeitsmarkt in den 1960er Jahren erinnern, und auch daran, dass dieses Land unter regelmäßigen Hungersnöten litt. Als ich zuletzt im Frühjahr 2002 wieder nach Indien kam, betrat ich eine veränderte Welt. Teile Indiens haben zur Moderne aufgeschlossen. Niemand muss mehr Hungers sterben, es gibt immer noch Unterernährung, aber dort, wo es einst nur eine unübersehbare Zahl von verelendeten Arbeitslosen gab, beginnt sich heute eine breite Mittelschicht von rund 250 Millionen Beschäftigten zu entwickeln. Natürlich arbeitet man hier nicht 35 Stunden in der Woche – aber auch in Deutschland hat man einmal 48 Stunden in der Woche gearbeitet, und mein Großvater hat nach dem Krieg als Tankwart 50 Mark für eine Sechstagewoche verdient. Selbstverständlich ist das für unser Land nicht mehr vorstellbar. Aber wie viel Zeit hat es uns gekostet, in die Wohlstandsbereiche vorzustoßen, von denen wir heute noch zehren. Deshalb ergibt es wenig Sinn, wenn Globalisierungsgegner unser Modell möglichst sofort auf Indien und andere Schwellenländer anwenden wollen. Es wäre nicht nur unbezahlbar – Indien verlöre sofort die Märkte, die es dank Niedriglöhnen und geringen Lohnnebenkosten erobert hat.

Die Verlierer der Globalisierung werden am Ende jene Länder sein, in denen Gewerkschaften und Sozialpolitiker die Lohnkosten permanent anheben und im gleichen Maße die Konkurrenzfähigkeit senken. Ich sage, am Ende. Noch scheinen wir auf vielen Feldern mithalten zu können. Aber was wird morgen und übermorgen sein, wenn immer mehr arme Länder die Chance erkannt haben, die wir ihnen bieten? Durch unsere Lohnpolitik, die in sich globalisierungsfeindlich ist, erschaffen wir uns selbst die Konkurrenz, die uns irgendwann aus dem Rennen werfen wird. Nichts anderes geschieht mit den 40 000 Unternehmen, die allein in diesem Jahr ihre Produktion einstellen und dabei häufig genug ihre Arbeitsplätze anderen Ländern abgeben müssen.

Nichts anderes geschieht mit unseren über vier Millionen Arbeitslosen. Denn nicht die Billiglohnländer sind die wahren

Leid Tragenden der liberalisierten Märkte, sondern sie – das heißt, jene Deutschen, die ihren Job an einen Arbeiter im Ausland abgeben mussten, weil deutsche Tarifabschlüsse ihm seine Konkurrenzfähigkeit raubten. Scheinbar erhielt er höheren Lohn und bessere Arbeitsbedingungen und Absicherung für Krankheit und Alter und Pflege. Aber seinen Textiljob konnte er nicht erhalten, der wanderte etwa nach Tschechien aus. Hätte man in seiner Branche nicht solch arbeitsplatzschädliche Bedingungen hergestellt, dann gäbe es seinen Arbeitsplatz noch. Stattdessen bestand man auf zu hohe Lohnforderungen, die man im Kartell mit den Arbeitgebern durchsetzte, und hatte bald darauf einen Arbeitslosen mehr.

Deshalb wundert es mich nicht, dass sich gerade die Gewerkschaften als Globalisierungsgegner zu erkennen geben. Werden doch ihre wunderbaren Errungenschaften im deutschen Tarifpoker durch den freien Markt der Arbeitsplätze auf Dauer hinfällig. Natürlich steckt dahinter ein zynisches Kalkül. Scheinbar will man den Ländern der Dritten Welt nützen, indem man sie vor dem bösen Großkapital schützt. In Wahrheit fürchtet man die Konkurrenz in Osteuropa oder in Indien oder in Asien, die einen Arbeitsplatz nach dem anderen aus dem deutschen Tarifparadies herausfischt. Letzten Endes verfolgen sie dasselbe Ziel wie Oskar Lafontaine: Unsere extrem teure Arbeit kann nur dann in der globalisierten Welt überleben, wenn es diese für uns nicht mehr gibt.

Eine Wunschutopie der deutschen Ideologen sieht – zugegebenermaßen überspitzt formuliert – folgendermaßen aus: Wenn wir uns gegen Wettbewerb und Billiglohnländer – fairerweise könnte man ebenso gut sagen: Fleißarbeitsländer – abgeschottet haben, werden wir irgendwann die klassenlose Ökogesellschaft erreicht haben. Da wir dann allerdings ohne Exporte oder Importe auskommen müssen, werden wir unseren Strom von Windrädern und unser Gemüse aus dem eigenen Biogarten beziehen und uns im Krankheitsfall mit Kräutertees heilen, da wir uns die Weltmarktpreise von Medikamenten nicht mehr leisten können. Doch das wäre auch gut so, da die globalisierte Pharmaindustrie ja böse Genforschung betreibt, mit Stammzellen experimentiert und Tierversuche anstellt.

Aber im Ernst: Wollen wir wirklich einen autarken Gewerkschaftsstaat? Oder wäre es nicht besser, wenn man den Menschen freistellte, was ihnen wichtiger ist? Reguliertes Leben oder freie Arbeitswahl? Die Schwellenländer haben hier längst entschieden: Das Wichtigste ist, dass man seine Kraft einsetzt, dass man seine Fähigkeiten zur Verfügung stellt, weil man damit nicht nur sich selbst, sondern auch der Gesellschaft nützt, die einem die Möglichkeiten dazu bietet. In Deutschland erinnert man sich erst dann der Gemeinschaft, wenn man von ihr Unterstützung verlangt.

In Wahrheit attackiert man die Globalisierung nicht deshalb, weil sie die armen Länder bedroht, sondern weil sie die eigene Bequemlichkeit in Frage stellt. Je mehr die Gewerkschaften unser Land in eine Hochlohn- und Hochsicherheitsoase verwandeln, umso weniger wird die Welt bereit sein, dies zu finanzieren. Man wird unsere Produkte, da zu teuer, nicht mehr kaufen. Man wird uns Waren anbieten, die viel günstiger als die eigenen sind. Schließlich wird man uns im eigenen Land Konkurrenz machen. Immer mehr Volkswirtschaften drängen in die Märkte, die bislang die Großen unter sich aufgeteilt hatten.

Dafür sorgen übergreifende Institutionen wie die Weltbank, die Welthandelsorganisation oder der Internationale Währungsfonds. Sie schießen den Ländern, die sich am Wettbewerb beteiligen, das nötige Geld vor – natürlich unter der Auflage, dass sie gleichzeitig ihr Land auf einen vernünftigen Wirtschaftskurs bringen: Nur wenn Subventionen, überhöhte Zölle und staatliche Monopole abgeschafft werden, kann Wettbewerbsgleichheit entstehen. Zudem sorgen die großen Organisationen dafür, dass Staaten, die in Schwierigkeiten geraten, weil sie etwa ihre Schulden an die Weltgemeinschaft nicht zurückzahlen können, mit Überbrückungsprogrammen und meist auch Schuldenerlässen geholfen wird. Auf diese Weise findet eine dramatische Kapitalumlenkung von den reichen zu den armen Ländern statt. Denn jeder weiß, dass Globalisierung auf Dauer nur dann erfolgreich sein wird, wenn alle sich nach den gleichen Spielregeln daran beteiligen können.

Diese internationalen Organisationen, die Gewaltiges zur

Entwicklung der Dritten Welt und der Schwellenländer beigetragen haben, werden hauptsächlich finanziert von den reicheren Ländern. Weltbank oder IWF sind keine Entwicklungshilfe-Agenturen, sondern stellen ihre Kredite nur zur Verfügung, wenn sichergestellt ist, dass man mit dem Geld vernünftig umgeht. Insofern sind die Spielregeln durchaus mit jenen der Sparkasse um die Ecke vergleichbar. Dennoch sind sie zur bevorzugten Zielscheibe der Globalisierungsfeinde geworden. Kein Treffen von Weltbank, WTO oder IWF, ohne dass es zu gewaltsamen Hassausbrüchen der Gegenseite kommt. Kurioserweise gehören die protestierenden Massen nicht der Dritten Welt an, zu deren Wohl man die Straßenschlachten inszeniert, Geschäfte anzündet und auf Polizisten einprügelt, sondern jenen Industrieländern, die sich seit Jahrzehnten mit Milliardensubventionen um den Aufbau der unterentwickelten Länder bemüht haben. Paradoxerweise werden gerade jene Institutionen verteufelt, die sich bei dieser Umverteilung des Kapitals besonders hervorgetan haben. Mit anderen Worten, man macht den Arzt für die Erkrankung des vernünftig lebenden Patienten verantwortlich.

Gerade der gute Wille des Arztes, also der übergreifenden Organisationen, wird von den Globalisierungsfeinden vehement bestritten. Man wirft ihnen Parteilichkeit zugunsten des Großkapitals, vor allem der amerikanischen Wirtschaftsinteressen, vor. Indem man den Kleinen die Regeln der Großen aufoktroyiert, so die These, liefert man sie deren ökonomischer Übermacht aus, und zwar aus blankem Geschäftsegoismus. Im Bild gesprochen: Man macht sie krank, um ihnen dann teure Medikamente verschreiben zu können. Auch das gehört ins Reich der fixen Ideen. Denn, um im Bild zu bleiben, die Krankheiten unseres Planeten sind eine bedauernswerte Folge der ungleichen Bedingungen, die auf ihm herrschen – der meteorologischen und historischen, der geopolitischen und der kulturellen Bedingungen. Viele Völker entstanden in Weltgegenden, die eine zivilisatorische Entwicklung in unserem Sinne verhinderten und sie zur Armut prädestinierten. Andere Völker zogen bei Auseinandersetzungen den Kürzeren, litten unter Sklaverei und traten erst spät in den Wettbewerb der Kulturen ein. Während die heute erfolgreichen Staaten seit vielen Jahrhunderten an ihrem nationalen Wohlstand arbeiten, wurden andere Völker durch Religionen, Feudalherrscher oder Ideologien gezwungen, sich in Territorialkämpfen aufzureiben oder sich an verkrusteten Systemen festzuklammern. Unser Planet ist krank, wer wollte das bezweifeln. Doch der einzige Arzt, der ihm nachhaltig helfen kann, ist die Globalisierung.

Eben das wird bestritten. Denn jene Organisationen, die ihn fördern sollen, gehorchen angeblich den Interessen finsterer Machtgruppen. Auch dies ist falsch. Beispiel Welthandelsorganisation WTO: Die Regierungen, die sie ins Leben riefen, sind demokratisch legitimiert – soweit ihre Länder sich zur Demokratie bekennen. Hinter jedem Sitz der Organisation stehen also die Wähler beziehungsweise die Gesellschaften der Mitgliedsländer. Dies also sind die finsteren Mächte, die über die Globalisierung bestimmen. Wer der WTO diese Legitimierung abspricht, muss sie erst recht der UNO absprechen. Davon ist aber bei den Globalisierungsfeinden nichts zu hören, obwohl in der UNO der Anteil der Diktaturen und feudalistischen Systeme wesentlich höher als in der WTO ist.

In der OECD wiederum gibt es fast nur Demokratien. Das schützt sie allerdings nicht vor den Attacken der Anti-Globalisierungsbewegung. Auch hier wird deren Selbstwiderspruch deutlich: Einerseits lehnen sie die Globalisierung ab und fordern »kleine Märkte«; andrerseits beschweren sie sich, dass es keine übergreifenden demokratischen Ordnungsinstitutionen gibt. Aber diese kann es nur geben, wenn man die Globalisierung konsequent vorantreibt, damit immer mehr Länder beitreten und sie weltumspannend legitimieren können. Wie man heute einen Europäischen Konvent unter Führung Giscard d'Estaings einberuft, um eine Verfassung für die erweiterte Gemeinschaft vorzubereiten, lässt sich dies selbstverständlich auch für die gesamte Weltgemeinschaft vorstellen. Ich persönlich halte eine solche Weltregierung für die logische Konsequenz der bisherigen Entwicklung und bin überzeugt, dass sie kommen wird.

Andererseits hört man immer wieder die Befürchtung, dass das Zusammenwachsen der Welt zur Verdrängung ihrer Eigenheiten führen wird. Statt des alten Variantenreichtums in Kultur, Sprache und Tradition, so heißt es, wird irgendwann nur noch das multimediale Einheitsmischmasch herrschen, in dem das bereits heute allgegenwärtige Englisch gesprochen wird. Selbst wenn dies Argument deutlich übertrieben ist, kann ich es teilweise verstehen. Ohne Zweifel verschwindet mit der Globalisierung ein Teil der kulturellen Vielfalt. In Indien werden heute 1200 verschiedene Sprachvarianten gesprochen. Doch die Regierung hat sich entschlossen, in den Schulen neben dem obligatorischen Hindu und Englisch nur noch jeweils eine weitere zu lehren. Dieser Schritt zur nationalstaatlichen Vereinheitlichung, der die Wettbewerbsfähigkeit stärken soll, wird natürlich von Kulturwissenschaftlern bitter beklagt. Nur, wieso soll daran die Globalisierung schuld sein?

Bei meinem Antrittsbesuch als Leibniz-Präsident im Mannheimer Institut für die deutsche Sprache wurde ich in ein Labor geführt, in dem deutsche Mundarten auf CDs archiviert sind, unter anderem auch solche, die es inzwischen nicht mehr gibt. So hörte ich den wunderbaren Vortrag einer Frau aus Königsberg, der mich an einen Bekannten meiner Mutter, einen »Flichtling« aus Ostpreußen, erinnerte. Seit damals hatte ich diesen feinen Dialekt nie wieder gehört. Mir wurde klar, dass solche Nuancen durch das politische Zusammenwachsen der Regionen langsam verschwinden. Wir werden, ob wir es bemerken, oder nicht, durch die Vereinheitlichung unserer Welt auch ärmer.

In der EU ist jetzt ein Streit darüber entbrannt, ob Patente zukünftig nur noch in einer Sprache, nämlich englisch, abgefasst sein sollen. Ich persönlich halte es aus einem praktischen Grund für richtig: Im Vergleich mit amerikanischen oder anderssprachigen Patenten sind europäische um ein Vielfaches teurer, weil sie, um weltweite Gültigkeit zu erlangen, gemäß den derzeitigen Richtlinien in mehreren Sprachen hinterlegt werden müssen. Während die Industrie die Ein-Sprachen-Regelung favorisiert, machen sich etwa die französische oder die deutsche Regierung dafür stark, die alte Sprachenvielfalt beizubehalten, mindestens aber soll Französisch beziehungsweise Deutsch »Pflichtsprache« bleiben.

So regt sich überall der Wille, angesichts der fortschreitenden Vereinheitlichung nationale Eigenheiten zu behaupten – auch wenn dies gelegentlich komische Züge annimmt. Zu Beginn meiner Amtszeit als BDI-Präsident habe ich auch einen Antrittsbesuch beim französischen Staatspräsidenten Jacques Chirac absolvieren müssen. Zusammen mit meinen Kollegen vom französischen Industrieverband traf ich ihn in seinem Palast an der Rue Faubourg du St. Honoré, wo er, wie seine Vorgänger, in einem Louis XIV-artig ausgestatteten Prunkzimmer residierte. Seltsamerweise hatte er, höchst unpassend für das hochherrschaftliche Barockambiente, in der Mitte des Raumes einen kleinen modernen Konferenztisch mit grünem Tuch aufgestellt. Offenbar wollte er sich mit uns an diesem nüchternen, nach Arbeit aussehenden Tisch unterhalten, wozu er sich noch Bleistift und Papierblock besorgte. Neben sich platzierte er übrigens eine Dolmetscherin. Als ich mit meiner Einlassung an die Reihe kam, sprach ich auf Französisch zu ihm, das ich damals, so glaubte ich jedenfalls, hinlänglich beherrschte. Zu meiner Überraschung antwortete er mir auf Englisch. Worauf sich die gesamte Konversation in dieser Sprache abspielte, in der er sich sehr gekonnt ausdrücken konnte. Die Dolmetscherin kam kein einziges Mal zu Wort.

Im Sommer 2000 auf Staatsbesuch in Berlin, hielt Chirac eine Rede vor dem BDI, der gerade seine Jahrestagung abhielt. Um diesen Termin, zu dem ich ihn eingeladen hatte, wahrnehmen zu können – vor ihm waren Romano Prodi und Tony Blair vor die über tausend Industriellen getreten – hatte er seinen Staatsbesuch sogar um mehrere Wochen verschoben. Unbescheidenerweise merke ich hier an, dass er mich anlässlich dieses Besuchs mit der Mitgliedschaft in der Ehrenlegion im Range eines Kommandeurs beglückte, was mich dazu berechtigt, eine hübsche Rosette im Revers zu tragen. Allerdings gönne ich mir dieses Vergnügen nur in Ausnahmefällen. Es hilft aber manchmal, zum Beispiel dann, wenn ich in einem begehrten Restaurant in Paris, ohne vorher reserviert zu haben, einen Tisch möchte.

Während Chiracs Staatsbesuch bat mich das Bundeskanzleramt, ein Zwei-Stunden-Gespräch zwischen französischen

Unternehmensführern und deutschen Topmanagern über gemeinsame Kooperationsmöglichkeiten zu moderieren. Nach diesen zwei Stunden wollten Chirac und Schröder zu uns stoßen, um sich von mir die Ergebnisse des Austausches zusammenfassen zu lassen. Ich begann mein Resümee mit der Beichte, dass die deutschen und französischen Bosse nach wenigen Minuten auf die Simultanübersetzung verzichtet hätten, um sich stattdessen in Englisch zu verständigen. Eisiges Schweigen. Chirac starrte mich verärgert an. Ihm sei völlig unverständlich, polterte er auf Französisch los, wie sich deutsche und französische Partner auf Englisch unterhalten konnten. Man müsse doch das Gut der nationalen Sprache hochhalten, erklärte er in meine Richtung. Dann nahm er die Kopfhörer ab und herrschte seine zehn Unternehmensführer, die ihn auf dem Staatsbesuch begleiteten, an, als wären es kleine Schuljungen. Sie saßen da und schämten sich kräftig.

Kaum setzte ich meinen Vortrag fort, wandelten sich ihre bedrückten Mienen in blankes Entsetzen. Ich musste nämlich Schröder und Chirac mitteilen, dass sich alle Anwesenden, Deutsche wie Franzosen, eigentlich als Vertreter globaler Unternehmen verstanden und deshalb mit einer besonderen bilateralen deutsch-französischen Zusammenarbeit, die offenbar unsere Hausaufgabe gewesen war, nichts, aber auch gar nichts anfangen konnten. Während die deutschen Kollegen meinen Hinweis als Selbstverständlichkeit empfanden, sahen die Franzosen in ihm den Beweis für einen fast selbstmörderischen Mut auf meiner Seite. Denn sie, einige als Vertreter von Staatsunternehmen, konnten sich eine solche Offenheit gegenüber dem Präsidenten niemals erlauben. Natürlich erlebte ich diesen Eklat nicht ohne Ironie – im Gegensatz zu meinen französischen Kollegen wusste ich, dass sich fünf Jahre zuvor Chirac selbst der englischen Sprache bedient hatte, um sich mit mir zu unterhalten. Aber damals war es offenbar noch politisch korrekt gewesen – und natürlich war auch keine Öffentlichkeit dabei. Jedenfalls hatte ich das Gefühl, er hätte mir am liebsten die Kommandeursrosette gleich wieder vom Revers gerissen.

Dem Verlust der Sprachen- und Traditionsvielfalt, die beklagenswert ist, steht auf der anderen Seite ein deutlicher Zugewinn gegenüber. Denn je mehr sich die Welt auf eine Einheitssprache, und sei es Englisch, einstellt, umso leichter fällt es den Menschen, miteinander zu kommunizieren. Im Internet hat sich diese Sprache ohnehin durchgesetzt, und kein Finne käme auf die Idee, zu beklagen, dass sich das World Wide Web nicht auf Finnisch unterhält. Denn nicht die Sprache steht hier im Mittelpunkt, sondern die Botschaft. Dasselbe gilt für die Marken, die berüchtigten »Logos«, gegen die sich die Kritik der Globalisierungsgegner richtet. Natürlich werden Levi's und Kenzo und Calvin Klein überall getragen, aber das heißt eben auch, dass sich die Menschen in diesem Punkt einig sind.

Warum deutsche und französische Globalisierungskritiker gern Coca-Cola und McDonald's kritisieren, an den weltweit geschätzten Marken wie Nivea und Evian dagegen nichts auszusetzen haben, bleibt ihr Geheimnis. Dass es schon in den 1960er Jahren eine Weltkultur der Jugend gab, lag daran, dass überall dieselben Hosen und Hemden und Buttons geschätzt wurden – auch die Rock-Musik, die als Protest gegen die Konsumwelt verstanden wurde, war Teil dieser Konsumwelt. Nur dank der viel gescholtenen »Kommerzialisierung« konnte sich ihre kommerzfeindliche Botschaft überhaupt verbreiten. Ohne weltweite Vertriebs- und Mediennetze hätten Jimi Hendrix oder die Rolling Stones kaum ihre Hörer gefunden. Und eben dadurch, dass man sich in Kultur- und Geschmacksfragen rund um den Globus einig war, konnte sich auch die Utopie einer Weltgemeinschaft entwickeln. Ein anderer Name dafür ist Globalisierung.

Selbst der entschiedenste Globalisierungsfeind weiß heute, die Früchte der offenen Märkte zu schätzen. Nehmen wir unsere Essgewohnheiten: Möglicherweise sind die Vorzüge unserer regionalen Küche der Leberknödel, Jägerschnitzel oder Maultaschen zurückgedrängt worden – aber wer bedauert das ernsthaft? Seit Jahrzehnten genießen wir eine wachsende Vielfalt an internationaler Gastronomie, die längst unser Straßenbild beherrscht. Gestern besuchte ich ein neues indisches Lokal auf der Oranienburger Straße. Vor dreißig Jahren gab es in ganz Deutschland nur zwei, und wenn ich Indisch essen wollte – ich liebe indische Küche –, musste ich ziemlich weit fahren. Gerade hat sich in meiner Straße ein neues japanisches Stehrestaurant etabliert, das sich bereits großer Kundschaft erfreut. Die deutsche Imbissbude, die hier vorher Würste und Fritten anbot, musste dem Globalisierungsdruck weichen. Nun verzehrt man Sushi und Sashimi, oder zwei Läden weiter koreanische Suppen und daneben den beliebten Dönerspieß. Mir persönlich sagt diese Vielfalt zu, und ich habe das Gefühl, dabei nicht ganz allein zu stehen. Auch beruhigt mich die Gewissheit, dass hier nicht höhere kapitalistische Strategie waltet, die uns mit fernöstlichen Scheingenüssen unserer heimischen Kost entfremdet, sondern dass es die heimischen Konsumenten selbst sind, die dies förmlich erzwingen. Während die Ideologie das Fremde, das Neuartige, das ganz andere fürchtet, wird es auf dem freien Markt immer willkommen geheißen.

Natürlich entzückt es mich nicht gerade, in jeder Stadt dieser Welt dieselben McDonald's oder Starbucks-Filialen entdecken zu müssen. Ich verstehe die Globalisierungsgegner, die hier eine Angleichung des schlechten Geschmacks beklagen. Andrerseits laufen sie Gefahr, Geschmacksdiktatur auszuüben. Denn wollen sie den Menschen ernsthaft vorschreiben, was sie mögen dürfen und was nicht? In Frankreich avancierte der Landwirt José Bové bei der Linken wie der extremen Rechten zum Nationalhelden, weil er den Rohbau einer »McDonald's«-Filiale mit dem Traktor platt walzte. Damit wollte er für eine Abschottung seines Landes gegen die ausländische Nahrungsinvasion, das so genannte »malbouffe«, protestieren. Verständlich, wenn auch undemokratisch. Denn es ist nun einmal ein unbestreitbares Phänomen, dass Millionen Menschen weltweit, und eben auch in Frankreich, diese Grillbouletten auf Weichbrötchen mögen. Soll man ihnen deshalb andere Zungen einsetzen? Zwar gehöre ich nicht zu den Fanatikern des Fastfood, plädiere aber trotzdem bei den Anti-Globalisierungs-Gourmets für ein wenig Toleranz. Mittlerweile scheint Monsieur Bové Geschmack an medienwirksamen Auftritten gefunden zu haben. Dem damals noch in Ramallah eingeschlossenen Arafat überbrachte er die Solidarität der Globalisierungs- und Frikadellengegner.

Besonders in Frankreich lässt sich seit einiger Zeit das Phänomen beobachten, dass die Ablehnung der Globalisierung die Linke mit der nationalistischen Rechten vereint. Das sensationelle Ergebnis aus der ersten Runde der Präsidentschaftswahlen vom April 2002, welches Jean-Marie Le Pen und nicht wie allgemein erwartet Lionel Jospin in die zweite Runde katapultierte, war nur möglich, weil sich Le Pen mit seiner Kritik an Globalisierung, Europäisierung und den unerwünschten Nahrungsimporten der Argumente der Globalisierungsgegner bediente. Ob man nun die geliebte Heimat gegen Billigimporte aus dem Ausland oder gegen das Ausland schlechthin schützen will – als Resultat ergibt sich dieselbe Abschottung, die, was keinem aufzufallen scheint, eine Bevormundung des Bürgers bedeutet. Man rechtfertigt das auf der linken wie der rechten Seite damit, dass der freie Informations- und Warenverkehr zu einer Vorherrschaft der »großen Marken« führt. Mächtige Multis, so klagen beide, pflastern jeden Binnenmarkt mit ihren normierten Produkten. Die Welt verödet unter fortschreitender »McDonaldisierung«.

Dieses Argument beschwört ein Szenario, das durch die Wirklichkeit längst widerlegt ist. Die Konsumenten, angeblich hilflose Opfer der Industrie, zeigen sich nämlich viel wählerischer und veränderlicher, als jene starre Ideologie für möglich hält. Sie lassen sich auf Dauer nichts unterjubeln, was ihnen nicht passt, und schnell wendet sich ihre Sympathie von einem Hersteller dem nächsten zu. Ganze Industriebranchen sterben deshalb an einer Stelle aus, um an anderer wieder aufzublühen. Nehmen wir als Beispiel unser eigenes Land. Nach dem Krieg waren wir der größte Stahlproduzent der Welt – heute beherrscht Korea mit seinem Angebot die Welt. Danach stiegen die Deutschen zur größten Schiffbaunation auf – auch dies ist längst auf andere Länder, erst auf Japan und dann auf Korea übergegangen. Wir galten jahrelang als bester Anbieter in der Konsumelektronik, und Marken wie Grundig oder Uher führten die Märkte an – das ging alles nach Japan und von dort nach China. Sony hat die Rolle von Grundig übernommen, und Sony produziert keinen einzigen Fernseher mehr in Japan. Auch waren wir einmal die Uhrenweltmeister, hatten fast ein Monopol für Fotoapparate und optische Linsen. Tempi passati, wir freuen uns schon, wenn heute ein japanischer Anbieter ein deutsches Leitz-Objektiv einbaut. Schade eigentlich, aber das letzte Wort hat immer der Konsument.

All diese klassischen deutschen Marken hatten einmal die Weltführung inne und mussten sie an andere abgeben. Oft kommen die Marktsieger heute aus Schwellenländern, die vor zehn Jahren noch gar keine Rolle spielten. Nicht weil das Großkapital das entschieden hätte, sondern weil der Wettbewerb es wollte. Eine Marke, die sich nicht unablässig den veränderten Konsumwünschen der weltweiten Kundschaft anpasst, kann nicht überleben. Deshalb üben nicht die Logos den Terror aus – wenn das überhaupt das rechte Wort ist – sondern die Menschen, die über Wohl und Wehe der Marken ziemlich willkürlich entscheiden und die Unternehmer zwingen, die Herstellungskosten mit allen Mitteln zu senken. Was wiederum, zum Schrecken des Hochlohnlandes Deutschland, den Schwellenländern die große Chance zum Markteinstieg bietet.

Auch steuern nicht nur Amerika und der Westen zum Universum der Handelsmarken bei. Die ganze Welt erfindet tägliche neue Produkte, und es stört mich nicht im Geringsten, wenn man heute bei High-Tech-Erzeugnissen die asiatischen Logos bevorzugt oder bei Textilien ein fernöstliches Herkunftsland. Ebenso wenig beunruhigt mich der Erfolg von Coca-Cola. Vergeblich hatten sich erst das Hitler-Reich, dann die Sowjet-Diktatur gegen den imperialistischen Softdrink gewehrt – der Geschmack der Welt folgt offenbar anderen Richtlinien als die Ideologie. Coca-Cola breitete sich aus, weil es den Konsumenten schmeckt. Punkt. Und wer wollte sich anmaßen, es ihnen aus weltanschaulichen Gründen übelzunehmen? Auch Indien trinkt leidenschaftlich gern Coca-Cola. Aber es stellt das Getränk auch selbst her. Wie wir heute für exotische Marken, etwa australische oder mexikanische Biere, gern tiefer in die Tasche greifen, weil sie uns eben besser oder sei es auch nur anders schmecken. Schaut man sich dann die australische Bierflasche genauer an, wird man oft auch das »Brewed in Germany« entdecken. So verbreiten sich nicht nur die Marken, sondern auch die zu den Marken gehörenden Arbeitsplätze über die ganze Welt.

Nebenbei, wer sich von einer Marke terrorisieren lässt, ist selbst schuld. Meiner Beobachtung nach leidet besonders die Jugend, die sonst so vehement gegen Konsum- und Globalisierungsterror aufbegehrt, unter dieser Krankheit. Das Logo ersetzt die Persönlichkeit, und wie man früher eine Uniform anzog, um Gleichförmigkeit zu signalisieren, sind es heute die »Designer«-Namen, mit denen man Gruppenidentität herstellt. Kleider machen eben Leute. Wer der Jugend das verbieten wollte, weil es globalisierungspolitisch nicht korrekt wäre, würde wohl seine wichtigste Klientel verlieren.

Der Globalisierungskritiker wird also die Tatsache des weltweit wachsenden Konsums, an dem offenbar die gesamte Menschheit ebenso schnell wachsenden Gefallen findet, widerwillig konzedieren. Doch sogleich wird er auf dessen unvermeidliche Folge, die wachsende Kluft zwischen Arm und Reich, hinweisen. Im Prinzip stimme ich zu. Es gibt eine wachsende Kluft – aber nicht, wie es das Klischee will, zwischen armen und reichen Ländern, sondern zwischen Ländern, die an der Globalisierung partizipieren, und solchen, die sich dagegen abschotten. Deshalb ist es einfach unlogisch, die Misere der globalisierungsabweisenden Länder wiederum der Globalisierung in die Schuhe zu schieben. Um welche Länder handelt es sich? Sie liegen in Afrika, in Lateinamerika und in Asien. Es sind ausnahmslos Länder, in denen man sich gegen die Dreiheit von Demokratie, Menschenrechten und Marktwirtschaft wehrt. Aber wie unsinnig wäre es, die Not der Länder, die keine Marktwirtschaft erlauben, der Marktwirtschaft anzulasten? Oder das Unrecht, das ihre Bevölkerung erdulden muss, weil die Menschenrechte nicht respektiert werden, auf die Globalisierung zurückzuführen, die sie verbreitet? Aber mit solchen Absurditäten ziehen die Globalisierungsfeinde in ihren heiligen Krieg.

Sie ziehen von Hauptstadt zu Hauptstadt, um überall, wo über die Zukunft des Planeten beraten wird, Straßenschlachten vom Zaun zu brechen – angeblich zum Wohle jener bettelarmen Staaten in der Dritten Welt, die weder Demokratie noch Marktwirtschaft noch Menschenrechte besitzen. Mit ihren Transparenten und Steinwürfen wollen sie zum Ausdruck bringen, dass dies die Schuld der westlichen Industriestaaten sei. Sie täuschen sich aber. Kein westlicher Industriestaat würde irgendeinem Land der Welt Demokratie, Menschenrechte oder freie Marktwirtschaft verwehren. Es sind diese Länder selbst, die von Diktatoren oder Feudalherrschern unterdrückt und ausgebeutet werden. Während die korrupte Elite von den Früchten der Globalisierung, etwa in Form unserer Entwicklungshilfe, profitiert, wird das Volk von ihr fern gehalten. Internet oder freie Medien sind verboten, Welthandel unerwünscht, Reisen unbezahlbar. Wer anders denkt, wird eingesperrt oder umgebracht.

Wenn ich das Auftreten der militanten Anti-Globalisierungsfront beobachte, die mit der Moral im Kopf und dem Molli in der Hand operiert, fühle ich mich an die 68er-Straßenkämpfer, in gewisser Weise sogar an die frühen Nationalsozialisten erinnert. Auch diese Bewegung richtete ihren Hass gegen einen imaginären Feind. Man fühlte sich durch das Ausland unterdrückt, man sah die eigene Kultur überfremdet, das Volk durch andere Rassen, vor allem die Juden, bedroht. Die Symbole dieser eingebildeten Bedrohung bildeten das »jüdische Monopolkapital«, das die ganze Welt vampirhaft aussaugte, und der »jüdische Bolschewismus«, der die Menschheit unterjochen wollte. Als Folge schottete Deutschland sich ab, verließ den Völkerbund, also die damalige UNO, und berauschte sich an der eigenen Überlegenheit, mit entsetzlichen Folgen für die ganze Welt. Was damals das Wort »Jude« meinte, drückt bei den fanatischen Überfremdungsgegnern das Wort »Amerikaner« aus.

Diese wahrhaft »verrückte« Ideologie der Hitler-Partei entlud sich mit Vorliebe in Gewaltakten – wie heute die vermummten »Schwarzen Blocks«, stürmten zu Anfang des Dritten Reiches die braunen SA-Horden auf ihre Gegner ein und benutzten den Knüppel als bestes Argument. Später wiederholte sich diese Vernichtungswut auf weltpolitischer Ebene und zog den ganzen Globus in Mitleidenschaft. Ich benutze das Wort »Vernichtungswut« nicht zufällig: Denn nichts anderes kann ich erkennen, wenn ich die Fernsehbilder dieser absurden Straßenschlachten verfolge, die von den Medienkommentatoren schöngeredet werden. Ich sehe nicht den brennenden Wunsch, unserer Welt weiterzuhelfen, sondern ich sehe brennende Geschäfte und Polizeiautos. Und aufs Feuerlegen haben sich auch die Nazis bestens verstanden.

Nun sehe ich schon die mahnenden Finger, die mich vor solchen Vergleichen warnen. Aber, so antworte ich, muss man nicht vergleichen, um Unterschiede feststellen zu können? Dann höre ich den Einwand, es sei ja nur eine Minderheit, die die Krawalle anzettelt. Aber wer motiviert sie dazu? Wie soll ich es verstehen, wenn Susan George, die Vizepräsidentin von »Attac« Frankreich, dieser von deutschen Gewerkschaften und Oskar Lafontaine hofierten Vereinigung, droht: »Der Regierung wollen wir Angst machen, teuflische Angst«? Als Scherz? Nur zur Erinnerung: Mit solchen Attacken auf demokratische Institutionen hat noch jeder politische Terror begonnen.

Würden die Globalisierungsfeinde wirklich für die Dritte Welt eintreten, müssten sie für die Einführung von Demokratie, Menschenrechten und Marktwirtschaft in diesen Ländern kämpfen. Und sie müssten auf die Barrikaden gehen, um UNO, Weltbank, WTO und IWF zu drängen, diese verlorenen Weltteile schnellstmöglich an die Globalisierung anzuschließen. Das tun die Protestierenden aber nicht. Denn es geht ihnen, so fürchte ich, nicht um das Wohl unseres Planeten, sondern, wie bei allem religiösen oder politischen Fanatismus, um die Vernichtung des eingebildeten Feindes und die gewaltsame Durchsetzung ihrer Ideologie. Und die ist, wie sich bei vielen meiner Diskussionspartner zeigte, vernunftresistent.

Zum Glück nicht bei allen. Möglicherweise war ich der Erste, der auf den Zusammenhang der Globalisierung mit den Werten unserer Zivilisation hingewiesen hat. Ob in Fernsehtalkshows oder beim offenen Schlagabtausch mit Kritikern habe ich immer wieder auf den »Side Effect« hingewiesen, dass nicht nur die verachteten Waren, sondern eben auch die hoch geschätzten Werte und lebenswichtigen Informationen um die Welt gehen. Lernen wir aus den Fehlern der deutschen Sonderwege: Wenden wir uns ebenso ab von fanatischen Verschwörungstheorien wie von der Versuchung, unser Wohlstandsparadies gegen die Welt abzuschotten. Humaner Fortschritt ist nicht gegen die anderen, sondern nur in Gemeinschaft mit den anderen zu haben. Die Dreiheit aus Demokratie, Marktwirtschaft und Menschenrechten wirkt ansteckend.

Neuerdings bemerke ich, dass dieses Argument von vielen auch prominenten Globalisierungsgegnern übernommen wird. Man starrt nicht mehr nur auf das dämonische Großkapital, sondern sieht die realen Verbesserungen, die das weltweite Zusammenwachsen mit sich bringt. Wer etwa regelmäßig die Statistiken von Amnesty International liest, wird feststellen müssen, dass in jedem Jahr die Zahl der Demokratien steigt und die der Länder mit Todesstrafe sinkt. Nicht trotz, sondern wegen der Globalisierung.

Auch wenn es bei uns nur wenige wahrhaben wollen – die befreiten Entwicklungsländer wissen es längst: Globalisierung ist die Freiheitsbewegung des 21. Jahrhunderts.

8

Die Spielregeln der Globalisierung

Die Globalisierung stellt wahrscheinlich die einzige Menschheitsentwicklung dar, die auf keinem Reißbrett entstanden ist. Weder wurde sie von Ideologen noch von Philosophen oder Politikern erdacht. Weltreiche und Religionen, Kolonisierungen und Befreiungskriege wurden geplant, doch die Entwicklung des Kommunikations- und Warenaustausches verlief nach eigenen Gesetzen. Und wenn der Fortschritt mit den Interessen von Großmächten oder Multis übereinzustimmen schien, so, weil diese sich auf ihn einzustellen wussten. Lange hielten diese Parallelbewegungen nie an. Imperien wie Weltblöcke oder Großunternehmen gingen unter, die fortschreitende Vernetzung der Welt ließ sich allenfalls bremsen, doch nie aufhalten. Dabei scheint sie dem Gesetz zu folgen, dass ein besseres System immer ein schlechteres ersetzt.

Globalisierung erfüllt den alten Menschheitstraum, sich ohne Begrenzung bewegen, mit jedermann jederzeit in Verbindung treten zu können. Und vor allem an dem, was die Welt an Wünschenswertem hervorbringt, teilhaben zu können, ohne durch die Schranken von Zeit und Raum daran gehindert zu werden. Für mich gehört das Niederreißen von Mauern, Vorurteilen, Ideologien und religiösen Dogmen zu den herausragenden Merkmalen der Globalisierung. Sie bringt Aufklärung, doch sie setzt auch, und das wird oft übersehen, Aufklärung voraus. Nur aufgeklärte Gesellschaften werden sich in ihr zurechtfinden und von ihr profitieren. Das heißt ohne Erziehung und Bildung bleibt man, bildlich, in seiner Ecke sitzen. Auch wenn Darwins Lehre in Deutschland mit dem abwertenden Stempel des »Sozial-Darwinismus« versehen ist, erscheint mir seine Theorie von der Anpassung doch zutreffend: Eine Spezies, die sich nicht anpasst, wird untergehen. Man könnte ebenso gut sagen: Wer nicht lernt, den bestraft das Leben.

Auch die Wirtschaft, die nur einen Aspekt der Globalisierung darstellt, hat sich diesem Anpassungswettbewerb stellen müssen. In einem Jahrhunderte währenden Ausleseverfahren hat sich das marktwirtschaftliche System herausgebildet und gegen zentralistische Strukturen durchgesetzt. Dennoch findet man auch heute noch Ökonomen, die dies nicht wahrhaben wollen und stattdessen alle möglichen Ingredienzien aus längst überholten Systemen zusammenmischen. Nach dem Motto, man nehme etwas Marxismus, etwas Planwirtschaft, mische es mit Kapitalismus und »sozialer Gerechtigkeit«, soll aus alten Ingredienzien eine neue Suppe angerichtet werden. Man nennt dies gerne »den dritten Weg«. Pointiert gesagt, führt der dritte Weg schnurstracks in die Dritte Welt. Wer ihn partout beschreiten möchte, übersieht die Tatsache, dass die Wirklichkeit längst einen anderen Weg eingeschlagen hat, und dies mit sichtbarem Erfolg. Denn es geht nicht um Glaubenssätze, sondern um messbaren Nutzen für die ganze Erde. Das Ziel der modernen, also sozialen Marktwirtschaft besteht darin, dass der individuelle Nutzen möglichst weit mit dem Nutzen der Gemeinschaft zusammenfällt, was nur deshalb möglich ist, weil die Interessen dank der globalen Vernetzung konvergieren. Je mehr Teilnehmer sich am Markt beteiligen, umso besser fällt das Geschäft jedes Einzelnen aus.

Da der Ausgangspunkt der Kreativität aber immer das Einzelinteresse ist, das für sein Produkt das Interesse der Gesellschaft wecken will, müssen für einen fairen Ablauf des Handels Spielregeln geschaffen werden. Nicht etwa, um ein neues Spiel zu erfinden, wie es das Steckenpferd der Ideologen ist, sondern das bestehende von Blockaden zu befreien. Der Sinn des Spiels ist, dass es funktioniert – zum Nutzen und Vergnügen aller, die teilnehmen. Dazu gehört, dass die Erfolgreichen den anderen die Chance einräumen, ebenfalls Erfolge zu erzielen. Oder dass die Gewinner jenen helfen, die ohne eigenes Verschulden gescheitert sind. Denn Motivation und Erfolg des

Einzelnen sind die Triebfedern der Marktwirtschaft. Ihr Ziel aber besteht darin, möglichst viele vom Spiel profitieren zu lassen. Eine gute Idee geht blitzschnell um die Welt. Ein innovatives Produkt findet seine Märkte fast von selbst. Ein Unternehmer schafft mit wachsendem Erfolg immer mehr Arbeitsplätze, durch die jene, die weniger einfallsreich sind, daran partizipieren. Wer sich allerdings ausschließt und sozusagen links liegen bleibt, darf das nicht dem Spiel anlasten.

Im März 2001 war ich zu einem Kongress mit dem Titel »Globale Unternehmen und globales Ethos« in Baden-Baden eingeladen. Unter der Leitung von Hans Küng, dem Präsidenten der »Stiftung Weltethos«, diskutierten Vertreter aus Wirtschaft, Wissenschaft und Politik über Ethik und Globalisierung. Persönlichkeiten wie Altkanzler Helmut Schmidt oder Bundesbankpräsident a. D. Hans Tietmeyer beteiligten sich ebenso wie Norbert Walter von der Deutschen Bank oder Professor Ernst Ulrich von Weizsäcker, Vorsitzender der Enquetekommission »Globalisierung der Weltwirtschaft«. Während ich den Vorträgen lauschte, fragte ich mich, in welche Veranstaltung ich hier geraten war. Die Mehrheit vertrat tatsächlich die Ansicht, dass Globalisierung etwas moralisch Fragwürdiges sei. Und die zahlreichen anwesenden Wirtschaftsvertreter schienen nichts dabei zu finden, dass die soziale Marktwirtschaft, ihr ureigenstes Feld also, mit dem Makel des Unethischen ausgestattet wurde.

Das lag auch daran, dass der bekannte Theologe Hans Küng das Treffen leitete, der von Globalisierung und Marktwirtschaft vermutlich weniger versteht als von Gut und Böse. In seinem Referat setzte er die »globalen Unternehmen« ohne weiteres auf die Anklagebank. Und wenn man dort erst einmal sitzt, ist es schwer, wieder herunterzukommen. Da er argwöhnt, das »oberste Kriterium des Globalisierungsprozesses« könne im »Gewinnstreben«, also im Egoismus, liegen, empfiehlt er eine ganze Reihe von Maßnahmen, um dieser Tendenz Einhalt zu gebieten. Eine moralische »Rahmenordnung«, die nötig wäre, um menschliche Belange in den Vordergrund zu stellen, kann die Wirtschaft natürlich nicht selbst entwickeln. Denn sie, das geht aus Küngs Andeutungen hervor, neigt zum

Bösen. Da er aber, und mit ihm der ganze Teilnehmerkreis von ethischen Menschen, das Gute vertritt, darf er der Globalisierung sozusagen die Leviten lesen. Um moralisch einwandfrei zu sein, müsse sie sich in Zukunft auf »ein Minimum an bestimmten ethischen Werten« festlegen. Dazu gehören Wahrhaftigkeit, Gewaltlosigkeit, Fairness, Gleichberechtigung und natürlich Gerechtigkeit, am liebsten als »Weltgerechtigkeit« bezeichnet. Und wer wollte dem widersprechen?

Ich wollte dem widersprechen. Nicht weil ich nicht auch für das Gute wäre, sondern weil ich Küngs Prämissen nicht teile – übrigens ebenso wenig wie seine Folgerungen. Für ihn stellt die Globalisierung dasselbe dar wie die Menschheitsgeschichte für die christliche Morallehre. Da der Mensch zum Bösen neigt, muss man ihn zum Einhalten von Geboten und moralischen Richtlinien zwingen. Unter anderem empfiehlt das Christentum Wahrhaftigkeit, Gewaltlosigkeit und natürlich Gerechtigkeit – handelt der Mensch dem zuwider, macht man ihm ein schlechtes Gewissen. Zudem muss er posthum mit empfindlichen Strafen rechnen. Es ist nun nicht meine Aufgabe, zu fragen, wie weit das Christentum oder die Moralprediger damit gekommen sind, die Tugenden und das Gute weltweit zu verbreiten. Oder inwieweit die Menschen durch Gewissensnöte und die Androhung von Höllenstrafen »besser« geworden sind.

Stattdessen frage ich Herrn Küng und die neuen Moralprediger, was sie für wichtiger erachten: Worte oder Taten? Appelle oder vorbildliches Verhalten? Die Antwort dürfte eindeutig ausfallen: Natürlich lassen sich Menschen viel eher durch Beispiele zu mitmenschlichem Verhalten bringen als durch Ermahnungen. Die Baden-Badener Veranstaltung lief aber, neben einigen Selbstkasteiungen der Wirtschaft, eindeutig auf Ermahnungen und Appelle hinaus. Und manch einer saß mit schlechtem Gewissen da, wohl wissend, dass er morgen wieder »sündigen« wird. Wie also, das blieb als großes Fragezeichen, kann man den großen Worten Taten folgen lassen? Wie kann man nicht nur für freiwillige »Wohlverhaltenskodizes« oder die »Zügelung des unternehmerischen Machtstrebens« oder »Selbstverpflichtung zum Guten« plädieren, sondern diese auch verwirklichen?

Ich sagte, dass ich weder Küngs Prämissen teile noch seine Schlüsse. Denn weder akzeptiere ich den moralischen Generalverdacht gegen die Globalisierung, noch halte ich die von der Kanzel herab verkündeten Moralweisheiten für das geeignete Mittel, sie durchzusetzen. Das einzige Mittel, das der Gerechtigkeit, der Fairness und der Mitmenschlichkeit zum Durchbruch verhelfen kann, heißt nämlich Globalisierung. Sie tut längst, was Küng nur fordert. Durch keine religiösen oder ethischen Vorschriften werden die Menschen einander näher gebracht – durch die Globalisierung schon. Durch keinen noch so feurigen Appell kann die Armut in der Welt vermindert werden – durch die Globalisierung schon. Und während die Religionen den Menschen nach ihrem Bild zu formen suchen, erlaubt die Globalisierung der Menschheit, sich ihr eigenes Bild von sich zu bilden. Durch Information und Austausch, durch Begegnung und gegenseitige Bereicherung. Während jede Moral zu einer Trennung der Welt in Gut und Böse führt – mit schrecklichen politischen Resultaten – eint die Globalisierung die Menschheit, indem sie alle einander näher bringt. Nicht die Moralkodizes oder die Religionen haben die Menschheit zusammenwachsen lassen, sondern die Globalisierung. Die Menschheit, die Küng vor der Globalisierung schützen will, wurde durch sie geschaffen. Wenn Ethik heißt, aus eigenem Antrieb füreinander da zu sein, führt sie uns eine Jahrtausende alte ethische Erfolgsgeschichte vor.

Natürlich gehört das von den Moralisten gegeißelte Eigeninteresse zu dieser Erfolgsgeschichte dazu. Es gehört sogar zu ihren wichtigsten Triebfedern. Treffen einzelne Interessen aufeinander, entstehen in der Politik Kampf und Krieg. In der globalisierten Welt entsteht Wettbewerb. Der weist nicht nur den überbordenden Egoismus des Einzelnen in die Schranken, sondern lässt den der anderen über sich hinauswachsen. Wettbewerb setzt Kräfte frei. Er bietet die beste Motivation, etwas zu leisten, das am Ende allen zugute kommt. Am Beispiel Sport lässt sich leicht erkennen, dass Kräfte erst dann zu wachsen beginnen, wenn sie sich mit anderen messen. Ohne den gegenseitigen Ansporn sind Höchstleistungen nicht zu erzielen.

Doch gerade der Wettbewerb und das Konkurrieren um die

beste Leistung schmeckt Küng nicht. Er beklagt sich, dass »Erfolg und Wettbewerb auf den Status von Werten« erhoben worden sind. Nur das Moralische ist für ihn gut. Nur das Geistige gilt als Wert. Reale Wertschöpfung wird als nur materiell abgetan. Ein Produkt, eine Fertigkeit oder, wie er abschätzig sagt, eine »Performance« sind zweitrangig, entscheidend scheint ihm die »ethische Verantwortung für das Gemeinwohl«. Aber zu dieser Verantwortung bekennt sich jeder, der durch seine Leistung zum Fortschritt beiträgt, indem er Werte schafft, das heißt, gute Produkte herstellt oder gute Dienstleistungen bringt. Und dies kann er nur, weil er im Wettbewerb mit anderen steht. Vermutlich vollbringen nicht einmal Moraltheologen eine bedeutende Leistung, ohne dabei zu ihren Konkurrenten vom Fach hinüberzuschielen.

Schon Ludwig Erhard erkannte, dass eine der wichtigsten Spielregeln der Marktwirtschaft darin besteht, einen fairen Wettbewerb zu ermöglichen. Diese Triebfeder darf nie erlahmen, sondern muss immer, um nicht kontraproduktiv zu wirken, gespannt bleiben. Natürlich kann auch der Wettbewerb, wie alles, was sich der menschlichen Freiheit verdankt, missbraucht und ausgehebelt werden. Etwa, um einen Vergleich aus dem Sport zu bemühen, indem man bei einem Wettrennen einem Teil der Läufer Rucksäcke umhängt und ihnen die Chance verwehrt, an der Spitze zu laufen. Dies geschieht, wenn der Staat die Unternehmen mit dem »Rucksack« zu hoher Steuern und zu aufwändiger Bürokratie belastet. In einem globalisierten Wettrennen bedeutet dies, dass den betroffenen Läufern die Chancengleichheit genommen wird. Den Sieg werden nur jene erringen, die sich der Konkurrenz unbeschwert stellen können. Da sich aber durch die Globalisierung nicht nur die Unternehmen, sondern ganze Gesellschaften im Wettbewerb mit anderen befinden, sind gemeinsame Spielregeln, die Chancengleichheit bieten, auf Dauer unvermeidlich.

Eine weitere Gefahr für den Wettbewerb kann paradoxerweise dadurch entstehen, dass ein Unternehmen zu sehr prosperiert. Dass man die Feder sozusagen überspannt. Ich habe oft die Erfahrung gemacht, dass Erfolg und Anerkennung bereits den Keim der nächsten Niederlage in sich tragen. Gerade in der

Wirtschaft lässt sich diese Gesetzmäßigkeit gut beobachten. Vor fünfzehn Jahren habe ich bei der IBM miterlebt, wie wir auf hohem Ross ritten, von einem Aktienhoch zum nächsten kletterten und täglich neue Anerkennung einheimsten. Keiner konnte sich vorstellen, dass die Prognose unseres Firmenchefs von 1984, wir würden 1990 die hundert Milliarden Dollar Umsatzgrenze überschreiten, verfehlt werden könnte. Angesichts der blendenden Performance war das schier undenkbar. Aber wir ließen uns blenden. IBM schaffte sie 1990 nicht und hat sie heute noch nicht erreicht. Der Grund lag in einer durch unsere Größe bedingten monopolartigen Stellung, die uns die Freiheit gab, Preise beliebig festzusetzen. Ich selbst war siegestrunken und geblendet. Vor lauter Selbstbewunderung ließ man Nachlässigkeiten bei den Produkten einreißen und versäumte, die Konkurrenz zu beobachten, die aus unseren Fehlern lernte.

Ich beobachte eine ähnliche Entwicklung bei Microsoft und seinem Gründer Bill Gates. Ich sehe ihn noch vor mir, wie er Ende der achtziger Jahre in mein Stuttgarter Büro hineinschlenderte – schlaksig und unkompliziert, dabei sehr bescheiden. Er war damals wohl erst einige Hundert Millionen Dollar wert. Der junge Mann ließ es sich nicht nehmen, beim IBM-Deutschlandchef Hans-Olaf Henkel persönlich dafür zu werben, dass der IBM-Vertrieb sein neues Produkt Microsoft Windows zusammen mit der IBM-Hardware vermarkten solle. Meine Sekretärinnen waren von seinem Charme wie seiner Bescheidenheit begeistert. Als ich ihn Mitte der neunziger Jahre bei einer öffentlichen Diskussion eines Mittelstandsforum wiedertraf, das die IKB Deutsche Industriebank AG organisiert hatte, sah ich einen veränderten Menschen vor mir. »Hi, Olaf, you haven't changed«, sagte er. Ich konnte das von ihm nicht behaupten. Er strotzte vor Selbstbewusstsein, und die ersten Anzeichen der Überheblichkeit waren nicht zu übersehen. Heute ist Bill Gates gegenüber früher kaum wieder zu erkennen. Zugleich sehe ich sein Unternehmen als potenziellen Kandidaten für die Wiederholung jener Fehler, die uns bei der IBM vor Jahren unterlaufen sind. Zu viel Erfolg und Beifall sind ebenso gefährlich wie ein Monopol. Kommt beides zusammen, ist die Krise nicht mehr weit.

Übrigens lässt sich Ähnliches bei allen Monopolen beobachten – nicht nur den staatlichen, die wir von den kommunistischen Planwirtschaften her kennen, sondern auch den Staatsbetrieben in marktwirtschaftlich orientierten Ländern. Da die Konkurrenz ausgeschlossen bleibt, sinkt das Leistungsniveau automatisch ab. Effizienz, Qualität, Innovationskraft schwinden, und der Kunde, der ein überteuertes und zudem schlechtes Produkt abnehmen muss, zahlt die Zeche. Im Endeffekt betrügt jedes Monopol zuerst seine Kunden, schädigt die Gesellschaft und ruiniert schließlich sich selbst. Zwar gibt es kein Unternehmen, das nicht den Wunsch hegte, Marktführer zu werden und heimlich davon träumt, auf seinem Gebiet allein dazustehen – das gehört nun einmal zu den natürlichen Antriebskräften der Marktwirtschaft. Doch hat der Staat hier eine doppelte Verantwortung: Weder darf er selbst dieser Versuchung erliegen, indem er Monopole errichtet, noch darf er es zulassen, dass einzelne Unternehmen sich in eine Position hineinmanövrieren, die zu Lasten der Konsumenten und des Wettbewerbs geht. Dies gehört zu den unverzichtbaren Spielregeln, die weltweite Gültigkeit erlangen müssen. Keiner darf so stark werden, dass der Wettbewerb seinen Sinn verliert.

In der Natur lässt sich übrigens dasselbe Phänomen betrachten. Allem Wachstum scheint der Drang innezuwohnen, ins Uferlose zu wuchern. Jede Art versucht nach Möglichkeit, ihr Biotop zu beherrschen und die Konkurrenten in den Schatten zu stellen. Die Aufgabe des Gärtners besteht darin, die Pflanzen so weit zurückzuschneiden, dass sie die Existenz der anderen nicht beeinträchtigen. Dies ist die erste Spielregel jedes Gartens. Wenn ich heute meinen japanischen Dachgarten ansehe, bietet er mir besten Anschauungsunterricht: Nachdem ich eine bestimmte Bambusart angepflanzt hatte, musste ich bald feststellen, dass sie mit unglaublicher Kraft und Schnelligkeit alle anderen Gewächse wie Kirsche, Ahorn, Farn oder Buchsbaum zu dominieren, das heißt zu überwuchern suchte. Hätte ich nicht radikal eingegriffen – ich fühlte mich fast wie ein botanisches Kartellamt –, wäre meine Terrasse nach wenigen Jahren ein Bambusgarten gewesen, aus dem nur noch die Schultern meiner Mao-Figur herausgeragt hätten.

Noch eine weitere Erfahrung verdanke ich dem Dachgarten: Viele Pflanzen, die ich einsetzte, erwiesen sich im Vergleich zu anderen als wenig wettbewerbsfähig. Während die meisten gediehen, kümmerten andere dahin. Um der Vielfalt willen, griff ich mit zusätzlichen Gaben von Dünger oder einer Extradosis Wasser ein, wodurch ich zwar die Stärkeren benachteiligte, doch nur, um die allgemeine Chancengleichheit herzustellen. Eben darin liegt die Aufgabe des Staates, der nicht allein den puren Wettbewerb, sondern auch dessen Vielfalt und »Artenreichtum« sicherstellen muss. Viele Argumente der Globalisierungsgegner setzen an dieser Stelle an. Dabei übersehen sie, dass mangelnde Gärtnerkunst kein Argument gegen die Anlage des großen Gartens »Globalisierung« darstellt. In der Tat hat man es teilweise versäumt, die richtigen Spielregeln zu etablieren, die sowohl den Wettbewerb wie die Vielfalt der Mitwirkenden sicherstellen. Teilweise wurden existierende Spielregeln nicht eingehalten, andere wurden nicht durchgesetzt, wieder andere existierten nicht. Um im botanischen Bild zu bleiben: Die »Auswüchse« der Marktwirtschaft waren nur die Konsequenz mangelnder Gartenkunst, sprich: marktwirtschaftlicher Vernunft. Alle Arten sollen in Wettbewerb treten – nicht jedoch, um irgendwann den Garten in eine Monokultur zu verwandeln, sondern um sich gegenseitig an Schönheit, an Blüte, an Früchtereichtum zu übertreffen. Vielfalt ist nämlich ein Selbstzweck.

Reine Monopole findet man heute nur noch selten, außer ebensolche, die der Staat unter stillschweigender Inkaufnahme der Nachteile selbst organisiert hat. Bei uns gehören dazu Deutsche Bahn oder Wasserwirtschaft. Kurioserweise haben die beiden europäischen Nachbarn Frankreich und Deutschland sich hier gegensätzlich entschieden: Die Franzosen haben das Wasser privatisiert, die Lyonnaise des Eaux, jetzt Vivendi, gehört zu ihren größten Privatkonzernen. Dagegen fänden sie es absolut unfranzösisch, den Strommarkt freizugeben, der fest in Staatshänden liegt. Beim Nachbarn jenseits des Rheins hält man es genau umgekehrt. Schröder sieht im Strommarkt eine typische Privatsache, weshalb er auch die EU mahnt, dem deutschen Beispiel zu folgen. Dagegen muss das Wasser in der Hand der Kommunen bleiben. Die Lufthansa ist längst privatisiert, die französische Air France stolzer Staatsbesitz. So hat jeder Politiker sein Steckenpferd, um sozusagen sein eigenes Monopol zu schützen, selbst wenn er genau weiß, dass der Kunde dafür teuer bezahlen muss.

Auch die Oligopole, bei denen Großunternehmen ihre Preise absprechen, gehören zu den Hemmschuhen der Globalisierung. Es zählt nicht zu den Ruhmesblättern der deutschen Wirtschaft, dass zuerst Unternehmen der Zement-, dann der chemischen Industrie ihre Preise illegal koordiniert haben, was zu saftigen Strafen der Europäischen Kommission führte. Als BDI-Präsident war ich vor allem über jene Präsidiumskollegen empört, die ihr Bußgeld, oft mehrere Hundert Millionen Mark, ohne großes Aufheben bezahlt und damit ihre Schuld eingestanden haben. Auch beim Benzin wurde immer wieder der Verdacht unzulässiger Absprachen geäußert. Und in der Tat, regelmäßig erhöhen die großen Gesellschaften ihre Preise in wundersamer Einhelligkeit, zumal wenn Ferien anstehen. Da die Mineralölkonzerne früher ihre Zentralen fast alle in der Hamburger City-Nord hatten, und zwar in Sichtweite zueinander, galt es den Hamburgern als ausgemacht, dass Preisveränderungen gar keiner »Geheimabsprachen« bedurften: Man musste, so scherzte man, in den Fenstern der Chefetagen nur ein paar Blumentöpfe verschieben. Trotz dieser einleuchtenden Erklärung bezweifle ich, dass der Benzinpreis auf diese oder andere Weise wirklich manipuliert wird. Weder die wachsame Europäische Kommission noch die deutsche Kartellbehörde konnten trotz erheblichen Rechercheaufwands jemals unlautere Machenschaften nachweisen. Das hindert unsere Minister nicht, nach jeder Preisanhebung ihre Verschwörungstheorien wählerwirksam auszubreiten – wodurch sie von der simplen Tatsache ablenken wollen, dass sie selbst für die hohen Benzinpreise verantwortlich sind: Inzwischen gehen schon über 70 Prozent an den Fiskus.

Auch Kartelle verhindern die Chancengleichheit des Marktes. Bei diesen Arrangements werden zur Beherrschung eines Marktes Rahmenbedingungen festgelegt, die nicht durch freien Wettbewerb entstanden sind. Eigenartigerweise genießen sie bei uns keinen schlechten Ruf. Zu den weltweit auffälligsten Beispielen zählt das deutsche Tarifkartell. Wie unter alliierter Oberhoheit nach dem Krieg vom deutschen Gesetzgeber festgelegt, diktieren Arbeitgeberverbände und Gewerkschaften nach gemeinsamer Absprache dem deutschen Arbeitsmarkt die jeweiligen Bedingungen. Obwohl jeder Interessierte weiß, dass diese Tarife nicht durch Wettbewerb entstehen, sondern diesem willkürlich übergestülpt werden, hat man sich damit abgefunden, als hätte man es hier mit einer eminent demokratischen Institution zu tun. Das Gegenteil ist der Fall. Seit Jahrzehnten bereichert sich das Kartell aus Arbeitgebern und Gewerkschaften zu Lasten erst der Arbeitslosen und dann der Allgemeinheit, die ja den Preis für die direkten und indirekten Folgen der hohen Arbeitslosigkeit zahlen muss.

Ein anderes Kartell, mit dem man sich gewohnheitsmäßig abgefunden hat, ist die OPEC. Nach meiner festen Überzeugung stellt sie einen glatten Bruch der freien Welthandelsordnung dar. Die fatale Wirkung dieses Kartells lässt sich daran ablesen, wie weit wir bereits davon abhängig sind. Kein Staat wagt mehr, sich mit ihm anzulegen. Allerdings lässt sich beobachten, dass dieser Zusammenschluss Erdöl exportierender Staaten nicht mehr so funktioniert wie noch vor einigen Jahrzehnten. Auch hier hat sich, ganz gegen die Verabredung, Wettbewerb eingeschlichen. Da die Briten, Norweger, Amerikaner und Russen dem OPEC-Kartell nicht beigetreten sind, wurde der Spielraum der arabischen Profitwünsche deutlich eingeschränkt. Auch lassen sich die Saudis gelegentlich breitschlagen, bei Bedarf die Fördermenge schlagartig zu erhöhen. Dennoch bleibt dieses Kartell auf lange Sicht eine Herausforderung insbesondere für Deutschland. Es war die rot-grüne Regierung, die durch den Ausstieg aus der Atomenergie die Abhängigkeit von der OPEC dramatisch verschärft hat. Die Scheichs dürften sich die Hände gerieben haben, als sie vom absehbaren Ende unserer heimischen Kernenergieversorgung hörten.

Nicht zufällig wurde die Kartellbehörde in Brüssel zu einer der auffälligsten Institutionen des neuen Europa. Durch das Anwachsen des Marktes, der sich vom deutschen zum europäischen Binnenmarkt fortentwickelte, waren übergreifende Behörden nötig geworden, die über die Einhaltung der Spielregeln wachen. Ich halte es für richtig, dass die Europäische Kommission im Lauf der Markterweiterung auch diese Verantwortung übernahm, die früher auf Landesebene angesiedelt war. Unter den Kommissaren van Miert und Monti hat die Kartellbehörde für gleiche Wettbewerbsbedingungen in Europa gesorgt. Immer wieder gerieten die beiden mit Politikern aneinander, die ihre nationalen Eigentümlichkeiten – Monopole, Oligopole, Kartelle – gegen die Gemeinschaft durchsetzen wollten. Ganz am Anfang waren es die Deutschen, die mittels ihres »Reinheitsgebotes« den Import ausländischer Biere zu verhindern suchten – erst Brüssel und dann in der nächsten Runde der Europäische Gerichtshof setzten die Liberalisierung durch und überließen dem Konsumenten die Entscheidung, ob er lieber Kulmbacher, Kirin oder Kronenbourg trinkt. Von den befürchteten schädlichen Wirkungen des »unreinen« Importbiers ist mir nichts bekannt geworden.

Sosehr es den Europäern gelungen ist, Monopole, Kartelle und wettbewerbsverzerrende Absprachen zu unterbinden, gehören sie auf dem Weltmarkt noch zur Tagesordnung. Jeder versucht sich Vorteile über andere zu verschaffen, indem er seine Einflusssphäre absichert und die Rahmenbedingungen diktiert – auf Kosten der Weltgemeinschaft. In diesem Punkt gebe ich den Globalisierungskritikern Recht. Wir haben leider noch keine weltweit gültigen Richtlinien, die jenen unserer Kommission vergleichbar wären. Andererseits berücksichtigt Brüssel bei seinen Entscheidungen zunehmend globale Gesichtspunkte. Durch europäischen Einspruch wurde etwa die Fusion der US-Firmen General Electric und Honeywell verhindert, da sie, aus Brüsseler Sicht, monopolartig gewirkt hätte – diese Sicht wurde von den Amerikanern zwar nicht geteilt, sie fügten sich aber. Am besten wäre es, wenn diese wichtigen Spielregeln des Marktes durch eine Weltkartellbehörde abgesichert würden, die, in Zusammenarbeit mit den nationalen Ämtern, auch die letzten Schlupflöcher stopfte. Dann erst gäbe es den Wettbewerb, den die Globalisierung verdient.

So erfolgreich sich die bisherige Arbeit der Brüsseler Behörde gestaltete, hat die deutsche Bundesregierung immer nur dann ihre Entscheidungen gut geheißen, wenn es ihr in den politischen Kram passte. Auch das deutsche Kartellamt geriet durch Schröder unter Druck. Als es, mit guten Gründen, die Übernahme der Ruhrgas durch E.on ablehnte, lief der Konzern zum deutschen Wirtschaftsminister, um eine Sondererlaubnis zu erbitten. Da Minister Müller aber pikanterweise dem E.on-Konzern einmal als Führungskraft gedient hat und ihn lange vor Antritt des Ministeramtes mit Pensionsberechtigung verlassen musste, schob er, um Neutralität bemüht, die Entscheidung seinem Staatssekretär zu – der bekanntlich nur das tun kann, was der Minister von ihm erwartet.

Für mich stellt diese »Ministererlaubnis«, obwohl vom deutschen Gesetz gedeckt, einen klaren Bruch vernünftiger Spielregeln dar – ganz zu schweigen vom Schaden, den das Kartellamt als objektive Instanz erleidet. Ein solcher Erlass unterhöhlt die Schiedsrichterfunktion der Wettbewerbsbehörde. Übrigens war sich Bundeskanzler Schröder nicht zu schade, im Wahljahr 2002 aus durchsichtigen Gründen ununterbrochen Kritik an den Entscheidungen der europäischen Kartellbehörde zu lancieren, was ebenfalls darauf hinauslief, deren Position zu beschädigen. Während frühere Bundesregierungen Brüssel klug nutzten, um sich wichtige Reformen im eigenen Land von der Kommission »verschreiben« zu lassen, verfolgt Schröder die umgekehrte Strategie. Er sucht nicht Unterstützung der eigenen Vorhaben, sondern Sündenböcke, um über heimische Schwächen hinwegzutäuschen. Wenn die Kommission den einbetonierten Arbeitsmarkt kritisiert oder den peinlichen »blauen Brief« androht, führt er dies auf mangelnde »Sensibilität« gegenüber den »spezifisch deutschen Verhältnissen« zurück und desavouiert die Partner als »einseitig«. Im Gegenzug wehrt er sich viel zu oft gegen Brüsseler Versuche, in Deutschland mehr freien Wettbewerb durchzusetzen, als trüge dieser, und nicht seine eigene verfehlte Politik, Schuld an unserer Misere. Damit schadet Schröder nicht nur der Konkurrenzfähigkeit des eigenen Landes, sondern auch dem europäischen Vereinigungsprozess. So wird, etwa durch subtiles Schüren nationaler Ressentiments, Globalisierung verhindert.

Eine weitere Bedrohung der Globalisierung stellen die Einfuhrbeschränkungen dar, die auf die Betroffenen wie ein undurchdringliches Kartell wirken. Wo Waren mittels Zöllen von den Konsumenten fern gehalten werden, herrscht keine Marktfreiheit, sondern Willkür. Zu den typischen Argumenten der Globalisierungsgegner gehört denn auch die mangelnde Bereitschaft der Industrieländer, Güter aus der Dritten Welt ungehindert in ihren Markt zu lassen. Normalerweise basieren Zollsysteme auf Gegenseitigkeit, das heißt, wenn du meine Autos reinlässt, lasse ich deine Bananen rein. Dies ist der Kern der meisten bilateralen oder regionalen Abkommen. Zurzeit gibt es Verhandlungen zwischen EU und Mercosul – also Brasilien, Argentinien, Paraguay und Uruguay –, um auf beiden Seiten die Handelsschranken herabzusetzen. Erfolgreich wurden solche Verhandlungen mit Mexiko und Südafrika abgeschlossen. Doch viele, vor allem kleine Länder, sind von solchen freizügigen Regelungen noch ausgeschlossen.

Wenn die Globalisierungskritiker also fordern, ihnen den Zugang zu den lukrativen Märkten zu erleichtern, stimme ich ihnen gern bei. Man sollte mit solchen Importen wesentlich großzügiger umgehen. Man sollte den Entwicklungsländern, die zu uns aufschließen wollen, Handelserleichterungen einräumen, Zollschranken senken, ohne von ihnen gleich dasselbe zu verlangen. Sie brauchen einfach noch Zeit, ihre eigene Industrie zu entwickeln. Nur so kann ihre Volkswirtschaft genügend Dynamik gewinnen, um für den freien Markt gerüstet zu sein. Denn dies muss das Ziel sein. Wenn die Globalisierungsfeinde dies fordern, folgen sie paradoxerweise selbst der Logik der Globalisierung. Denn natürlich wissen auch sie, dass sich Wohlstand nur über den Zugang zum Weltmarkt erreichen lässt. Die Kleinen brauchen die Hilfe der Großen, und nur die Globalisierung schafft die Bedingungen dafür.

Die Freizügigkeit des Marktes bringt naturgemäß die Gefahr mit sich, dass kleine Volkswirtschaften unter dem Ansturm des internationalen Warenangebots zusammenbrechen. Dies geschieht nicht etwa durch üble Machenschaften des Auslands, sondern durch die Kaufentscheidung der eigenen Konsumenten. Streng genommen muss man die Industrie der Entwicklungsländer nicht vor der Industrie der reichen Länder, sondern vor ihren eigenen Verbrauchern schützen. Welcher Inder würde noch ein Auto heimischer Produktion kaufen, wenn seine Regierung den unbeschränkten Import von Honda, Hyundai oder Volkswagen zuließe?

Bei meiner letzten Indienreise stellte ich fest, dass Hindustan Motors immer noch das gleiche Modell produziert wie 1965, einen Nachbau des englischen Ambassador der 1950er Jahre. Der einzige augenfällige Unterschied zu früher besteht in der Farbe: Zu meiner Zeit waren alle indischen Ambassadors schwarz lackiert, was mir wegen der Hitze nicht sehr sinnvoll erschien. Heute hat die Vernunft gesiegt und alle sind weiß. Konkurrenzfähig wird die Antiquität allein dadurch, dass ausländische Autos mit einem Zollsatz belegt werden, der das Mehrfache ihres Importpreises ausmacht. Würde man über Nacht diese Einfuhrbremse lösen, wäre kein Inder mehr in einen Ambassador zu bringen. Dagegen bauen sie einen Vespa-ähnlichen Motorroller, der auf dem neuesten Stand der Technik scheint und jährlich weit über eine Million Stück in und außerhalb Indiens verkauft. Hier haben sie also den Anschluss geschafft, der ihnen im Automobilbereich wohl nie gelingen wird.

Ohne hohe Einfuhrzölle würde die Industrie in den meisten Entwicklungsländern schlagartig ruiniert – nicht weil den OECD-Nationen daran gelegen wäre, sondern weil die Konsumenten jener Länder die jeweils besseren, günstigeren Produkte vorzögen. Das allerdings hätte zur Folge, dass sich kaum jemand noch solche Importe leisten könnte. Denn die betroffenen Arbeitsplätze, etwa der indischen Autoindustrie, würden verloren gehen. Millionen würden wieder auf der Straße landen. Da wir aber das Gegenteil wollen, müssen wir diesen Ländern helfen, sich vor Selbstdemontage zu schützen.

Das wiederum kommt auch uns zugute. Denn der Wettbewerb lebt gerade von der Vielzahl und Verschiedenheit der Konkurrenten. Den kleinen Nationen muss deshalb ermöglicht werden, ihre speziellen Fähigkeiten oder Produkte in den internationalen Markt einzubringen. Der Verdrängungskampf, wie zwischen Großunternehmen üblich, wäre hier, zumindest am

Anfang, fehl am Platze. Stattdessen gilt es, die Wettbewerbschancen derjenigen zu fördern, die sich noch nicht im Konzert der Großen behaupten können. Im Sport hat man Modelle entwickelt, nach denen Wettrennen auch zwischen verschieden starken Konkurrenten möglich sind. Als ich in den 1960er Jahren mit meiner GP-14-Jolle auf dem Ganges segelte, war es bei Regatten üblich, die Bootsführer je nach Segelkunst mit Handicaps zu versehen, um allen eine Siegeschance zu geben. Das hieß nicht, dass man den Wettbewerb behindern und erreichen wollte, alle zur selben Zeit die Ziellinie passieren zu lassen, sondern im Gegenteil – nur durch diese gezielten Eingriffe wurde die Motivation für ein spannendes und faires Kräftemessen mobilisiert.

Analog dazu sollte den kleineren Ländern die Teilnahme ihrer speziellen Produkte am internationalen Markt erleichtert werden, während das Eindringen der etablierten Massenwaren auf Zeit mit Handicaps versehen werden muss. Dies könnte die WTO in Form einer asynchronen Zollsenkung organisieren. Mir erschiene eine solche einseitige Einfuhrpolitik der Industrieländer wichtiger als jede Entwicklungshilfe. Seit Jahrzehnten haben die starken Nationen gewaltige Kapitalmengen in die schwächeren Länder gepumpt, ohne durchgreifende Resultate zu erzielen. Häufig genug versickerten sie in dunklen Kanälen, wurde von korrupten Politikern abgezweigt, zum luxuriösen Lebensstil der jeweiligen Diktatoren missbraucht oder mit Vorliebe in die militärische Aufrüstung gesteckt. Nennenswertes wurde nicht bewirkt. Würde man stattdessen beschließen, die Produkte dieser Länder ungehindert einzuführen, hätte dies unmittelbare Rückwirkungen auf deren Wirtschaft. Sie erhielte endlich eine Startchance: Plötzlich fänden die Entwicklungsländer einen gewaltigen Weltmarkt, der ihre Waren zollfrei abnimmt, ohne gleichzeitig ihre noch unterentwickelte Industrie opfern zu müssen, weil sie gegen die Produkte des Weltmarkts nicht ankäme. Diese asynchrone Zollsenkung, die den Schwächeren einen vorübergehenden Vorsprung einräumt, wäre ein weit besseres Mittel als der ungeregelte Transfer von Geld, das selten dort landet, wo es sollte.

Ich weiß mich in diesem Punkt mit den meisten Vertretern der europäischen Industrie einig. Dennoch findet diese vernünftige Maßnahme in der EU oder der NAFTA keine Mehrheit. Der Grund liegt in der Landwirtschaft. Der europäische wie der amerikanische Agrarmarkt sind sozusagen bis über die Ohren reguliert, subventioniert und protegiert. Hohe Einfuhrzölle verhindern, dass ihm aus den klimatisch bevorzugten, aber armen Ländern Lateinamerikas, Afrikas oder Asiens Konkurrenz ins Haus kommt. Eine Liberalisierung des Agrarmarktes wäre also ein Gebot der Globalisierung selbst. Denn würde man die Grenzen für die Produkte der ganzen Welt öffnen, könnte beispielsweise auch die europäische Landwirtschaft Zugang zum US-Markt erhalten und umgekehrt. Die gewaltigen Agrarsubventionen würden endlich entfallen. Die wichtigste Folge aber wäre eine weltweite Geschäftsbelebung, die zudem eine weitere Verbesserung für die Entwicklungsländer nach sich zöge. Wer dies will, darf aber nicht gegen, er muss konsequenterweise für die Globalisierung eintreten.

Doch hütet sich die Anti-Globalisierungs-Bewegung, ihre wahren Gegner zu nennen. Man greift das »internationale Großkapital« als anonyme Größe an, um es nicht mit den heimischen Landwirten zu verderben. Sie allein wären nämlich dafür verantwortlich, dass die Entwicklungsländer ihre konkurrenzfähigen Agrarprodukte nicht anbieten dürfen. Aber irgendwie klingt das politisch nicht korrekt, und außerdem muss man befürchten, dass die Grünen abspringen könnten. Denn diese setzen sich für das genaue Gegenteil einer liberalisierten Agrarpolitik ein. Ginge es nach den grünen Agrarfundamentalisten – und ihre Ministerin Künast marschierte mit Eilschritten in diese Richtung – sollte man möglichst nicht einmal mehr zwischen den Bundesländern mit landwirtschaftlichen Produkten handeln. Was angebaut wird, soll an Ort und Stelle konsumiert werden. Industrielle Produktion und freier Wettbewerb wären dann abgeschafft. An ihre Stelle träte der Traum von der glücklichen Kuh, dem selbst umgegrabenen Acker und dem gesunden Ei aus dem eigenen Hühnerstall – als hätte man vergessen, dass sich die deutschtümelnde Agrarphilosophie von Rudolf Steiner, dem Erfinder der »biologisch-dynamischen

Landwirtschaft«, bis zur Schollen-Mystik des Dritten Reichs an ähnlich weltfremden Wunschbildern berauscht hat. Die Grünen treten mit der Künastschen »Agrarwende« in eine gefährliche Tradition ein, von deren Ursprüngen sie sich offenbar nichts träumen lassen. Was als Sehnsucht nach unverfälschter Natur beginnt, endet in Selbstabschottung und Überlegenheitswahn: Deutschland als Ökologie-Weltmeister.

Die Globalisierung wird aber nicht nur durch künstliche Abschottung, sondern auch durch geschickte Kanalisation beeinträchtigt. Ich meine die Korruption. Sie versteht es, den Wettbewerb durch gezielte Gaben zu umgehen. Was, sportlich gesprochen, wie ein offenes Match zwischen Konkurrenten aussieht, ist ein abgekartetes Spiel, bei dem Gewinner und Verlierer längst feststehen. Ob durch Bestechung der Schiedsrichter oder durch Einnahme von Doping – Mitbewerber wie Publikum werden arglistig getäuscht. 1993 wurde in Berlin – nach dem Vorbild von Amnesty International – die Vereinigung »Transparency International« gegründet, die sich für die weltweite Bekämpfung der Korruption einsetzt. Nach Ansicht dieser Organisation, die heute in siebzig Ländern tätig ist, kostet diese hinterhältige Machenschaft die Weltbevölkerung jährlich rund drei Prozent des gesamten Wohlstandes – zum einen durch die Summen, die über die Theke geschoben werden, zum anderen durch den Verlust an Effizienz, den die Bevorzugung eines Schlechteren nach sich zieht. Denn wäre er nicht schlechter, müsste er sich nicht auf Bestechung verlegen. Zwar spricht man gern von »Schmiergeld«, doch bringt die Korruption nur Sand ins Getriebe der Welt.

Im Frühjahr 2002 wurde unsere Republik durch eine besonders niederträchtige Art von Bestechung erschüttert: Es geschah in Köln und, wie so oft, an der gefährlichen Nahtstelle zwischen Wirtschaft und Politik. Besonders pikant war dabei, dass die Politiker, die einem Bauunternehmer Vorteile gegen Bares gewährt hatten, Genossen waren. Die SPD, die sich während der CDU-Spendenaffäre zum Inquisitionstribunal entwickelt hatte – unvergesslich die Auftritte des Moralwächters Müntefering – sah sich nun selbst im so genannten Spendensumpf versinken. Allerdings betonte man den feinen

Unterschied zwischen Spenden, die vor, und solchen die nach der Auftragserteilung geflossen seien. Letztere wurden, als »Dankeschön«-Spenden, mit dem Unbedenklichkeitsprädikat versehen. Im Verlauf des Skandals, der immer weitere Kreise zog, wurden selbst Müntefering, der sich über Kohls Gedächtnisschwäche zu mokieren liebte, bedenkliche Wissenslücken vorgeworfen. Dem perfekten PR-Technokraten blieb nur noch die Ausflucht, von seinen Mitarbeitern bewusst in Unwissenheit gehalten worden zu sein. Auch Macht korrumpiert, wie man sieht, und vor allem wenn man sie behalten will.

Für mich ist die Korruption einer der fleißigsten Totengräber der Freiheit. Nicht nur die Marktwirtschaft und die Globalisierung leiden unter ihr, sondern jedes einzelne Land, in dem sie sich, meist gestützt auf privilegierte Gruppen, ausbreitet. Deshalb wird nach deutschem Recht nicht nur der Bestechliche bestraft, sondern auch der Bestechende. Nicht nur der Nehmer in der Behörde, sondern auch der Geber im Unternehmen. Denn gemeinsam fügen sie dem Interesse der Gemeinschaft Schaden zu. Lange Zeit galt es in der Industrie als üblich, bei Auslandsgeschäften mit »Schmiergeld« zu hantieren. Wenn alle es machen, hieß es, können wir uns nicht ausschließen. Man ging noch einen Schritt weiter: Wenn alle Länder die Bestechungssummen für steuerlich absetzbar erklären, dann müssen wir dies aus Gründen der Waffengleichheit ebenso tun. Einerseits scheint dies einzuleuchten, doch andererseits verdeutlicht es die Notwendigkeit einer weltweiten Lösung des Problems.

Genau hier setzte »Transparency International« an, das mit amerikanischer Unterstützung aus der Taufe gehoben wurde. Dass gerade die Amerikaner sich hier finanziell zuerst engagierten, entsprang auch moralischen Motiven, doch nicht nur. Jahrzehntelang war die US-Industrie in internationale Bestechungsskandale, von Lockheed in Japan bis ITT in Chile, verwickelt gewesen. Erst als der Kongress die Korruption auf den Index setzte und mit schwersten Sanktionen belegte, brach die Korruptionsfreude der Amerikaner ab. An ihre Stelle trat zwar ein transparenteres Geschäftsgebaren, doch auch die Befürchtung, gegenüber der nach wie vor korrupten Konkurrenz ins

Hintertreffen zu geraten. So entstand in Amerika, im Zusammenhang mit »Transparency International«, eine florierende Anti-Korruptions-Bewegung, was ich selbstverständlich nur begrüßen kann.

Anfangs reagierten meine Industriekollegen auf diese moralische Kehrtwendung mit Sarkasmus. Die Korruption, so glaubten einige zu wissen, habe sich nur neue Kanäle gesucht. Statt der direkten Einflussnahme, die verbaut sei, suche man sich in jedem Land einheimische Agenturen und Zwischenhändler, die gezahlte Summen als »Vermittlungsprovisionen« ausweisen können. Ich halte das für übertrieben. Als ehemaliger Repräsentant einer amerikanischen Firma weiß ich, dass schon ein Versuch dieser Art nicht nur den eigenen Job, sondern selbst die Einreiseerlaubnis in die USA kosten kann. Immerhin zeigte diese Moraloffensive, die sich in OECD-Richtlinien niederschlug, auch bei uns Wirkung: Auslands-Schmiergelder sind nicht mehr steuerlich absetzbar.

Betrachtet man die Korruptionshitparade von »Transparency International«, so fällt auf, dass zu den größten Sündern gerade jene Länder gehören, die sich auch in Sachen Demokratie und Menschenrechte als Versager erweisen. Unbegreiflich bleibt mir, warum die Globalisierungsfeinde nicht gegen jene menschenverachtenden Feudalsysteme und Diktaturen Front machen, die ihren Bürgern mehr Schaden zufügen als je ein realer oder eingebildeter Großkapitalist. Ist es doch vor allem die Führungsschicht der armen Länder, die durch ihre Bestechungsanfälligkeit ihre Völker im Elend festhalten. Aber es passt wohl nicht zum Freund-Feind-Schema der Anti-Globalisierungsliga, dass die wahren Übeltäter in Sachen Globalisierung im Lager ihrer vermeintlichen Opfer zu finden sind.

Übrigens nimmt Deutschland, auch wegen der CDU-Parteispendenaffäre einen nicht sehr schmeichelhaften 20. Platz in der Imagehitparade ein, der sich durch die SPD-Korruptionsaffäre noch weiter verschlechtern dürfte. Auch dies kann als Indiz gewertet werden, dass wir für die globale Gemeinschaft kaum als Vorbild in Frage kommen. Wie wir auf wirtschaftlichem, wissenschaftlichem und kulturellem Gebiet ins Mittelmaß abgesunken sind, müssen wir auch in Fragen des Charakters zu Ländern wie Finnland aufschauen. Zwar sind wir keine »Bananenrepublik«, doch entsprechen wir ebenso wenig unserem eigenen hohen Anspruch. Zählt Transparenz, also Wahrhaftigkeit, zu den Spielregeln der Globalisierung, so haben wir auch hier noch erheblichen Nachholbedarf.

Sicher ist eines: Wir sind auf die Globalisierung, die Öffnung der weltweiten Märkte angewiesen. Zugleich sind wir ihr aber, überspitzt gesagt, ausgeliefert: Denn ob wir wollen oder nicht – wir müssen den Wettbewerb mit immer neuen Ländern bestehen, die uns den Platz auf dem Weltmarkt streitig machen. Bietet uns die Globalisierung die Chance, immer mehr Güter zu immer besseren Konditionen in die Welt zu exportieren, so drängen, wie ein Echo, die immer besseren und preisgünstigeren Güter der Welt in unser Land. Und unter Gütern verstehe ich nicht nur Waren, sondern jede Art von geschaffenen Werten, die als Produkte, Dienstleistungen oder Informationen weitergegeben werden.

Nun neigen wir aufgrund unserer Vorstellungen von »sozialer Gerechtigkeit« dazu, anderen Ländern Vorschriften über ihre Arbeitsbedingungen machen zu wollen. Man möchte ihnen am liebsten die Spielregeln, die man im eigenen Land durchgesetzt hat, aufzwingen, ohne Rücksicht zu nehmen auf deren spezifische Rahmenbedingungen. Ein Thema, mit dem man bei uns »Political Correctness« demonstriert, ist die Kinderarbeit. Wer würde nicht auf der Stelle eine international gültige Spielregel fordern, die jede Art von entgeltlicher Tätigkeit bei Kindern rigoros verbietet? Und sollte man nicht deren Abschaffung zur Voraussetzung gegenseitigen Handels erklären? Sollte man nicht jede Firma, die Produkte aus Kinderarbeit anbietet, boykottieren?

Ich bin mir nicht sicher, ob das »soziale Gewissen« immer der beste Ratgeber ist. Mit dreizehn Jahren habe ich in einer Baumschule in Hamburg-Duvenstedt gearbeitet. Ich half bei der Veredlung von Obstbäumen, wofür ich einen Stundenlohn von fünfzig Pfennig bekam. Mein Pensum betrug rund zehn Stunden pro Woche – eine äußerst langweilige und nervtötende Arbeit, bei der man mit krummem Rücken oder auf Knien ein scharfes Okuliermesser führte, um Schösslinge aufzupfropfen. Das war Kinderarbeit. Hat sie mir geschadet? Nicht dass ich wüsste. Von dem Geld kaufte ich mir Eis oder Coca-Cola, des Öfteren auch Mickey-Maus- und Tom-Prox-Hefte. Deshalb hielten meine Großeltern, bei denen ich damals lebte, weniger die Kinderarbeit als deren Früchte für schädlich. Ich selbst dagegen fühlte mich finanziell unabhängig und war bereit, dafür gewisse Opfer zu bringen. Wie andere Schulkameraden auch: Man hat sich um diese Teilzeitjobs geradezu gerissen. Niemals fiele mir ein, den Betreiber der Baumschule dafür zu kritisieren. Dank seiner Veredelungsarbeit konnten wir unser ansonsten etwas eintöniges Schülerleben veredeln. Das hat sich übrigens bis heute nicht geändert: Laut *Spiegel* ist Geldverdienen für deutsche Schüler ganz normal. Ein Drittel aller Kinder ab 13 Jahren arbeitet im Schnitt mehr als drei Stunden pro Woche.

Gerade in Indien, das von Globalisierungsgegnern gern als Modell für gelungene Abschottung angeführt wird, gehört Kinderarbeit zu den Selbstverständlichkeiten. Bei meinem letzten Besuch in Rajasthan ist mir aufgefallen, dass fast alle Mädchen auf ihren Hüften kleine Geschwister mit sich trugen. Das heißt, ihnen wird von der Gesellschaft die Rolle des Kindermädchens zugeteilt, damit Vater und Mutter auf dem Feld oder in der Fabrik arbeiten können. Dasselbe gilt für die Jungen, die den Eltern bei der Erwirtschaftung des Familienunterhalts helfen. Natürlich muss jedem Kind die Möglichkeit geboten werden, in die Schule zu gehen und etwas Vernünftiges zu lernen – aber erst muss es genug zu essen haben. Das wurde, auch dank der Kinderarbeit, mittlerweile erreicht. Indien, früher notorisch von Nahrungsmittelspenden des Auslands abhängig, exportiert heute sogar Nahrungsmittel.

Wohlgemerkt, ich plädiere nicht für Kinderarbeit. Ich habe nur Verständnis dafür, dass einige Entwicklungsländer, darunter demokratisch regierte wie Indien, nicht jegliche Kinderarbeit verbieten können. Sie begreifen nicht, wie man ihre Produkte, weil Kinder daran mitgearbeitet haben, mit internationalem Bann belegen kann. Denn als Folge werden die Kinder nicht etwa in die Schule geschickt – sie haben nur nichts mehr zu essen. Im Übrigen gibt es für viele von ihnen, selbst im modernen Indien, noch gar keine Schulen. Sollen sie also, weil wir Deutschen an andere Standards gewöhnt sind, lieber nichts tun, als ihrer Familie beim Überlebenskampf helfen? Wir sollten uns für Schulen einsetzen, dann verschwindet auch die Kinderarbeit. Manchmal habe ich den Verdacht, dass westliche Boykottmaßnahmen gegen Dritte-Welt-Waren, so hochmoralisch sie sich geben, nur den Versuch darstellen, missliebige Konkurrenz loszuwerden. Wohl deshalb nehmen gerade gewerkschaftsnahe Persönlichkeiten zu diesem Thema so leidenschaftlich Stellung: Unvergesslich sind mir die Fotos, die den damaligen Arbeitsminister Norbert Blüm bei einer Stippvisite in Neu Delhi zeigen, wo er heftig gegen die Kinderarbeit im Lande wetterte. Ein ganzer Tross von Fotografen sorgte dafür, dass Deutschland an seinem Kreuzzug regen Anteil nahm. In Indien blieb sein Auftritt unbemerkt, und das war von Blüm wohl auch nicht anders beabsichtigt gewesen.

Deutsche Sozialpolitiker neigen auch dazu, anderen EU-Ländern ihre Vorstellungen von »menschenwürdiger« Arbeit nahe zu legen – nicht so sehr, wie ich glaube, aus ethischen Antrieben, sondern um unerwünschtes Konkurrenzgefälle auszugleichen. Zum Glück halten sich weder die Spanier noch die Portugiesen und schon gar nicht die Polen oder die Tschechen an das deutsche Dogma. Sie leisten sich kein so ausgeklügeltes soziales Netz, weshalb sie auch niedrigere Arbeitskosten und, wenn sie und wir so weitermachen, bald auch mehr Jobs anzubieten haben. Viele Globalisierungsgegner, auch in unserer Regierung, geben sich der Illusion hin, dieses Gefälle sei Folge der weltweiten Öffnung der Märkte. Deshalb würden sie am liebsten als Spielregel einführen, dass die deutsche Vorstellung von Mitbestimmung und Tarifkartell, Arbeitszeit und Lohn, Urlaub und Rentenanspruch europäische, vielleicht sogar irgendwann globale Geltung erhält. Ich halte dies für absurd. Die Spielregel, die mir dagegen vorschwebt, würde lauten: Jedes Land soll selbst entscheiden, welche Anstrengungen es für den internationalen Wettbewerb unternehmen will. Jedes Land soll durch seinen Begriff von Arbeit definieren, was ihm die Globalisierung wert ist – immer vorausgesetzt, dass es sich für die Dreiheit aus Demokratie, Menschenrechten und Marktwirtschaft entschieden hat.

Dazu gehört auch, dass die Globalisierung vor keinem Land Halt machen darf. Diktaturen, die sich heute noch sperren, müssen nachdrücklich auf ihre Verantwortung gegenüber dem Ganzen hingewiesen werden. Kein Staat ist eine Insel – auch wenn Castro dies zu glauben scheint. Zu den Spielregeln gehört deshalb, dass man sich nicht mit bestehenden Abkommen begnügt, sondern die Freizügigkeit in alle Richtungen vorantreibt. Beispiel EU: Es wird viel über die Erweiterung diskutiert, vor allem die SPD fürchtet hier insgeheim Nachteile für ihre Gewerkschaftsklientel. Das Gespenst vom »Lohndumping« geht um. Mir erscheinen die Argumente, die hier angeführt werden, ebenso kleinkariert wie jene gegen die Globalisierung. Denn natürlich müssen wir die Freizügigkeit in der Wahl des Arbeitsplatzes, die für die fünfzehn Mitgliedsstaaten gilt, auch den neuen Beitrittsländern zugestehen. Und natürlich werden nicht alle insistieren, nur zu deutschen Tarifbedingungen arbeiten zu dürfen. Vielleicht werden sie andere Prioritäten setzen als der DGB. Nicht zufällig haben wir in Deutschland keinen gesetzlichen Mindestlohn. Zwar werden Löhne, die das Tarifkartell festlegt, neuerdings nachträglich vom Gesetzgeber als allgemeinverbindlich abgesegnet. Doch in den meisten Branchen gibt es dies nicht. Man kann niemandem in Deutschland verwehren, für einen Lohn zu arbeiten, den sich der Arbeitgeber leisten kann. Stattdessen zieht man es vor, lieber nicht zu arbeiten.

Ein anderer Versuch, am deutschen Wesen die Welt genesen zu lassen, besteht darin, die Genehmigung von Exporten oder Aufbauprojekten in der Dritten Welt von der Beachtung deutscher Umweltnormen abhängig zu machen. Was aber nützt es der Umwelt Nigerias, wenn ein deutsches Unternehmen in die Lagune von Lagos nur solches Abwasser einführt, das nach deutschen Richtlinien geklärt ist, während alle anderen Firmen, einschließlich die städtische Kanalisation, sich um derlei nicht kümmern? Besonders unter der rot-grünen Regierung hat sich diese Tendenz verstärkt, sodass die Beteiligung deutscher Firmen an internationalen Ausschreibungen durch ökologische

Auflagen behindert wird. Da man auch die Vergabe von Krediten an umweltpolitisches Wohlverhalten knüpft, bedeutet es am Ende, dass Deutschland dem Ausland vorschreiben will, wie es mit seiner Landschaft umzugehen hat. Eine ähnliche Anmaßung des Auslandes uns gegenüber ist mir nicht bekannt.

Als ich 1994 in meiner Funktion als BDI-Präsident China besuchte, waren die deutsch-chinesischen Beziehungen vom Konflikt um Tibet überschattet. Kurz vorher war der Dalai Lama von der FDP-nahen Friedrich-Naumann-Stiftung nach Deutschland eingeladen worden, was eine deutliche Verschlechterung der Beziehungen zwischen den Ländern auslöste. Vom Asien-Pazifik-Ausschuss der deutschen Wirtschaft wurde mir berichtet, dass es plötzlich große Schwierigkeiten bereitete, mit der Volksrepublik Geschäfte zu machen. Der damalige Außenminister Kinkel, führender FDP-Mann, musste also einen Canossa-Gang nach Peking antreten, um die Wogen zu glätten und Ministerpräsident Li Peng zu versichern, dass Deutschland, trotz des Dalai Lama-Besuchs, nach wie vor an der Ein-China-Politik festhalte.

Einen Tag nach Kinkel flog ich in Richtung Peking ab, um auch auf wirtschaftlichem Terrain zur Entspannung der Atmosphäre beizutragen. Offensichtlich war der Außenminister erfolgreich gewesen, da mir Li Peng, wie ich vom deutschen Botschafter Seitz erfuhr, einen einstündigen Termin gewährte. Schon am nächsten Tag wurde ich mit dem üblichen Zeremoniell in den für normale Sterbliche verbotenen Teil Pekings gebracht, wo ich mit meiner kleinen Delegation in einem Konferenzsaal zu warten hatte. Dann erschien Li Peng, begleitet von seinem Stab, und begrüßte mich herzlich. Wir nahmen nebeneinander Platz, die Dolmetscher saßen hinter uns, und so lauschte ich den Ausführungen des Ministerpräsidenten, der sich wohlwollend über Kinkels Besuch äußerte. Geduldig wartete ich auf eine Gelegenheit, meine eigenen Anliegen, einige gemeinsame Wirtschaftsprojekte sowie die Beteiligung Chinas an der Expo, vorzubringen.

Kaum hatte ich mit meinem Vortrag begonnen, unterbrach mich Li Peng. Herr Henkel, sagte er, ich weiß ja, dass Sie bei Amnesty International sind, und möchte Ihnen bei dieser Gelegenheit ganz gerne einmal etwas erklären. Ich war verblüfft. Meine Mitgliedschaft war damals nicht einmal im BDI bekannt, was für die Qualität der chinesischen Informationsbeschaffung sprach. Nicht weniger erstaunte mich, welchen Stellenwert dieser Umstand beim ersten Mann der Volksrepublik einnahm. Er sah in mir nicht nur einen Vertreter der deutschen Wirtschaft, sondern auch der Menschenrechtsorganisation, das heißt, er konnte sich denken, welche Haltung ich zum Thema Tibet einnahm. Doch nicht darüber wollte er mit mir sprechen, sondern über das berühmte »Drei-Schluchten-Projekt«, das seiner Meinung nach von uns nicht richtig verstanden wurde.

Schon seit längerem richtete sich der Zorn der deutschen Umweltschützer gegen dieses chinesische Staudammprojekt. Es bedeutet, dass wegen des dadurch entstehenden 600 Kilometer langen Stausees über eine Million Menschen umsiedeln müssen und ganze Landschaften im Wasser versinken. Doch andererseits – und dies war Li Pengs Argumentation – ermöglicht es dem energiearmen China den Bau gewaltiger Wasserkraftwerke und beendet zugleich die ständige Bedrohung durch Überschwemmungen, bei denen hunderttausende Menschen ihr Leben verloren haben. Schließlich wird der Jangtse schiffbar gemacht, um Nahrung, Industriegüter, Düngemittel befördern zu können – nur ein geringer Teil Chinas ist verkehrstechnisch erschlossen.

Die Ausführungen von Staatschef Li Peng schienen mir überzeugend: Welchen Sinn haben die deutschen Umweltproteste gegen dieses Projekt, wenn sie nicht gleichzeitig die Frage beantworten, woher das Milliardenvolk in Zukunft seine Energie nehmen soll. Von deutschen Windrädern? Und wie kann das Transportproblem gelöst werden, wo aus topographischen Gründen weder Straßen- noch Eisenbahnbau möglich ist? Durch Fahrräder? Sosehr ich mich in Menschenrechtsfragen von Li Peng, wie er wohl wusste, unterschied, konnte ich seiner Sicht dieses gigantischen Unternehmens meine Sympathie nicht verweigern.

Denn auch das »Drei-Schluchten-Projekt« liefert seinen Beitrag zur Erschließung unseres Planeten, der für die Menschheit nicht nur bewohnbar, sondern lebenswert sein soll. Im Zweifel muss der Mensch mit seinen legitimen Anliegen Vorrang vor der Natur genießen. Während sie durch strenge Gesetze geregelt ist und ihre Daseinsbedingungen nicht selbständig verändern kann, verfügt der Mensch über diese einzigartige Freiheit, sich zu ändern, zu entwickeln und neue Lebensmöglichkeiten zu schaffen. Der Mensch ist das innovative Wesen, das seine eigenen Daseinsbedingungen beständig verbessert.

Deshalb lautet für mich die wichtigste Spielregel: An erster Stelle kommt der Mensch, und alle anderen Gesichtspunkte, seien sie politischer, ökologischer oder ideologischer Natur, müssen hintanstehen. Die Globalisierung aber schenkt ihm die Freiheit, nicht nur ein durch Geburt und Milieu definiertes Wesen zu sein, sondern ein Weltbürger, der Anspruch hat, gemäß den Menschenrechten behandelt zu werden und seine Persönlichkeit entfalten zu können. Jeder soll die Chance dazu bekommen, und die Globalisierung bietet sie.

9
Die Ethik des Erfolgs

Mir ist durchaus bewusst, dass dieser Titel paradox klingt. Denn normalerweise sieht man beides, die Ethik und den Erfolg als Gegensätze an. Wer dem einen folgt, so denkt man, kann das andere nicht haben. Wer sich immer an sittliche Gebote wie etwa die Ehrlichkeit hält, muss Nachteile in Kauf nehmen. Wer dagegen Erfolg hat, zumal im wirtschaftlichen Bereich, dürfte dies, so meint man, durch egoistisches Verhalten errungen haben. Dementsprechend sieht sich der erfolgreiche Geschäftsmann in der ethischen Werteskala ganz unten angesiedelt, während sein minder erfolgreicher Angestellter automatisch einen höheren Rang einnimmt. Ganz oben in der Ethik-Rangliste stehen jene, die sich für die »Schwachen« stark machen: Sozialpolitiker beispielsweise oder Gewerkschaftsaktivisten, Natur- und Minderheitenschützer, Globalisierungskritiker und Freunde der Dritten Welt. Warum eigentlich? Leisten sie mehr? Sind sie nützlicher für die Gemeinschaft? Helfen sie den »Schwachen« wirklich und nicht nur, weil ihre Stellung in der Rangliste ihnen Vorteile bringt?

Die Ethik, die sich in unserem Land durchgesetzt hat, folgt dem Gesetz der Gleichheit. Möglichst sollen alle gleich viel verdienen, die gleiche Schulausbildung durchlaufen und am Ende dieselben Altersbezüge erhalten. Dass dies nicht nur für Deutsche, sondern für alle Erdenbürger gelten soll, ist eine ethische Steigerung, die jedem, der sie fordert, moralisches Prestige bringt – eine Auszeichnung, auf die gerade jene erpicht sind, die sich dem gesellschaftlichen Arbeitsprozess gerne entziehen. Der höchste Wert besteht für sie dementsprechend in einem Höchstmaß an ausgeglichener Bequemlichkeit, die keine Wünsche mehr offen lässt. Gegen diese Vorstellung kann kein Mensch etwas einzuwenden haben, meint man. Es wäre schließlich das Paradies auf Erden.

Ich habe etwas dagegen einzuwenden. Diese Ethik setzt nämlich ein Ideal voraus, das wegen der Verschiedenartigkeit der Menschen und ihrer Lebensumstände niemals zu erreichen ist. Durch diesen utopischen Charakter ähnelt die moderne Gebrauchsethik den großen Religionen, die ebenfalls paradiesische Zustände versprechen – zum Lohn für selbstloses Verhalten oder den Märtyrertod. Dabei verschieben sie die Lokalität ins Jenseits, was die Nachprüfbarkeit erschwert. Die modernen Paradiesgläubigen dagegen sehen ihre Utopie in der Wirklichkeit angesiedelt. Irgendwann, wenn alles Böse und Andersartige verschwunden ist, so glauben sie, wird die Welt nur noch von Brüdern bewohnt. Vor einigen Jahrzehnten nannte man diese Brüder noch »Genossen«. Das irdische Paradies war nämlich die Vision von Karl Marx. Wohin solche Wunschvorstellungen in der Wirklichkeit führen, konnte man am Ostblock beobachten. Im Namen der »klassenlosen Gesellschaft« wurde die vielleicht schlimmste und menschenverachtendste Diktatur der Neuzeit errichtet. Das Paradies der modernen Genossen fand auf den Knochen der Nicht-Genossen statt. Das Paradies? Man nannte es so, aber die Menschen, die in ihm leben mussten, empfanden es als Gefängnis.

Ich habe etwas gegen eine Ethik, die alles gleichmachen will und das, was sich widersetzt, dem Erdboden gleichmacht. Zwar behaupte ich nicht, dass die moderne deutsche Ethik dasselbe will, was der Kommunismus wollte – aber ich sehe denselben Ausgangspunkt, der theoretisch so überzeugend wirkt wie er sich in der Praxis fatal auswirkt. Woher kommt dieser Grundgedanke, nach dem möglichst alles gleich sein soll? Ich vermute, es liegt an der Unfähigkeit oder der mangelnden Bereitschaft, die ungeheure Dynamik und Vielfalt der Welt anzuerkennen. Alles bewegt sich, lebt in ständiger Veränderung und Fortentwicklung. Man steigt niemals, sagt der Philosoph Heraklit, in denselben Fluss. Doch die Ethik der Gleichheit möchte den Fluss zum Stehen bringen.

Unbestritten stehen im Mittelpunkt jeder Ethik die Menschenrechte, deren Wichtigstes die Menschenwürde ist. Nur stellt sich die Frage, auf welchem Weg jeder Mensch zu seiner Würde kommt. Ich wage die Behauptung, dass durch Angleichung und Umverteilung zwar die Besitzverhältnisse verändert werden können – mit der Würde hat dies aber nichts zu tun. Würde gehört zu den inneren Werten, die sich nicht durch ein Gesetz erzwingen lassen. Sie lässt sich auch nicht durch milde Gaben an Einzelne oder üppige Geldtransfers in bedürftige Regionen erreichen. Für mich liegt die Würde in dem Potenzial, das jedem Menschen gegeben ist, sich zu entwickeln, zu bilden und an der Weltgemeinschaft mitzuwirken – auf seine Weise und an seiner Stelle. Wer diesem inneren Gesetz folgt – ob als Bauer in China oder Software-Spezialist in Hamburg –, entspricht seiner Menschenwürde. Er folgt dem ethischen Antrieb, »das Beste aus sich zu machen«.

Gelingen kann dies aber nur, wenn die anderen dem ethischen Gebot folgen, ihm dabei zu helfen. Würde entsteht erst dadurch, dass man auch dem anderen die Möglichkeit bietet, sich zu entwickeln. Erst durch das Zusammenwirken der eigenen Anstrengung mit der Unterstützung durch die anderen entsteht ein menschenwürdiges, das heißt freies Leben. Diese Unterstützung erfolgt nur ausnahmsweise durch milde Gaben oder Samaritertum: Den wesentlichen Antrieb zur Selbstentfaltung bietet der faire Wettbewerb. Kräfte entfalten sich nur, wenn sie sich mit anderen messen. Gaben treten nur zutage, wenn sie durch andere gefordert, ja herausgefordert werden. So bildet sich Konkurrenz – doch muss über allem, wie beim Sport, der Respekt vor dem Gegner stehen. Bei diesem Spiel kann nicht jeder siegen, doch jeder kann lernen, mit Würde zu verlieren. Der Gewinn des Wettbewerbs besteht nicht nur in dem »Gewinn«, den man einstreicht, sondern ebenso in der Erfahrung, welchen Platz im Lebensganzen man einnimmt. Die Ethik, die dieses Zusammenwirken regelt, nenne ich die Ethik des Erfolgs.

Zum ersten Mal ist mir dies als Schüler bewusst geworden. Wie ich schon in »Die Macht der Freiheit« beschrieben habe, zählte ich nicht gerade zu den Gewinnern dieses Wettbewerbs. Ständig wechselte ich die Schulen, musste mich immer und oft ohne großen Erfolg in neue Klassen einarbeiten. Irgendwann verlor ich die Lust am Lernen. Selbst wenn mich eine gewisse Mitschuld trifft – verantwortlich dafür waren aus meiner damaligen Sicht hauptsächlich meine Lehrer. Ich erinnere mich, dass sie sich darum bemühten, alle Kinder gleich zu behandeln, und das hieß, gleich schlecht. Das Pensum wurde uns vorgesetzt, und jeder musste sehen, wie er damit zurecht kam. Wem es nicht gelang, wie mir, der wurde hart zur Rechenschaft gezogen. Alle wurden sprichwörtlich über denselben Leisten geschlagen. Mein Klassenlehrer in der katholischen Schule in der Oberstraße im Hamburger Stadtviertel Harvestehude entwickelte ein großes Vergnügen daran, seine Schüler mit dem Rohrstock zu züchtigen, die Mädels auf die Finger, die Jungen auf den Allerwertesten. Im Strafen, ob physisch oder durch Psychoterror, waren damals viele Lehrer groß. In der Kunst, ihre Schüler zum fairen Wettbewerb zu animieren, waren sie meist Versager.

Dass ich doch noch zum guten Schüler wurde, verdanke ich dem glücklichen Umstand, ins »Rauhe Haus«, ein Wichern-Stift für problematische Kinder, eingewiesen worden zu sein. Trotz des eher abschreckenden Namens handelte es sich um eine Schule, die sich ernsthaft um die Betreuung der Schüler kümmerte. Auch wurde die Motivation geweckt, indem gute Leistungen mit mehr Freiheiten belohnt wurden. Hier lernte ich zum ersten Mal Lehrer kennen, die uns nicht den vorgegebenen Stoff einbläuten, sondern in uns Interesse an der Materie weckten. Besonders an einen erinnere ich mich, der die Kunst beherrschte, seine Schützlinge zu motivieren. Indem er jeden, der guten Willens war, persönlich ansprach und seine Begabung förderte, erzeugte er eine fast knisternde Wettbewerbsstimmung. Auch ich ließ mich anstecken und fand plötzlich Gefallen an dem, was mir kurz zuvor noch öde und sinnlos vorgekommen war. Zum ersten Mal entwickelte ich schulische Eigeninitiative, empfand Freude am Lernen und Lesen. Plötzlich war ich vom Außenseiter zum Klassenbesten geworden. Es war das erste wirkliche Erfolgserlebnis meines Lebens.

Dieser Erzieher folgte einer Ethik, man könnte auch sagen:

einer inneren Stimme, die sich mehr für die Unterschiede als die Gleichheit der Begabungen interessierte. Der Erzieher behandelte uns nicht wie fertige Wesen, die entweder etwas taugten oder nicht, sondern sah jedem Einzelnen seine Entwicklungsfähigkeit an. Damals, mit sechzehn, entstand in mir zum ersten Mal der Ehrgeiz, »das Beste aus mir zu machen«. Ich schloss die Mittelschule ab, absolvierte eine kaufmännische Lehre bei dem internationalen Speditionsunternehmen Kühne & Nagel am Raboisen in Hamburg und bewarb mich danach, um doch noch studieren zu können, für den zweiten Bildungsweg. Obwohl ich die Bedingungen nicht alle erfüllte, nahm mich das Prüfungsteam der Hamburger Akademie für Gemeinwirtschaft an – sie spürten wohl meinen Willen und meine Motivation und gaben mir die Chance.

Wenn ich unser Land heute betrachte, fehlt es gerade an den entscheidenden Elementen: an Motivation, an Wettbewerb und vor allem an einer Ethik, der es um die Entwicklungsfähigkeit der Menschen geht. Deutschland ist ein Land, das sich selbst blockiert. Nicht nur, weil die herrschende Ideologie die Gleichheit aller als Ideal vorschreibt, sondern auch weil jeder Einzelne dazu neigt, sich hinter dieser Uniformität zu verstecken. Dieser fast krankhafte Zwang, in der Masse zu verschwinden und die Verantwortung anderen zu überlassen, lässt sich in unserer ganzen jüngeren Geschichte nachweisen und hängt, davon bin ich inzwischen überzeugt, mit der »Erbsünde« zusammen. Auch im Dritten Reich zog sich die Mehrheit zurück und arrangierte sich, ohne Einfluss zu nehmen – mit den brutalen Auswüchsen des Systems wollte man am liebsten nichts zu tun haben. Dieser Drang, sich in die Gleichheit, ich möchte fast sagen: zu flüchten, hat sich über das Kriegsende hinaus bis in unsere Gegenwart gerettet.

Das Gegensatzpaar von Gleichheit und Freiheit habe ich schon in meiner Jugend deutlich empfunden. Der Zwang zur Anpassung war immer stark. Man trug nur, was sich gehörte, man sagte nur, was für korrekt galt. Wer anders war, bekam es zu büßen. Meine Mutter hatte mir unter dem Motto »Langes Haar ziert den freien Mann« schon früh erlaubt, meine Haare wachsen zu lassen. Ich empfand es als persönliche Freiheit, nicht den Einheits-Fasson-Schnitt der anderen tragen zu müssen. Dafür musste ich mich von den Mädchen hänseln, von stärkeren Jungs verprügeln lassen. Abweichungen von der Norm wurden nicht geduldet. Gerade das bestärkte mich in dem Wunsch, »anders« zu sein. Ich begann, zum Unterricht Buschhemden zu tragen, und hörte, während die Klassenkameraden auf Schlager schworen, nur Jazz im englischen Soldatensender – Bebop und Cool Jazz, Charlie Parker und Lester Young. Das galt als ungeheuerlich.

In meiner Lehrzeit wurde ich von Vorgesetzten wie Lehrlingskollegen immer als »bunter Hund« wahrgenommen. Unter anderem, weil mir meine Mutter die Freiheit gegeben hatte, in meiner eigenen Wohnung zu leben und Zimmer unterzuvermieten. So war ich in einem Alter, in dem die anderen noch vor Meister oder Studienrat kuschten, bereits eine Art selbständiger Unternehmer. Bald konnte ich mir einen 2CV leisten, womit ich mich wiederum von den anderen unterschied, die sich mit Moped oder Käfer fortbewegten. Auch in der Akademie für Gemeinwirtschaft bin ich, wie ich später bemerkte, aufgefallen: Im Gegensatz zu den anderen, die aus dem Gewerkschafts- und Genossenschaftsmilieu stammten, war ich der einzige Unternehmersohn.

Ich hatte schon damals den Verdacht, dass der kategorische Wunsch nach Gleichheit nicht aus vernünftiger Überlegung stammt, sondern aus einer bestimmten Lebenserfahrung. Ich meine die der Familie. Hier werden alle Kinder gleich behandelt, tragen die gleichen Kleider und bekommen dasselbe Essen. Möglich wird dieses »brüderliche« Zusammenleben dadurch, dass die Kinder normalerweise nicht mit der Daseinsvorsorge befasst sind. Um in kommunistischer Gleichheit leben zu können, müssen Vater oder Mutter den Lebensunterhalt erwirtschaften. Das märchenhafte »Tischlein-deck-dich« der Familie muss hart erarbeitet werden – nur merken die Kinder meist nichts davon. Kaum in der Schule oder dann auf der Universität, werden die Ansprüche, die an die Eltern gerichtet waren, auf den Staat übertragen. Er muss nun für den gedeckten Tisch und die Rundumversorgung geradestehen. Wie und von wem er das Geld dazu beschafft, bleibt seine Sorge. Kein Wunder, dass man bei uns vom »Vater Staat« spricht. Ich kenne keinen entsprechenden Begriff im Englischen oder Französischen.

Natürlich ist die Gleichheit in der Familie eine Grundbedingung fürs Zusammenleben. Die Aufgabe der Eltern besteht darin, den Kindern gleiche Startbedingungen zu verschaffen. Jeder verdient seine Chance, die ihn für den Wettbewerb, erst mit den Geschwistern, dann mit den Schulkameraden fit macht. Für Fairness und gegenseitigen Respekt müssen Eltern und Lehrer sorgen. Diese Art von Gleichheit gehört zu den Grundvoraussetzungen der menschlichen Entwicklung. Eine Familie ohne Gemeinschaftsgefühl würde scheitern, aber ebenso ein Mensch, der ewig Kind bleiben und am gedeckten Tisch sitzen möchte. Denn alles hat seine Zeit.

Auch meine Kindheit verlief hier in ungewöhnlichen Bahnen. Da mein Vater gefallen war und meine Mutter das Geschäft weiterführte, saßen wir drei Geschwister selten zur gleichen Zeit am Tisch. Lebte ich allein in der St. Benedictstraße, war mein Bruder bei der Großmutter in Lemsahl und die Schwester in einem Internat bei Bonn. Vielleicht erklärt auch dies meine Neigung zum Individualismus. Von Gleichheit war bei uns schon deshalb keine Rede, weil es selten Gemeinsamkeit gab. Ich war auf mich selbst angewiesen, hatte selbst für einen gedeckten Tisch zu sorgen, und ich lernte es zu schätzen. Bei der Erziehung meiner Kinder konnte ich diese Erfahrungen berücksichtigen. Ich habe kein Kind bevorzugt, sondern alle mit gleicher Sympathie behandelt – und dabei gelernt, dass die Kinder durchaus nicht gleich waren. So sind meine Töchter Helene und Hester höchst unterschiedlich begabt, und wir Eltern mussten uns darauf einstellen. Völlig gleiche Behandlung hätte also eine Ungerechtigkeit bedeutet, da sie den verschiedenen Anlagen widersprochen hätte. Um gleich gute Erziehung zu erreichen, mussten wir sie also gerade nicht gleich behandeln.

Diese Erfahrung, die jedes Elternpaar mit unterschiedlich begabten Kindern sammelt, wird von jenen, die für unsere Gesellschaft verantwortlich sind, ignoriert. Unseren heutigen Ideologen geht es meist nur um »das Gleiche für alle«, unabhängig von den Unterschieden, mit denen die Natur oder das

Schicksal die Menschen ausgestattet hat. Und dieser Gleichheitswunsch, der so gut mit der Vorstellung vom »Vater Staat« harmoniert, reklamiert für sich sogar eine moralische Überlegenheit. Man hält sich zugute, den Kuchen gleich zu verteilen und überlässt es anderen, moralisch weniger Privilegierten, ihn zu backen. Denn, um im Bild zu bleiben, der Kuchen, den die Gleichheit bäckt, schmeckt nicht. Qualität entsteht, auch im Backhandwerk, nur durch Wettbewerb. So wurde der überdurchschnittlich hohe Lebensstandard unseres Landes von jenen ermöglicht, die durch individuelle Leistung den Gleichheitsgrundsatz durchbrachen. Wodurch die paradoxe Situation entstand, dass in Deutschland gerade jene Menschen, die die Wertschöpfung ermöglicht haben, moralisch abgewertet wurden. Aber so wollte es die Ethik der Gleichheit, die dort, wo sie die Herrschaft übernahm, immer eine Ethik des Misserfolgs wurde.

Einer der Gründe für das Scheitern dieses Modells liegt darin, dass es die Verschiedenheit der Menschen ignoriert. Um die erwünschte Gleichheit zu erreichen, wird von allen, die sich vom Durchschnitt abheben, Verzicht verlangt. Statt jene, die sich im Mittelmaß eingerichtet haben, zur Annäherung an die Leistungsträger zu motivieren, werden umgekehrt den Vorreitern des Fortschritts Zügel angelegt, damit es ja nicht zu schnell geht. Wer mehr verdient, wird besteuert, wer mehr besitzt, beneidet, wer mehr arbeiten will, gebremst. Kurz, man will die Gleichheit dadurch erreichen, dass jeder an seinen Interessen Abstriche macht – mit dem Resultat, dass das Gesamtniveau sinkt. Man nähert sich zwar dem Ideal, doch alle verdienen und besitzen weniger, und die Arbeitsplätze wandern in ethisch anstößige Nachbarländer.

Das Niveau sinkt, weil sich Motivation, Leistungsbereitschaft, Ausdauer und Kreativität dem Schwächeren anpassen. So fordert es die »Solidarität«, die seltsamerweise immer gegenüber dem Schwächeren eingefordert wird. Warum nicht dem Stärkeren gegenüber, der als Lokomotive für die anderen wirkt? Aber alle Elemente, die Wettbewerb entstehen lassen, werden durch den Gleichheitsgrundsatz moralisch desavouiert. Eine Gesellschaft, die sich immer wieder nach unten anpasst, verliert ihren Wohlstand. Sie gewinnt immer mehr Gleichheit, aber es ist eine Gleichheit im Elend, nicht im Luxus, wie man sich erhofft hat. Einer der Gründe für dies beständige Absinken liegt in der ethischen Bevorzugung der »Schwachen«. Ich spreche hier nicht von der vernünftigen – und übrigens auch selbstverständlichen – Hilfestellung gegenüber allen, denen aus einer Notlage geholfen werden muss. Ich spreche von der Institution der »Schwachen«, die, ob als »sozial Ausgegrenzte« oder als Minderheiten, eine hohe Zuwendung unserer Gesellschaft genießen. Wer sich um Prestige bemüht, muss sich nur für sie einsetzen. Und wer dem Automatismus dieser Bevorzugung zu widersprechen wagt, verfällt der medialen Verfolgung durch die politische Korrektheit.

Hiermit sei also dem Grundsatz widersprochen, den »Schwachen« um jeden Preis zu helfen. Denn die automatische Folge dieser moralischen Bevorzugung besteht darin, dass es sich lohnt, schwach zu sein. Wo Schwäche aber so verlockend ist, dass man ohne Anstrengung dasselbe erreicht wie andere, die nicht schwach sind und deswegen hart arbeiten müssen, da wird sich die Zahl dieser Schwachen rapide steigern. So explosionsartig nämlich wie die deutschen Sozialausgaben in den letzten zehn Jahren. So teilt sich die Gesellschaft in Schwache, die sich mit gutem Gewissen von jenen unterstützen lassen, die, da sie »mehr verdienen«, eigentlich ein schlechtes Gewissen haben müssten. Denn wer mehr verdient, verdient vor allem den Neid derer, die nicht so glücklich sind. Dafür sorgen schon die Ideologen der Umverteilung. In der Sonne dieser Moral, die eine Gesellschaft zugrunde richtet, weil sie jene ausbeutet, die sich etwas abverlangen, wärmen sich die Sozialpolitiker wie die Kirchenvertreter, die Gutmenschen wie die grünen Moralapostel. Ich fürchte, dass die meisten von ihnen nicht nur für die Gleichheit eintreten, sondern Wert darauf legen, etwas gleicher als gleich zu sein. Auch für sie werden Steuern eingetrieben, auf dass sie jenen, von denen diese erwirtschaftet werden, fleißig am Zeug flicken können.

Eine Ausnahme von dem Prinzip, dass Gleichheit immer Angleichung nach unten bedeutet, bildete Ludwig Erhards soziale Marktwirtschaft. Alle Deutschen profitierten von dieser Bewegung. Er hatte aber auch nicht von »Gleichheit für alle« gesprochen, sondern bewusst »Wohlstand für alle« gefordert. Mit diesem Begriff kann ich mich auch heute noch anfreunden. Die Frage lautet nur, wie man dieses Ziel erreicht. Gewiss nicht durch gewerkschaftliche Umverteilung oder neue »soziale Gerechtigkeit«, die nur ein anderes Wort für Gleichheit darstellt. Nein, in meinen Augen ist diese Ethik im Innersten unethisch, weil sie am Wesen der Menschen selbst vorbeigeht. Sie nimmt die Wirklichkeit nicht wahr. »Wohlstand für alle« ist keine statische Vorstellung, wie von einem Kuchen, der in gleiche Teile geschnitten wird, sondern ein dynamischer Prozess, an dem zuerst alle mitwirken, mitarbeiten müssen – jeder an seiner Stelle mit seinen Fähigkeiten.

Wer heute wenig verdient, kann morgen viel verdienen und umgekehrt. Voraussetzung ist, dass die Effizienzreserven unserer Gesellschaft mobilisiert werden. Wir müssen mehr leisten, und zwar die Schwachen ebenso wie die Starken, und den Mut haben, mit unseren Anstrengungen in Wettbewerb mit anderen zu treten. Wir müssen uns wieder messen und vergleichen lassen. Und in der Konkurrenz mit anderen wachsen. Das heißt, wir müssen die Kraft aufbringen, unsere Leistungsreserven nicht weiter zu schonen, sondern sie bis zum Äußersten auszureizen, meinetwegen sogar auszuquetschen – zugunsten aller. Nur so wächst unsere Gesellschaft wieder in die richtige Richtung. Nur so wird sie immer genug Kuchen backen, an dem alle Bedürftigen partizipieren sollen – jene, die wirklich in Not geraten sind oder die aus Alters- und Krankheitsgründen nicht mehr mit anpacken können, gleich, ob sie nun hier geboren oder zugewandert sind. Auch dies gehört zur Ethik des Erfolgs.

Natürlich sind wir weiter von ihr entfernt als je. Generationen von Gleichheitspredigern haben die Deutschen förmlich zu Kindern erzogen, die sich nur an den von Vater Staat gedeckten Tisch setzen müssen. Und sie, die Apostel, sitzen gleich daneben. Selbst Politiker, die mir sonst vernünftig erschienen sind, fordern heute für die Deutschen eine steuerfinanzierte Grundrente. Das heißt, dass jedem die Sorge, aber auch die Verantwortung für seine eigene Zukunft abgenommen werden soll. Man darf genießen, ohne je in die Pflicht genommen zu sein, dafür etwas leisten zu müssen. Wer aber, der sich von Vater Staat dermaßen abgesichert weiß, wird überhaupt noch etwas wagen wollen? Bleibt man nicht immer abhängig von der Autorität, dem alles regelnden Über-Ich der Behördenapparate?

Man wird in eine Gesellschaft hineingeboren, den silbernen Löffel einer Grundversorgung im Mund – diese luxuriöse Vorstellung können nur Gehirne ausgebrütet haben, die sich mit der Vorsorge für die eigene Zukunft nie beschäftigen mussten. Und die nicht wissen, wie man menschliche Leistung motiviert, um verteilbare Gewinne und Versorgungen zu erwirtschaften. Statt Wohlstand für alle werden wir irgendwann Elend für alle haben. Alle werden um einen Tisch sitzen, aber keiner wird ihn mehr decken wollen.

Im Vergleich zu früher wird in Deutschland auch nicht mehr so gern gearbeitet. Freizeit, so wünschenswert sie ist, wurde zu einem sozialen Wert erhoben, der weit über den der Arbeit, also der persönlichen Anstrengung, hinausgeht. Man vergisst dabei, dass man in der Freizeit nur die Früchte genießen kann, die man sich zuvor erarbeitet hat – oder die andere für einen bereitstellen. Das heißt, je weniger Ergebnisse die eigene Anstrengung vorweisen kann, umso weniger Grund gibt es, diese durch erholsames Nichtstun abzufeiern. Da die Sozial-Ideologie aber den höchsten Wert der Freiheit einfach mit dem der Freizeit gleichgesetzt hat, wodurch die Arbeit zum unfreien Tun gestempelt wurde, scheint es zum Fortschritt zu gehören, immer weniger zu arbeiten und damit scheinbar immer freier zu sein.

Wenn man heutzutage an einem Freitag – nomen est omen – um 15 Uhr einen Kundendienstmitarbeiter zu erreichen sucht, wird man, mit wenigen Ausnahmen, weder im öffentlichen Dienst noch in der Wirtschaft auf Begeisterung stoßen. Da offenbar das Reich der Freiheit begonnen hat, wird man mit seiner Notlage allein gelassen. Der Freitag hat heute die Rolle übernommen, die früher der Samstag innehatte, der diese wiederum vom Sonntag übernommen hat. Inzwischen sind alle drei Tage von der Freiheitssonne beschienen, wobei man am

Freitag, der zur Hälfte noch im Reich der Unfreiheit steckt, von Glück sagen kann, wenn man noch einen Gesprächspartner findet. Denn was für den einen Freizeit bedeutet, schafft dem anderen, der Hilfe benötigt, ein Problem.

Die Politik hat sich auch hier als Vorreiter bewährt. Ich hatte einmal als deutscher IBM-Chef vor der Konrad-Adenauer-Stiftung in Bonn einen Vortrag zu halten, der dummerweise für Freitag, 15 Uhr, anberaumt war. Nach der Mittagspause lauschte ich meinem Vorredner Erwin Vetter, dem damaligen Oberbürgermeister von Ettlingen, und bemerkte, dass sich während seiner Rede immer mehr Zuhörer aus dem Saal schlichen. Ganz abgesehen von der Unhöflichkeit, schien sie auch das Thema – es ging wieder einmal um den schlanken Staat, der trotzdem immer fetter wird – wenig zu fesseln. Bei dem zügig abwandernden Publikum handelte es sich zumeist um Abgeordnete, also um Politiker, die dafür bezahlt werden, für die Öffentlichkeit da zu sein. Gerade das, nämlich da zu bleiben, fiel ihnen allerdings schwer. Als ich, nach der Kaffeepause, das Podium betrat, war der Raum bereits zu Dreivierteln geleert. In Abwandlung des bekannten DDR-Witzes, begann ich meinen Vortrag mit der Bitte, der Letzte, der während meiner Rede gehe, möge so nett sein, das Licht auszumachen.

Natürlich empfand keiner der Politiker, die da schleunigst ins Wochenende strebten, seinen Freiheitsdrang als unanständig. Nach der politischen Korrektheit gehört es fast zu den Selbstverständlichkeiten, sich seine Freizeit zu nehmen, wo sie zu haben ist. Dieser Ideologie, in Jahrzehnten linker Indoktrinierung entstanden, kann sich kaum jemand entziehen. Wer ihr widerspricht, läuft – wie ich selbst – Gefahr, statt Gegenargumenten gelegentlich Torten an den Kopf zu bekommen. Ich kann das Meinungsklima bei uns nur als höchst intolerant bezeichnen. Abweichende Meinungen führen nicht zu Widerspruch, sondern lösen Hass und Vernichtungslust aus. Die berühmte Diskussionskultur funktioniert nur so lange, als alle einer Meinung sind.

In mancher Hinsicht erinnert mich dieses Phänomen an eine »Gleichschaltung«, wobei ich mir der historischen Assoziation bewusst bin. Die Maßnahme, alles Andersdenkende schon im Vorfeld auszuschalten, kennen wir von den Diktaturen, und Hitler wusste, warum er sein politisches Wirken als Reichskanzler damit beginnen ließ. Entscheidend war für ihn die Gleichschaltung der Medien, durch die der Gefahr der Meinungsvielfalt begegnet wurde: Statt des Wettbewerbs der Überzeugungen und Perspektiven proklamierte er eine politische Korrektheit, die vom Propagandaminister ausformuliert wurde. Wer sich ihr nicht unterwarf, hatte mit Ausgrenzung und Repressalien, ja, physischer Vernichtung zu rechnen. Das galt für das Dritte Reich ebenso wie für die kommunistischen Staaten. Die Medien waren immer die willfährigen Helfer der herrschenden Ideologie, und wenn heute manchem Politiker lobend nachgesagt wird, er könne sehr gut mit der Presse, so traf dies nicht minder auf den PR-Spezialisten Adolf Hitler zu.

Gleichschaltung, dieses äußerste Extrem einer Ethik der Gleichheit, findet aber auch auf freiwilliger Basis statt. Man setzt sich an einen runden Tisch, um die eigene Meinung dem Konsens zu opfern. Man geht ein Bündnis ein, dessen Ergebnis von Vornherein feststeht. Man orientiert sich als Politiker an den Meinungsumfragen, um sich erst danach eine eigene Meinung zu bilden. Durch diese schleichende Angleichung des Denkens an die »öffentliche Meinung« wurde nicht nur manche kreative Idee, sondern auch mancher Mensch totgeschlagen. Vor jedem Mord, der aus ideologischen Gründen erfolgte, stand immer schon der Rufmord. Bevor meine Kollegen, die Wirtschaftsführer Schleyer, Herrhausen oder Rohwedder getötet wurden, waren sie von einem Teil der Medien auf die Anklagebank gesetzt worden. Dem Mord am niederländischen Rechtspopulisten Fortuyn ging auch ein Rufmord voraus. Die Reaktion der Massen auf dieses Verbrechen kann man nur mit einem Erwachen des kollektiven niederländischen schlechten Gewissens erklären.

Das Fatale an der Ethik der Gleichheit besteht in dem vermeintlichen moralischen Vorrecht, das sie über alle, die nicht gleich sein wollen, ausübt. Man darf im Namen der »sozialen Gerechtigkeit« Betriebe lahm legen, um die eigenen Bezüge auf Kosten der Allgemeinheit zu erhöhen, und das mit bestem

Gewissen. Man darf als Globalisierungsgegner den Andersdenkenden Steine ins Gesicht oder Feuer ins Haus werfen, und kann sich des uneingeschränkten Interesses der Medien sicher sein – prügelt und zündelt man doch für einen guten Zweck.

Ethik ist unendlich viel mehr als nur die Ethik der gleichmäßigen Verteilung. Und Mitgefühl drückt sich nicht nur als quantifizierbare Abgabe an Schwächere aus. Selbstverständlich muss man helfen, wo, wie man sagt, »Not am Mann« ist. Aber aus dieser Not darf kein Zustand, aus der Hilfe keine Regel oder gar eine Steuer werden. Ethik fordert gerade den inneren Impuls, der einen zur Hilfe oder zur Förderung anderer bewegt. Ethik setzt freies Handeln voraus. Ich möchte, dass sich alle Menschen für ihren Nächsten verantwortlich fühlen, der dieselbe Chance bekommen soll, die einem selbst gewährt wurde. Aber ebenso sehr möchte ich, dass dieser ethische Impuls aus freien Stücken geschieht. Es ist immer richtig, einen anderen zu fördern – selbstverständlich. Aber wo das Gesetz die Förderung als moralischen Zwang vorschreibt, bleibt sie ohne ethischen Wert. Es fördert auch nicht wirklich, denn das vermag der Mensch nur aus freier Entscheidung. Bestenfalls wird Geld umverteilt, und dies wiederum führt zur Gewohnheit, milde Gaben in Empfang zu nehmen. Am Ende ist keinem damit geholfen. Hilfe, so finde ich, wirkt am besten als persönliche Geste. Die von den karitativen Organisationen betriebene Fernstenhilfe per Überweisung mag ein wenig Gleichheit herstellen und auch das Gewissen der Geber beruhigen – den nötigen Wandel in den Empfängerländern hat es wohl nie bewirkt.

Nimmt man das beliebte Bild von den Starken und den Schwachen, so lehrt die Erfahrung, dass Letzteren umso besser geholfen werden kann, je mehr man die Ersteren gewähren lässt. Oft genug habe ich erfahren, dass Unternehmen ohne Einwände Steuern zu zahlen bereit sind, wenn man sie zuvor ordentlich verdienen lässt. Bei einer niedrigeren Steuern- und Abgabenrate könnten die Unternehmen wesentlich mehr Dynamik entfalten, damit mehr verdienen und, absolut gesehen, mehr Steuern zahlen. Wem Freiheit gewährt wird, der gibt auch an andere von dieser Freiheit ab. Ein Unternehmen, das florieren darf, zahlt nicht nur mehr Steuern, sondern schafft neue Arbeitsplätze, hilft neuen Menschen, ihre Fähigkeiten zu entfalten und ihre Chance zu wahren. Da es bessere Arbeitsbedingungen hat, wird es den Konsumenten auch bessere Produkte anbieten, und auf diese Weise zum Gemeinwohl beitragen. Das heißt, die Ethik des Erfolgs setzt nicht wie die alte Moral auf die Beschneidung der Freiheit, sondern auf deren Erweiterung – womit sie das Ziel, möglichst vielen eine Chance zu geben, viel besser erfüllen kann, als die Ethik der Gleichheit. Freiheit schafft neue Freiheit – auch die, anderen dazu zu verhelfen.

Übrigens spricht man in Deutschland nicht offen von der Gleichheit, vielleicht, weil es zu sehr an die DDR-Ideologie erinnert. Man hat, wie bereits ausgeführt, das schöne Wort von der »sozialen Gerechtigkeit« an ihre Stelle gesetzt. Gerade im Wahlkampf 2002 kommt kein Politiker, gleich welcher Couleur, ohne regelmäßige Beschwörung dieser Worte aus. Man gibt damit wohl zu erkennen, dass man politisch korrekt und wählbar ist. Aber gibt man auch zu erkennen, dass man vernünftig ist? Ich fürchte, nein. Denn was eigentlich bedeutet »soziale Gerechtigkeit«? Würde es nicht genügen, einfach für Gerechtigkeit zu plädieren – das heißt, dass jedem nach seiner Begabung, seiner Leistung, seinem Beitrag zur Gemeinschaft Gerechtigkeit widerfahren soll? Doch genau das will man ja nicht, und es soll durch die Beifügung des magischen Wörtchens »sozial« vermieden werden. Durch diese Verbindung entsteht das Gegenteil dessen, was eigentlich gemeint ist. Statt der Gerechtigkeit, die nach Verdienst urteilt, soll nach der »sozialen Gleichheit« geurteilt werden, die keine Unterschiede gelten lässt – also gerade nicht nach Gerechtigkeit. So betreiben die Politiker, und die meisten, ohne es sich träumen zu lassen, Etikettenschwindel. Denn wo »soziale Gerechtigkeit« draufsteht, ist erzwungene Gleichheit drin. Kein Wunder, dass die Nachfolgeorganisation der DDR-Kommunisten sich im Wahlkampf 2002 zur »Partei der sozialen Gerechtigkeit« ausgerufen hat – und keiner wagt es, den Schwindel beim Namen zu nennen.

Viele wissen, was sich hinter dem Slogan verbirgt, aber wer

wagt schon, sich dem Sog der »öffentlichen Meinung« zu entziehen, zumal wenn er gewählt werden möchte? So erzieht das Gleichheitsgebot zu Heuchelei. Man gibt sich hochmoralisch und verfolgt dabei seine eigene Interessen. Man appelliert an das Gute im Menschen, wohl wissend, dass man damit Gute wie weniger Gute unter Druck setzt. Druck und Freiheit sind aber Widersprüche wie Zwang und Motivation. Während der Schlaue sich hinter der politischen Korrektheit versteckt, um ungehindert seine politischen Absichten zu verfolgen, wird den meisten ein schlechtes Gewissen eingeflößt, da die Natur sie nun einmal nicht dazu geschaffen hat, sich unablässig zu fragen, ob man nicht etwa gegen das Gleichheitsgebot verstößt. Wo aber Doppelmoral herrscht, so behaupte ich, herrscht gar keine Moral. Wo Ethik eine Gleichheit erzwingen will, die es nicht gibt und die nicht einmal erstrebenswert ist, weil sie ein willkürliches Menschenbild über alle anderen stellt, gibt es auch keine Ethik.

Mit der »sozialen Gerechtigkeit« verhält es sich ähnlich wie mit der »sozialen Marktwirtschaft«. Das Adjektiv scheint etwas hinzuzufügen, in Wahrheit schränkt es das Gemeinte ein. Eigentlich genügt der Begriff Marktwirtschaft, um auszudrücken, dass nicht eine zentrale Gewalt die Wirtschaft reguliert, sondern der freie Markt, also das nicht festgelegte Verhältnis von Produzent und Konsument, von Angebot und Nachfrage. Marktwirtschaft heißt Freiheit, vorausgesetzt, die Spielregeln der Fairness werden eingehalten. Auch Ludwig Erhard hat den Begriff nicht gewählt, um die Marktwirtschaft einzuschränken, sondern um sie für die Gesellschaft akzeptabel zu machen. »Sozial« hieß für ihn: Wohlstand für alle. Und das war für die Deutschen etwas revolutionär Neues. Es zeigte sich, dass der freie Austausch von Waren und Informationen in sich selbst sozial, also gesellschaftsförderlich war. Deutschland blühte aus den Trümmern der Vergangenheit auf, weil sich alle am neuen Modell beteiligten. War bis 1945 die Ethik auf Rassenreinheit und Selbstverleugnung eingestellt gewesen – du bist nichts, dein Volk ist alles – lernte der Deutsche nun, dass er die Freiheit hatte, sein Leben und seinen Erfolg selbst zu gestalten. Da die Gesellschaft dabei zusammenhielt, entstand eine Republik, die alle vorherigen Staatsformen in den Schatten stellte. Ludwig Erhard repräsentierte die Ethik des Erfolgs.

Doch Erhards Ausspruch, »Zu sozial wird unsozial«, wurde überhört. In der Folge trat die Bedeutung des Wortes Marktwirtschaft immer mehr hinter dem Zauberwort »sozial« zurück. Die Freiheit wurde, aus ideologischen oder wahltaktischen Gründen, unterhöhlt. Mit jeder neuen Regierung wurde ein Scheibchen von der Marktwirtschaft abgeschnitten und eines dem »Sozialen« hinzugefügt. Vor einigen Jahren meinte die CDU, sie müsse den alten Erhardschen Begriff etwas zeitgemäßer gestalten, und hob die »soziale und umweltbewusste Marktwirtschaft« aus der Taufe. Frau Merkel wollte gar noch einen draufsetzen und sprach von der »neuen sozialen Marktwirtschaft«. Zu meiner Verblüffung hat sich der Arbeitgeberverband Gesamtmetall diesen Merkelschen Unbegriff zu Eigen gemacht und eine PR-Initiative unter der Führung des ehemaligen Präsidenten der Bundesbank, Tietmeyer, für die »neue soziale Marktwirtschaft« mit einem jährlich zweistelligen Millionenetat unterstützt. Ich frage mich, wozu man überhaupt noch das ungeliebte Wort Marktwirtschaft benutzt? Offenbar wagt keiner mehr, sich zu ihren Prinzipien zu bekennen, ohne sie zugleich durch allerlei zeitgemäße Adjektive einzuschränken. Vermutlich werden wir in drei Jahren die »neue soziale, umweltbewusste, biologisch-dynamische und globalisierungsresistente Marktwirtschaft« aus der Taufe heben. Eine mutige Tat des Kanzlerkandidaten Edmund Stoiber war, den Unsinn mit dem neuen Adjektiv abzustellen und mit der alten »sozialen Marktwirtschaft« in den Wahlkampf zu ziehen.

Unsere Doppelmoral lässt sich auch sehr gut am heutigen Arbeitsmarkt erkennen, der eigentlich ein doppelter ist. Sechzehn Prozent der Arbeitsleistung werden »schwarz« erbracht, das heißt, bleiben dem öffentlichen Wohl entzogen. Die Schuld liegt nicht bei jenen, die sich in den dunklen Markt flüchten, sondern bei jenen, die sie durch zu hohe Lohnkosten und erzwungene Arbeitslosigkeit in ihn hineintreiben. Der offizielle Arbeitsmarkt wurde durch die Sozialpolitiker so streng definiert, dass jede Art von Leistung, die diesen künstlichen Belastungen nicht gewachsen ist, zur Illegalität verdammt ist. Eine

Gesellschaft lebt aber nicht nur von Steuern und Sozialabgaben, sondern zuallererst von einer Öffentlichkeit, in der sie sich selbst präsentieren kann.

Für die Athener war die Agora, also der Marktplatz der Ort, an dem die Gesellschaft nicht nur Waren und Informationen austauschte, sondern sich auch ihre »öffentliche Meinung« bildete, die zur Grundlage der Politik wurde. Auch der römische Begriff der »Republik« heißt eigentlich: die öffentliche Angelegenheit, das was für alle offen liegen muss. Wer aber im ideologischen Übereifer den Bürgern vorschreibt, was öffentlich sein darf und was nicht, welche Art von Leistung erlaubt ist und welche nicht, der zerstört die Transparenz, die eine Republik von einer Diktatur unterscheidet. Als Resultat besitzen wir deshalb einen offiziellen Markt, auf dem die von der Regierung hochregulierten Arbeitspreise herrschen, und einen inoffiziellen, wo Angebot und Nachfrage die Preise regeln. Zur Absurdität dieser Situation trägt bei, dass meist gerade jene, die von der »sozialen Gerechtigkeit« profitieren und mittels staatlicher Unterstützung vom offiziellen Markt fern gehalten werden, am fleißigsten zum inoffiziellen beitragen. Da sie doppelt gewinnen, sind sie – und nicht etwa die brav ihre Steuern zahlenden Bürger – die wahren Profiteure dieses heuchlerischen Zustands.

Eine Gesellschaft kann sich nur dann als frei bezeichnen, wenn sie sich zu ihren Interessen offen bekennt. Diese Wahrhaftigkeit, die auch vermeintliche Schwächen nicht totschweigt, ist ein Gebot der Ethik, und zwar einer auf Erfolg gerichteten Ethik. Denn nur, wer offen sagt, was er will, kann auf Schleichwege verzichten. Ein Schleichweg, der sich längst zum Fitnesspfad der Deutschen entwickelt hat, ist die Steuerhinterziehung. Dieser Volkssport, der insgeheim praktiziert wird, lässt sich überall dort beobachten, wo es um die Beschaffung von steuerlich absetzbaren Spesenquittungen und Rechnungsformularen geht. Zudem ist eine gewaltige Armee von Steuerberatern damit beschäftigt, ihren Klienten bei der Vermeidung von Abgaben zu helfen – oder bei der schlichten Erfüllung ihrer Bürgerpflicht, die dank bürokratischen Übereifers zu einer schier unlösbaren Aufgabe geworden ist. Selbst die

Steuerberater plädieren seit langem, wenn auch vergeblich, für eine Vereinfachung des Steuersystems, obwohl sie damit den Ast abzusägen scheinen, auf dem sie sitzen. Aber dieser Ast scheint selbst ihnen nicht mehr ganz geheuer. Tatsächlich empfinden die meisten Bürger das Ausfüllen der Steuererklärung wie eine Strafe, die nur noch von der Strafe der Besteuerung selbst überboten wird. Wenn es aber den Menschen so schwer gemacht wird, ehrlich zu sein, muss man sich nicht wundern, wenn die Ehrlichkeit selbst aus der Mode kommt. Auch hier blüht die Doppelmoral: Man akzeptiert nach außen die Zwänge, die Staat und Gesellschaft einem auferlegen, um sie heimlich zu verfluchen und möglichst zu umgehen.

So haben wir also unsere schöne soziale und solidarische Staatsfassade, die die Bundesregierung mit sichtbarem Behagen für die Wahrheit zu nehmen scheint, während dahinter, pardon, der Teufel los ist. Die verleugneten Interessen halten sich im Dunkel schadlos. Zu den unangenehmsten Folgen dieser Fassadenmalerei – in Bayern nennt man das »Lüftlmalerei«, weil es eben nur Luft ist – gehört der Neid. Man nimmt dem anderen übel, dass er sich der Gleichheit erfolgreich entzieht, was man natürlich, ohne es sich einzugestehen, auch am liebsten täte. So nimmt man ihm gerade jene gemeinschaftliche Solidarität, die einem das Neidgefühl einzuflößen scheint. Wer in Deutschland etwas kann, was andere nicht können, oder gar etwas besitzt, was auf anderen Grundstücken fehlt, dem wird das Leben nach Kräften schwer gemacht. Man beruft sich dabei ironischerweise auf die Ethik der Gleichheit, das heißt, man glaubt die Moral auf seiner Seite zu haben, wenn man den Nachbarn ins Land wünscht, wo der Pfeffer wächst. Besser wäre es, man würde dorthin die Ethik schicken, die den Erfolg verleumdet. Denn wer die Leistung und deren sichtbare Ergebnisse verwünscht, der kann sich gleich von der menschlichen Gesellschaft verabschieden. Für eine konstruktive Ethik, die die Wirklichkeit akzeptiert, liefert der Erfolg des anderen den besten Ansporn zum eigenen Erfolg.

Im Gegensatz dazu setzt die Gleichheitsethik darauf, dass jeder sich dem vorgegebenen Standard unterwirft. Wer herausragt, profiliert sich, so heißt es, auf Kosten der anderen.

Dagegen gilt Anpassung als hohe Tugend. Man sagt nur, was politisch korrekt ist, man wählt nur, was die veröffentlichte Meinung der Medien nahe legt. Während so das Bild einer homogenen Gesellschaft entsteht, in der Freiheit, Gleichheit und Brüderlichkeit blühen, werden in Wahrheit alle Impulse, die das Leben lebenswert machen, unterdrückt: Spontaneität, Emotionalität, Kreativität. Vor allem aber jene Eigenschaft, die nur gedeihen kann, wo Freiheit herrscht: die Ethik, die das Handeln des Menschen aus innerem Antrieb leitet, die ihn hilfsbereit, mitfühlend und freigiebig macht. Nächstenliebe und Großzügigkeit kann man nicht erzwingen, sie wachsen von selbst, wo dem Individuum Freiheit eingeräumt wird. Sie verkümmern automatisch, wo sie zum Gesetz werden.

Man fragt sich heute kopfschüttelnd, wie das Dritte Reich möglich war, in dem von Anfang an so vielen Menschen sichtbar Unrecht angetan wurde. Ich führe das nicht darauf zurück, dass die Deutschen nun einmal ein besonders unangenehmes Volk sind, sondern auf den schlichten Umstand der perfekten Anpassung. Durch sie brachte kaum einer die Impulsivität auf, die nötig gewesen wäre, den Bann zu brechen. Alle ethischen Antriebe, die sich in Freiheit entfalten können, waren durch die deklarierte Unfreiheit ausgeschaltet, sie waren scheinbar wertlos geworden. Natürlich drohten bei Kritik auch drakonische Strafen, aber selbst diese widersprachen nicht dem Gemeinschaftsgefühl. Die wenigsten wollten das Böse, aber aus der »völkischen« Gleichheit heraus wagte niemand, dagegen aufzubegehren. An die Stelle der Wahrheit war ganz offen die Propaganda getreten. Die Fassade stimmte, doch die innere Stimme der Ethik war zum Schweigen gebracht. Damit war, ohne dass es die Gesellschaft ahnte, die Grundlage für die entsetzlichen Entwicklungen gelegt, die sich ab 1939 abzeichneten.

Dazu kam natürlich die heute für uns unfassbare Gewaltbereitschaft gegen alle Oppositionellen, die sich ja schon ganz am Anfang beim Einrichten der ersten Konzentrationslager wenige Monate nach der Machtergreifung zeigte. Immer wenn ich von zu Hause zum Flughafen Tegel fahre, komme ich an zwei Zeichen vorbei, die an unsere schreckliche Geschichte erinnern: an einer gezackten roten Eisenkonstruktion, die an die Abtransporte der Juden erinnert, die von dort ihren Ausgang nahmen, und kurz dahinter einem Schild, das auf die Gedenkstätte Plötzensee hinweist. Dort kann man sich noch einmal daran erinnern lassen, dass die Ermordung aufrechter Deutscher nicht erst nach den Ereignissen des 20. Juli 1944 begann. Für einen im Krieg Geborenen war es schwer, in der unmittelbaren Vergangenheit die Maßstäbe für ethisches Verhalten zu finden. Man musste sie sich selbst suchen.

Da ich in meinem Berufsleben fast von Anfang an Menschen zu beurteilen hatte, bildete ich schon früh gewisse Kriterien heraus, an denen ich bis heute festgehalten habe. Schon als ich mit 27 Jahren die IBM-Geschäftsstelle in Colombo leitete, wollte ich mich bei der Einstellung ceylonesischer Systemspezialisten nicht auf die Ergebnisse der »Aptitude Tests« verlassen, sondern legte Wert auf persönliche Begegnung. Neben der fachlichen Qualifikation, die selbstverständlich war, kam es mir auf die ethische Grundeinstellung des Bewerbers an. An erster Stelle kam hier die Wahrhaftigkeit, das heißt, die innere Einstellung, sich selbst und anderen nichts vorzumachen. Sie ist Grundlage jeder wahren Ethik, da sie den Mut voraussetzt, zu dem, was man als richtig erkannt hat, auch zu stehen. Heuchler und Schönredner, von Schmeichlern ganz zu schweigen, waren mir von Anfang an zuwider. Eigene Schwächen zugeben zu können, ist nämlich eine Stärke. Wer anderen Wahrhaftigkeit entgegenbringt, wird Vertrauen ernten. Einen aufrichtigen Portier habe ich immer viel höher eingeschätzt als einen verlogenen Vorstandsvorsitzenden.

Ein Hauptgrund, warum ich nie in die Politik gegangen bin, lag an diesem ethischen Grundsatz. Ich habe sehr schnell gemerkt, dass man in unserem System nicht gewählt werden kann, wenn man immer nur die Wahrheit sagt. Regelmäßig muss der Politiker Dinge sagen, an die er nicht glaubt. Und ebenso regelmäßig mit dem hinter dem Berg halten, was er für richtig hält. Denn ein Parteitagsbeschluss, auch wenn er nicht die Zustimmung aller gefunden hat, muss am nächsten Tag aus »Parteiraison« von allen mit Inbrunst verteidigt werden. Tut mir Leid, das kann ich nicht. Ich halte es auch für schädlich.

Denn, wie gesagt, die Politik handelt von dem, was offen und wahrhaftig »zu Tage liegt« und wozu jeder seine Meinung abgeben darf. Dies wiederum ist Sinn der Demokratie. Ohne Wahrhaftigkeit in den öffentlichen Belangen verkommt Politik zu dem Schauspiel, das eine Gesellschaft eine Zeit lang unterhalten, sie aber gewiss nicht auf Dauer regieren kann.

Ein zweites Kriterium, nach dem ich Menschen beurteilte, war ihre Unabhängigkeit. Man könnte es auch nennen: die Freiheit, äußerem Druck standzuhalten und Widerspruch einzulegen. Auch dies hängt mit der Wahrhaftigkeit zusammen. Wer zu sich steht, der muss sich nicht verbiegen, um anderen zu gefallen. Er vertritt seine Position, und dies unabhängig davon, welche Stufe er auf der Rangleiter der Gesellschaft oder des Unternehmens einnimmt. Menschen, die anderen nach dem Munde reden – ob Mitarbeiter gegenüber dem Chef oder Politiker gegenüber dem Wahlvolk – hören nicht auf ihre innere Stimme, sondern auf den Zufall der Opportunität. Natürlich behauptet jeder Wirtschaftsboss von sich, dass ihm Menschen, die ihm nach dem Mund reden, suspekt seien. Wer will schon Ja-Sager um sich haben? Ich glaube sogar, dass sie dies selbst glauben. Doch die wenigsten handeln danach. Sie ziehen es vor, die Wirklichkeit durch die rosa Brille vermittelt zu bekommen. Dabei gehört der Widerspruch in einem Unternehmen zu den treibenden Faktoren. Man muss die Mitarbeiter zu dieser Fähigkeit erziehen und eine Atmosphäre schaffen, die dazu herausfordert. In Deutschland ist das oft nicht üblich. Für Kritik gibt es einen großen Teppich, unter den alles gekehrt wird. Stattdessen müsste es einen roten Teppich geben, der für die Wahrheit ausgerollt wird und gerade dann, wenn sie nicht gefällt.

Mir war es immer suspekt, wenn andere mir nach dem Munde redeten. Ja, ich habe sogar bemerkt, dass dies ein sicheres Indiz dafür war, dass mit mir selbst etwas nicht stimmte. Dass ich, ohne es zu merken, abgehoben hatte. Kurz darauf hat es sich meine Befürchtung meist bewahrheitet. Gut möglich, dass in der Endphase meiner BDI-Präsidentschaft meine Mitarbeiter ebenfalls zu diesem Verhalten neigten und ich ihre Einstellung hinnahm. Brachte man mir gegenüber immer noch den

Mut auf, mir nötigenfalls in den Arm zu fallen? Vermutlich bin ich zum letztmöglichen Zeitpunkt gegangen, bevor ich, verführt durch die rosige Stimmung, noch mehr Fehler begehen konnte. Denn diese wären die unausweichliche Konsequenz gewesen. Es gehört also zu den Geboten einer Ethik des Erfolgs, die Wahrheit zu sagen und sie zu ertragen. Trifft ein aufrichtiger Mensch auf einen Partner, der mit Widerspruch umgehen kann, hat man den besten Ausgangspunkt für ein erfolgreiches Unternehmen – im privaten wie im wirtschaftlichen Sektor.

Eine weitere Eigenschaft, die ich von den Menschen erwarte, scheint gar nicht in den Bereich der Ethik zu fallen. Ich spreche von der Klarheit. Man muss die Dinge so auszudrücken wissen, dass sie auch begriffen werden. Nach meiner Erfahrung ist eine klare Sprache die Zwillingsschwester der Wahrheit. Und deshalb hängt sie eben doch mit der Ethik zusammen: Klarheit bedeutet nämlich, dass man eine Sache auch für den anderen transparent machen, dass man ihm die Möglichkeit bieten will, an der Wahrheit teilzuhaben. Nicht zufällig haben sich sowohl die Priester wie die Funktionäre der totalitären Staaten immer darum bemüht, den Menschen nicht Klarheit, sondern blauen Dunst vorzumachen. Alles war voller Mysterien und Geheimnisse, und wer die Wahrheit wissen wollte, musste ins Priesterseminar oder auf eine Kaderschmiede gehen. Auch heute neigt man dazu, und zwar in den Medien wie in der Politik oder den Unternehmen, die Wahrheit nicht deutlich zu sagen, sondern sie zu verhüllen, zu drapieren, sie mit schönen Etiketten zu bekleben. Man liebt das ahnungsvolle Halbdunkel, wie es Politiker so gern bei Interviews erzeugen. Man spricht diplomatisch, bedient sich der politisch korrekten Ausdrücke und vernebelt dabei die einfachsten Sachverhalte. Man sagt nichts wirklich Falsches, aber leider auch nichts Richtiges. Man lügt nicht, aber ohne Klarheit ist die Wahrheit fast nichts wert. Besser wäre es, über das, was man nicht in aller Klarheit zu sagen bereit ist, zu schweigen.

Zu einer ethischen Einstellung, wie ich sie mir wünsche, gehört auch die Bereitschaft, mit anderen in Wettbewerb zu treten. Das heißt, man legt seine Karten offen, setzt sich dem Vergleich aus und damit auch der Gefahr zu verlieren. Das ethische Moment dabei liegt in der Chance, die man sich und dem anderen gibt: zu gewinnen. Jeder versucht, seine höchste Leistung zu bringen, aber immer relativ zur Leistung des anderen. Deshalb bedeutet Wettbewerb – und dies ist der Unterschied zum Kampf – dass man den anderen als ebenbürtig anerkennt, um die eigenen Fähigkeiten durch den Vergleich mit dem anderen festzustellen. Man braucht ihn, um sich selbst zeigen und im besten Fall über sich hinauswachsen zu können.

Menschen, die konkurrenzfähig sind, gehen mit offenen Augen durchs Leben und erkennen die Chancen, die sich bieten. Im Gegensatz zur gängigen Meinung der Gleichheitsideologen bin ich fest überzeugt, dass Kreativität, also die Fähigkeit, schöpferisch über sich hinauszugehen, nicht aus dem Nichts oder einer harmonischen Umgebung entsteht, sondern aus Wettbewerb. Aus dem Wettbewerb mit anderen, der einen anspornt, aber ebenso, was oft übersehen wird, aus dem Wettbewerb mit sich selbst, dessen anderer Name »Selbstkritik« ist. Das Ideenfeuerwerk, das sich die moderne Industrie- und Kommunikationsgesellschaft seit einem halben Jahrhundert einfallen ließ, verdankt sich der Bereitschaft, die Konkurrenz mit anderen aufzunehmen, um das, was es bereits gibt, möglichst noch zu verbessern, immer wieder zu verbessern. Wettbewerb steht hinter der Erfolgsgeschichte der Globalisierung.

Ein Mensch, der wahrhaftig ist, seine Gedanken klar auszudrücken versteht und bereit ist, mit anderen in Wettbewerb zu treten, ist für mich ein freier Mensch. Er gestaltet den Augenblick, das »Hier und Jetzt«, wie ich es in meinem ersten Buch nannte. Aber auch das ist für die Ethik des Erfolgs noch nicht genug. Es muss die Fähigkeit hinzukommen, Verantwortung auch für die Zukunft zu übernehmen. Der »kategorische Imperativ«, um Immanuel Kants Ausdruck zu benutzen, lautet für mich, dass alles, was wir tun, nicht nur in Hinblick auf uns, sondern auch auf die nächsten Generationen getan werden muss. Jede Handlung muss auch danach beurteilt werden, welche Folgen sie für die Zukunft bringt. Alles muss mit Nachhaltigkeit geschehen. Rom, so sagt das Sprichwort, sei nicht an einem Tag erbaut worden. Ich behaupte, dies trifft auf alles zu, was der Menschheit Fortschritte gebracht hat. Wer plant, soll immer langfristig planen, und nichts tun, was seine Kinder einmal büßen müssen.

Unsere Advokaten der »sozialen Gerechtigkeit« haben das genaue Gegenteil im Sinn. Ihr Wirken erschöpft sich darin, bestehendes Vermögen umzuverteilen, und zwar so, dass der, welcher mehr hat, jenem abgibt, der weniger hat. So ethisch dies klingt, führt es nur dazu, dass am Ende jeder weniger hat, da für keinen ein Anreiz bleibt, noch Leistung zu erbringen. Das Fatale dieser Ideologie besteht jedoch darin, dass sie sich nur auf der horizontalen Ebene der Gegenwart bewegt: Wie auf einem Schachbrett werden Mittel hin- und hergeschoben, was einem Teil der Zeitgenossen sogar gefallen mag und sich in erwünschten Wahlergebnissen niederschlägt. Die menschliche Geschichte bewegt sich aber in einer vertikalen Ebene. Was heute wie ein gerechter Verschiebebahnhof wirkt, erweist sich in der folgenden Epoche als Raubbau an der Zukunft. Denn statt den Wohlstand kommender Generationen durch gemeinsame Anstrengung zu sichern – sozusagen die Bäume zu pflanzen, deren Früchte sie ernten werden – haben wir Schulden aufgenommen, die unsere Kinder abzahlen müssen: Wir haben die Bäume verheizt und das Saatgut gegessen. Wir haben uns in der Horizontalen »sozial gerecht« gefühlt und die Vertikale nach dem Motto »Nach uns die Sintflut« verdrängt.

Vom ethischen Standpunkt der Nachhaltigkeit aus ist die »soziale Gerechtigkeit« eine schreiende Ungerechtigkeit. Alle sozialen Rezepte, mit denen heute Politik gemacht wird, führen letzten Endes dazu, dass wir Reformen verschieben, neue und immer höhere Schulden aufnehmen, unsere Sozialversicherung überstrapazieren, aus unserer Energieversorgung ein Hazardspiel machen. Wir versuchen Gleichheit in der Horizontalen herzustellen und schaffen dramatische Ungleichheit in der Vertikalen. Wir hinterlassen unseren Kindern nicht Lösungen, sondern Probleme, nicht Sicherheit, sondern Sorgen. Unter dem Vorwand der Ethik handelt man unethisch an der Zukunft. Auch hier brauchen wir eine Ethik des Erfolgs, die Verantwortung für die nächste Generation übernimmt und sich nicht mit dem kurzen Applaus der Gegenwart begnügt.

Statt dieser Zukunftsdimension, die vernachlässigt wurde,

hat deutsche Ethik sich lieber mit der Vergangenheit beschäftigt. Man interessierte sich mehr für das, was vergangene Generationen angerichtet haben, als was wir zukünftigen Generationen hinterlassen werden. Die vermeintliche Erbsünde führte zu einer Fixierung, die alles gegenwärtige Handeln aus der Perspektive der Vergangenheit sah –, und zwar einer sehr eigenwilligen, die nicht in allem mit der Wahrheit übereinstimmte – statt es aus der Perspektive der Zukunft zu sehen. Keiner fragt sich, wie unsere Nachkommen in einem halben Jahrhundert mit unseren Sozialschulden oder den Folgen unseres Leistungsdefizits oder dem Zusammenbruch unserer Energieversorgung umgehen sollen. Vielleicht werden sie von einer neuen Erbsünde reden, die, unter dem Euphemismus »soziale Gerechtigkeit«, die Zukunftsfähigkeit unseres Landes verspielte.

Auch wenn es radikal klingt: Ich bin dafür, sich mehr mit der Zukunft unserer Gesellschaft zu befassen und weniger mit der Vergangenheit – jener Vergangenheit, die ihre Schatten auf unser gegenwärtiges Handeln wirft, die uns hemmt und unsere Freiheit einschränkt. Ich bin aber auch dafür, dass man zuvor aus der Vergangenheit lernt. Das heißt, dass man begreifen soll, was geschehen ist und daraus für die Zukunft Schlüsse zieht. Aber auf diese Zukunft kommt es eben an, sie hat Vorrang. Alles Leben lernt aus seiner Geschichte, aber nicht um in die Vergangenheit zu starren, sondern für die Zukunft gerüstet zu sein. In seiner Schrift »Über Nutzen und Nachteil der Historie für das Leben« beschrieb Friedrich Nietzsche als Erster, wie lähmend sich die allzu intensive Beschäftigung mit der Geschichte auswirken kann. Um zukunftsfähig zu werden, empfahl er, »unhistorisch« zu sein und sich, ohne ständig in den Rückspiegel zu blicken, ganz den eigenen Möglichkeiten zu öffnen. Zur Ethik des Erfolgs gehört auch, dass man um der Nachhaltigkeit des eigenen Tuns willen, die Vergangenheit auf sich beruhen lässt.

Der Mensch ist in seinem Wesen nicht festgelegt. Er entwickelt sich fort, viel schneller, als die Ideologen sich dies erträumen. Bei einem Besuch im Magdeburger Institut für Hirnforschung, das zur Leibniz-Gemeinschaft gehört, erfuhr ich von dessen Leiter, Professor Scheich, dass das menschliche Gehirn über rund 1,2 Milliarden Gehirnzellen verfügt. Im Vergleich dazu wirkt auch der leistungsstärkste IBM-Computer wie ein Analphabet. Und ständig bilden sich aufgrund von Informationen, innerhalb weniger Stunden neue Synapsen, durch die sich unser Gehirn von selbst weiterbildet, indem es immer neue Kombinationsmöglichkeiten schafft. Das heißt, der Mensch lernt, weil sein Gehirn lernt. Und Lernen bedeutet nichts anderes, als sich weiterentwickeln, seine Chancen verbessern und damit das Ganze voranbringen. Lernen ist angewandte Ethik. Zwei Dinge lernte ich bei meinem Besuch im Hirnforschungsinstitut. Erstens weiß ich jetzt, dass ich nichts weiß. Und zweitens weiß ich jetzt, wie wichtig es ist, Kreativität und Forschungseifer anderer, die unser Wissen mehren, sicherzustellen und zu fördern.

Bei meinen Besuchen in den Leibniz-Instituten bemerkte ich auch, dass Forschung nicht an feste Arbeitszeiten gebunden ist. Wer vom Feuer seiner Arbeit gepackt ist, lässt sich nicht von irgendwelchen Vorschriften reglementieren. Man arbeitet nicht, man widmet sich, ja, opfert sich einer Sache. Freiwillig. Das klingt in unserer Gewerkschaftsgemokratie nicht gut – man nennt das wohl Selbstausbeutung. Darüber können Wissenschaftler nur lachen. Wer Fortschritte erzielen will, darf dabei nicht auf die Uhr schauen. In unserer Arbeitswelt gilt eher das Gegenteil: Wer sich rechtzeitig »vom Acker machen« will, muss ständig auf die Uhr schauen. Und die Arbeitszeitmodelle der Gewerkschaft geben ihm sogar Recht. Aber die Sache, für die er einsteht und der er einen Großteil seines Lebens widmet – ich meine, das Auto, das er zusammenbaut, oder die Computer-Software, die er entwickelt –, gibt ihm nicht Recht. Denn jedes Ding braucht seine Zeit. Das habe ich bei den Wissenschaftlern gelernt.

Der deutsche Gleichheitszwang lässt sich an der Uhr ablesen. Nicht die Sache diktiert, sondern die Zeit. Legendär der Arbeiter, der mit dem Glockenschlag »die Schaufel fallen lässt« oder der Beamte, der, nach kurzem Blick aufs Handgelenk, seinen Schalter vor der Nase des Bittstellers schließt. In Deutschland herrscht nicht die Vernunft, sondern die Uhrzeit. Man hält dies vermutlich auch noch für ethisch. Am besten lässt sich diese Absurdität an den Ladenöffnungszeiten beobachten. Die Lust auf Konsum wird bei uns per Gesetz geregelt. Im Februar 2002 traf ich mich mit Ministerpräsident Stoiber. Im Laufe des Gesprächs schlug ich ihm eine Reihe von Maßnahmen vor, die alle angelegt waren, unsere Wettbewerbsfähigkeit zu verbessern.

Dabei habe ich ihm, als Beispiel für eine zukunftsweisende Reform, die Liberalisierung des Ladenschlussgesetzes vorgeschlagen. Wenn Sie Bundeskanzler sind, warb ich, sollten Sie die Verantwortung für dieses Gesetz aus den Händen des Bundes in die der Länder geben. Noch besser: Überlassen Sie es jeder Kommune, selbst zu beurteilen, was für sie am besten ist. Eigentlich, so gestand ich dann, bin ich ja für eine komplette Abschaffung dieser Bevormundung von Bürgern und Ladenbesitzern. Dann kann jede Firma selbst entscheiden, was für sie die ideale Öffnungszeit ist. Angesichts der Tatsache, dass an jedem Sonntag bereits vier Millionen Menschen arbeiten, sollte sie wählen können, ob sie sonntags oder nur werktags, lieber am Vormittag oder Abend öffnen will. Oder, wie so viele Läden in Amerika, nie schließen will. Und wenn ich sage, die Firma kann entscheiden, so tut dies im Endeffekt der Kunde, der sich zu bestimmten Zeiten einstellt und zu anderen ausbleibt. Soll er sozusagen mit den Füßen abstimmen. Soll den Hallensern, die sonntags gerne einkaufen und nicht minder gerne verkaufen, dies erlaubt sein, wie den Nürnbergern, die das nicht wollen, das Gegenteil freisteht. Mein Eindruck nach dem Gespräch mit Stoiber war jedenfalls, dass das Argument der Freiheit bei ihm Eindruck hinterlassen hat. Mal sehen.

Die Ladenschlussregelung, zu der Obrigkeitsstaat wie Gewerkschaftsdiktat gleichermaßen beigetragen haben, ist für mich nur ein Beispiel für unendlich viele Entscheidungen, die heute noch zentralistisch getroffen werden, wo sie viel besser in den Ländern oder den Kommunen angesiedelt wären. Aufgrund welchen demokratischen Prozesses, so frage ich mich, hat der Bund diese Machtfülle angesammelt? Warum gibt er diese angemaßte Entscheidungsfunktion nicht einfach an die Länder, die Kommunen, ja den einzelnen Bürger ab? Je mehr

Verantwortung der Bürger für sein eigenes Schicksal übernehmen kann, umso größer ist seine Chance, dieses Schicksal auch selbständig zu gestalten. Wo alles vorgegeben wird, entsteht das Grau in Grau eines kommunistischen Ameisenstaates. Eigentlich müsste es ein ethisches Gesetz geben, bei jedem Gesetz die Frage zu stellen, ob man es überhaupt braucht. Rotgrün scheint an das Gegenteil zu glauben: Lieber ein Gesetz zu viel, als eins zu wenig. Lieber etwas weniger Freiheit, dafür etwas mehr Behördenformulare. Lieber etwas mehr Staat und etwas weniger Bürger. Aber die Bürger, das heißt die Gesellschaft, sind die Wirklichkeit. Der Staat der Sozialisten dagegen ist ein Schatten, der aus der Vergangenheit lähmend in unsere lebendige Gegenwart herüberfällt.

Der sozialdemokratische Ex-Kanzler Helmut Schmidt, der sich sehr intensiv mit den Auswüchsen der deutschen Gesetzgebung befasst hat, erzählte mir einmal, für wie überreguliert er unser Land hält. Es gebe bei uns, so erklärte er, an die 85 000 Gesetze, deren Übermaß, seiner Überzeugung nach, eine der schlimmsten Fortschritts-, Effizienz- und Arbeitsmarktbremsen überhaupt darstelle. Denn ein Gesetz bewirkt ja nicht nur eine Einengung der Freiheitsrechte, wie sie oft genug nötig ist – es bewirkt vor allem, dass sich überall der beherrschende Einfluss der Staatsautorität geltend macht. Doch bloße Herrschaft sollte mit der Demokratie eigentlich abgeschafft sein. Wer sein Leben von der Wiege bis zur Bahre mit zigtausenden Vorschriften zugepflastert findet, wird sich irgendwann fragen, ob dies überhaupt »sein Leben« ist. Oder ob er nicht vielleicht nur Gast ist in einem übermächtigen Staatswesen. Dies war Franz Kafkas Albtraum, doch wer mit deutschen Behörden zu schaffen hat, kann sich leicht in ihn versetzt fühlen. Es erübrigt sich der Hinweis, dass ich diese Art von Staatsmacht für zutiefst unethisch halte. Sie mag zwar die Traufhöhe von Dächern und die Geschwindigkeit von Personenfahrzeugen regeln – aber um den Preis, dass sie statt freier Staatsbürger nur Duckmäuser erzieht.

Ein Staat, der für seine Bürger wirken will, sollte hier wie ein Unternehmen vorgehen und alle Regelungen, die sich in der Vergangenheit angesammelt und aufgetürmt haben, auf den Prüfstand stellen: Sind sie überhaupt noch nötig, oder stellen sie nur eine Arbeitsbeschaffung für jene dar, die sie zu überwachen haben? Alles, was sich so als Bremse der Lebens- und Arbeitsprozesse erweist, sollte abgeschafft, der ganze Laden entrümpelt werden. Man könnte auch, wie die Amerikaner es nennen, in Gesetze eine »Sunset Clause« einbauen, das heißt, ein Gesetz hebt sich nach einer gewissen Zeit selbst auf, es sei denn es wird explizit durch den Gesetzgeber verlängert. Viele Gesetze sind wie Gerüste, die zum Hausbau nötig sind. Wenn das Haus aber steht, müssen sie abgebaut werden. Auf unsere Situation angewandt: Alle Gesetze müssen auf ihre Effizienz hin überprüft werden. Wichtiger als die autoritäre Frage, ob sie »eingehalten« werden, ist die andere, ob sie überhaupt ihren Zweck erfüllt haben. Aber bei uns scheinen Gesetze zum Selbstzweck geworden zu sein. Als würde ein Gesetz automatisch bedeuten, dass mehr Gerechtigkeit herrscht. Hat man vergessen, dass das Dritte Reich mit einer wahren Gesetzesflut über unser Land hereingebrochen ist, mit der sichergestellt wurde, dass alle Untaten in streng legalem Rahmen stattfanden? Auch die Nürnberger Gesetze waren schließlich Gesetze.

Worin muss die Ethik eines Staates bestehen? Sich selbst möglichst in den Hintergrund zu stellen, um die freiheitliche Entfaltung aller Bürger zu ermöglichen. Der Erfolg der Individuen muss im Vordergrund stehen. Er allein ermöglicht es dem Staat, Chancengleichheit herzustellen, den Schwächeren die Möglichkeit zu geben, sich auf die eigenen Beine zu stellen, um in den Wettlauf mit den anderen einzutreten, und jenen, die es nicht mehr können, ein Leben in Würde zu ermöglichen. Aber an erster Stelle muss die Freiheit stehen, sein eigenes Leben zu leben und seine Kräfte und Fähigkeiten zu entfalten. Dies fordert die Ethik des Erfolgs. Denn die Leistungen der Menschen sind die Wirklichkeit – der Staat ist nur eine Idee. Zum Glück herrscht dank der Globalisierung auch zwischen den Staaten Wettbewerb. Durch das »Benchmarking« lässt sich ohne weiteres ihre Effektivität feststellen. Wie es mit unserer eigenen bestellt ist, brauche ich wohl nicht zu wiederholen.

Der Staat darf die Leistungen der Menschen nicht nur einfordern, sondern muss sie zuallererst ermöglichen. Und er muss die Bedingungen schaffen, dass das Leistungsniveau nicht absinkt, sondern ansteigt. Ohne ständige Motivation durch den Wettbewerb lässt die Spannung automatisch nach und man ruht sich, wie das Sprichwort lautet, »auf seinen Lorbeeren aus«. Wer seine Spannkraft erhalten will, muss trainieren. Wer mit den anderen mithalten will – statt sich von ihnen mittragen zu lassen –, muss seine Kräfte in Bewegung halten.

Als Junge war ich einmal in der Verlegenheit, meinen linken Arm für sechs Wochen in Gips zu haben. Ich hatte ihn mir in einer Turnstunde der Hamburger Jahnschule gebrochen, wo ich, ohnehin mit einem instinktiven Horror vor Geräten ausgestattet, prompt beim Pferdsprung ausgerutscht war. Man brachte mich mit heulenden Sirenen ins Krankenhaus, setzte mich unter Vollnarkose, und als ich aufwachte, lag mein Arm in Gips. Sechs Wochen hatte der gebrochene Knochen Zeit, abzuheilen und sich auszuruhen. Als der Gips abgenommen wurde, stellte ich erschreckt fest, dass der Arm ganz dünn geworden war. Er konnte mit dem anderen nicht mehr mithalten.

Ich begriff, dass ein Muskel, der nicht in Bewegung gehalten wird, abbaut und schneller als vermutet schwach wird. Wer sich nicht bewegt, verliert seine Kraft. Wer nicht ständig denkt, verflacht. Eine Kraft, die nicht ausgeübt wird, verschwindet. Wer keine Leistung bringt, verliert automatisch die Fähigkeit, Leistung zu bringen. Wenn ein Staat, wie es in Deutschland der Fall ist, ein leistungsfeindliches Umfeld schafft, wird die Gesellschaft im Vergleich zu anderen irgendwann aussehen wie ein Leistungssportler, der monatelang ans Krankenbett gefesselt war und, wie ich in der Jahnschule, seine Muskeln eingebüßt hat. Resigniert wird er zur Kenntnis nehmen müssen, dass er für den Wettbewerb nicht mehr geeignet ist.

Ich halte es für zutiefst unethisch, den Menschen unter dem Vorwand der »sozialen Gerechtigkeit«, der »Daseinsvorsorge« oder mit Hinweis auf »Vater Staat« die Benutzung ihrer eigenen Muskeln und ihrer Geistesgaben zu verbieten. Sie werden dann in der Tat schwächer und ihre Schwäche wird dann wieder ein neuerlicher Vorwand zu weiterer Übernahme von Verantwortung durch die Politik. Dieser Teufelskreis muss durchbrochen werden – durch die Ethik des Erfolgs.

Es gehört für mich zu den wichtigsten Geboten der Ethik, die Fähigkeiten, die einem durch Gene und Erziehung vermittelt worden sind, zu bilden und auszubauen. Ich halte wenig von jenen Lebensweisheitslehren, die im Wesentlichen empfehlen, die Hände in den Schoß zu legen, weil sich doch immer eine barmherzige Seele findet, die etwas hineinwirft. Ich glaube auch nicht, dass das Bibelwort von den »Vögeln, die nicht säen und nicht ernten«, in einer modernen Gesellschaft noch funktioniert. Wir müssen säen, um ernten zu können. Wer sich gehen lässt, bewegt sich zwar, doch nicht dorthin, wo es für ihn und seine Gemeinschaft nützlich ist. Die Ethik der Gleichheit scheint mir die Neigung, sich gehen zu lassen, noch zu fördern. Wozu Leistung bringen, wenn andere dies für einen erledigen? Und gilt nicht auch, dass wer nichts tut, auch nicht sündigt? Ich halte diese Einstellung, die die Moral auf ihrer Seite zu haben scheint, für höchst unethisch. Sie reklamiert für sich das »Gute«, tut aber nichts, um es zu schaffen. Denn das Gute setzt Anstrengung voraus. Nur eine Ethik des Erfolgs spornt den Menschen an, Gutes zu tun, indem er Werte schafft, die allen zugute kommen.

Es gibt Menschen, die dies bezweifeln. Wer etwas leistet, tut es nur für sich, so sagen sie und schließen möglicherweise von sich auf andere. Ich halte dagegen. Meine Erfahrung sagt, dass jeder, der die Freiheit eingeräumt bekommt, für sich und seine Familie etwas zu leisten, gleichzeitig anderen dieselbe Möglichkeit bietet. Leistung steckt an, und wo ein Arbeitsplatz floriert, entstehen bald viele. Alles Gute wirkt weiter, und jeder geschaffene Wert bringt, nicht nur auf der Bank, Zinsen.

Beim Philosophen Gottfried Wilhelm Leibniz, nach dem unsere Wissenschaftsgemeinschaft benannt ist, habe ich den Gedanken gefunden, dass die Menschheit sich in beständigem Fortschritt zu immer größerer Vollkommenheit befindet. Man hat ihm oft angekreidet, dass er diese Welt für »die beste aller möglichen« hielt. Doch war Leibniz alles andere als naiv. Natürlich wusste er um die Widerstände, die sich dieser positiven Entwicklung entgegenstellen, und um das »Böse«, das jeden Schritt zum Guten zu verhindern sucht. Aber er fand für dieses Problem eine Lösung, die er mit einem musikalischen

Beispiel erläuterte: Der Widerstand, auf den die Menschheit stößt, ähnelt der harmonischen Dissonanz. Dieser Missklang, der das Menschenleben so bitter macht, bleibt jedoch nicht bestehen, sondern führt zur Auflösung in eine höhere Harmonie. Er führt nicht nur dazu, sondern es drängt ihn geradezu in Richtung des Wohlklangs. Jeder Widerstand führt, mit anderen Worten, über sich hinaus, indem er die Kräfte freisetzt, die ihn überwinden.

»Die Krise ist ein produktiver Zustand«, sagte Max Frisch zweihundert Jahre später, »man muss ihr nur den Beigeschmack der Katastrophe nehmen.« Durch Krisen und Widerstand stärkt sich die Menschheit. Sie machen den Fortschritt erst möglich. Auch der Wettbewerb bietet dem Menschen einen solchen Widerstand, der einem anfangs misstönend in den Ohren klingt. Denn er hemmt und lähmt, entmutigt und demütigt sogar – solange man sich nicht aufrafft, dagegen zu halten. Wenn durch die Krise die Kräfte wachsen und erster Fortschritt sichtbar wird, wandelt sich die Disharmonie von selbst in die Harmonie des erfüllten Lebens. Für Leibniz war unsere Welt, trotz der Realität des »Bösen«, die »beste aller möglichen«, weil sie das »Böse« benutzt, um zur Vollkommenheit zu gelangen. Nicht in einem jenseitigen Paradies oder einem utopischen Wolkenkuckucksheim, sondern in dieser Welt, die sich die Menschen aus eigener Kraft erschaffen.

Man könnte die Ethik des Erfolgs auch als Anleitung betrachten, die Welt in die von Leibniz gesehene »beste aller möglichen« zu verwandeln. Jeder hat die Aufgabe, daran mitzuwirken. Nicht indem er um anderer willen auf seine Selbstverwirklichung verzichtet, sondern indem er, gerade weil er seine Fähigkeiten ausbildet und entwickelt, andere durch sein Beispiel motiviert. Wettbewerb und Motivation gehören untrennbar zusammen. In einer Welt, die durch Gesetze und Befehle von oben geregelt ist, gibt es keine Motivation, sondern nur Gehorsam. In der Ethik der Freiheit gehört Gehorsam nicht zu den herausragenden Tugenden. Sehr wohl aber Gehorsam gegenüber der inneren Stimme. Diese Kraft, die einen antreibt und leitet, ist die ethische Motivation: Man tut etwas nicht, weil es einem nützt, sondern weil man es für richtig hält. Man strengt sich an, weil man ein Motiv besitzt, das über den Augenblicksnutzen hinausweist.

Eine Ethik der Freiheit, die auf individuelle Motivation und Verantwortungsbewusstsein gegenüber dem Ganzen zielt, ist in der deutschen Geschichte längst angelegt. Die angeblich typisch deutschen Tugenden Kadavergehorsam und gefühlloses Organisationstalent sind erst durch die beiden Sonderwege Wilhelms und Hitlers zur traurigen Blüte gekommen. Betrachtet man die Jahrhunderte davor, so ging es der deutschen Kultur hauptsächlich um die Tugenden der Freiheit: Von Immanuel Kants ethischen Prinzipien über Friedrich Schillers spielerischen Lebensentwurf bis zur Philosophie des deutschen Idealismus, die den Menschen als »sich selbst setzendes«, das heißt absolut freies Wesen, beschrieb, stand eine Verbesserung der Gesellschaft auf dem Programm: Befreiung von Unterdrückung wurde ebenso gefordert wie die Freisetzung der Kreativität und Selbstverantwortung des Menschen. Kultur, Wissenschaft und Wirtschaft gewannen Weltgeltung ohne kolonialistische Nebengedanken. Der Staat als Machtinstrument sollte verschwinden, die Gesellschaft zu einem Zusammenschluss freier Bürger werden, die in demokratischer Selbstbestimmung über ihr Leben entschieden.

Diese »Entdeckung« der Freiheit, die weit über die politische Befreiung der Französischen Revolution hinausging, fand ihren Niederschlag sogar im Militärischen. Der Leser möge mir verzeihen, wenn ich ein Beispiel aus dieser ungewohnten Sphäre heranziehe. Da ich selbst nicht gedient habe, referiere ich hier, was man mir erzählt hat. Es gab, so erfuhr ich zu meiner Überraschung, einen entscheidenden Unterschied zwischen der Führung der deutschen und der amerikanischen Armee. Letztere basierte auf dem Befehlsprinzip. Der Stab der US-Army gab für jede mögliche Operation die einzelnen Schritte minutiös vor. Schon vor Gefechtsbeginn wurde die genaue Zahl der eingesetzten Soldaten, ihre Verteilung und ihre Bewegungen im Terrain festgesetzt. So war nicht nur das Ziel, sondern auch der Weg, wie es zu erreichen war, vorgegeben. Die Tugend des amerikanischen Soldaten bestand also darin, einen vorgegebenen Ablaufplan, gleichsam in blindem Gehorsam, zu erfüllen

– möglicherweise ist dies der Grund, dass Amerikaner auch heute immer wieder eigenem Beschuss, dem so genannten »friendly fire«, zum Opfer fallen. Das deutsche Modell, im 19. Jahrhundert entwickelt, sah das genaue Gegenteil vor. Das Ziel sollte zwar vorgegeben sein, doch die Erreichung der Initiative der einzelnen Kompanie überlassen werden. So konnte jeder frei und vor Ort entscheiden, was er für den besten Weg hielt. Diese Eigenverantwortung motivierte natürlich und führte zu einer strategischen Effizienz, die weltweit anerkannt wurde – bis durch zwei Weltkriege ein tiefer Schatten über diese Armee fiel.

Interessanterweise wiederholt sich das Befehlsschema der Army auch des Öfteren in der amerikanischen Firmenführung. Hier wird im Wesentlichen oben entschieden und unten ausgeführt. Die Bereitschaft, »to blow the whistle«, also die Autorität in Frage zu stellen, ist deshalb sehr gering. Da sehr viel mehr zentralistisch vorgegeben wird als bei uns, haben amerikanische Unternehmen meist eine viel längere Reaktionszeit. Zudem fällt es ihnen schwerer, sich auf veränderte Bedingungen, etwa im Ausland, einzustellen – gerade in den letzten Jahren haben die »von oben« geleiteten Autobauer Opel und Ford deshalb erhebliche Markteinbrüche bei uns hinnehmen müssen. Dagegen lag eines der Erfolgsgeheimnisse unserer Wirtschaft, und zwar sowohl der Großindustrie wie des Mittelstandes, in der Bereitschaft, Verantwortung nach unten zu delegieren und sich den Gegebenheiten, gerade auch bei Auslandsgeschäften, flexibel anzupassen. Wie in der alten Armee wurden die Entscheidungen dort getroffen, wo sich die Probleme stellten. Ich bin überzeugt, dass unser »Wirtschaftswunder« auch mit dieser Motivation durch Freiheit zusammenhing. Unser Ansehen im Ausland haben wir eben nicht, wie Ideologen uns glauben machen, durch ruchlosen Eigennutz erworben, sondern durch eine Ethik des Erfolgs, von der alle profitierten. Immer wieder wurde mir in anderen Ländern versichert, wie sehr das deutsche Wirtschaftsengagement als Bereicherung und nicht, wie bei anderen Industrienationen, als Anbindung an eine fremde Einflusssphäre erfahren wurde. Kreativität und Improvisationsgabe der Deutschen dienten vielen zum Vorbild, und auch die Bereitschaft, Verantwortung an einheimische Mitarbeiter abzugeben.

Besonders zuwider sind mir Managementmethoden, die ich mit dem Begriff »Management by Terror« bezeichnen möchte. Gott sei Dank habe ich das Glück gehabt, keinen einzigen Vorgesetzten gehabt zu haben, der Angst und Schrecken verbreitete. Angst und Freiheit vertragen sich nicht, Angst und Motivation ebenso wenig, Angst und Leistungsfähigkeit schon gar nicht. Trotzdem: So wie Diktatoren sich oft erstaunlich lange halten – Fidel Castro ist mit über dreiundvierzig Jahren Amtszeit der Dienstälteste – kann auch »Management by Terror« durchaus erfolgreich sein, zumindest für den Mann oder die Frau an der Spitze. Führung durch Angst gibt es in Unternehmen der Vereinigten Staaten recht oft. Sie äußert sich, ähnlich wie in einem staatlichen Terrorregime, vor allem durch Widerspruchslosigkeit der zahlreichen Lakaien in der unmittelbaren Umgebung des Tyrannen. Leider scheint »Management by Terror« im Sinne des selbstherrlichen Chefs oft genug zu funktionieren. Als langjähriger Besucher und Beobachter deutscher Vorstandsetagen muss ich sagen, leider auch bei uns.

Offenbar steht die Freiheit, die uns Weltgeltung verschaffte, in unserem Land nicht mehr hoch im Kurs. Die Ethik, die uns Erfolge brachte, wurde gegen eine Ethik der Erfolglosigkeit und Indifferenz ausgetauscht. An die Stelle der Tatkraft trat die Allgegenwart der Bürokratie. Zwar gab es keinen Wahlkampf, in dem nicht sämtliche Parteien gelobten, im Fall des Sieges die Allmacht der Ämter zu reduzieren. Doch hat jede Regierung, kaum gewählt, das Gegenteil getan. Während die Leistungsfähigkeit abnahm, wucherte, gleich ob in den Ländern oder im Bund, das Unkraut der Reglementierung. Neuerdings redet man sich damit heraus, dass Brüssel die Schuld an der Verordnungsflut trage. Vor allem unsere Liebe zur Natur hat sich dank der Öko-Eurokraten in ein immer enger gezogenes Korsett verwandelt, das den Menschen die Luft zum Atmen nimmt. Als ich mich einmal bei der zuständigen Brüsseler Kommissarin über die ständig verschärften Umweltauflagen beschwerte, spielte sie mir den Ball zurück: Die meisten Schutzmaßnahmen, die wir Ihnen auferlegen, erklärte sie, sind uns von Ihrer eigenen Regierung empfohlen worden. Das heißt, dass man unpopuläre Regelungen einfach der Gemeinschaft in die Schuhe schiebt. Gleichzeitig sorgt man dafür, dass derlei Zumutungen nicht nur für die eigenen Bürger, sondern für die ganze EU gelten. Kein Wunder, dass sich europaweit Verdrossenheit über diese grüne Bevormundung breit macht, die sich in Wahlergebnissen äußert.

Der Angleichungszwang schlägt in Deutschland immer neue Kapriolen. Beispiel Bauvorschriften: Natürlich lässt sich leicht einsehen, dass es gewisser Vorschriften bedarf, damit ein Gebäude fest steht und nicht über den Bewohnern zusammenstürzt. Doch hat die deutsche Pedanterie, die sich besonders gern in Amtsstuben austobt, daraus einen wahren Dschungel an Regelungen wachsen lassen. Jedes Bauvorhaben wird zu einer Demonstration behördlicher Zwangsmaßnahmen, ob sie nun nachvollziehbar sind oder nicht. Die Bauvorschriften etwa für deutsche Kindergärten sind dermaßen ausgefeilt, dass ein Kindergartenplatz in Deutschland, wie er praktisch als Grundrecht festgelegt wurde, kaum noch zu finanzieren ist. Der Wust an Auflagen, den sich offenbar grüblerische Gehirne ausgedacht haben, ignoriert völlig die praktischen Erfordernisse und Möglichkeiten. Man will sozusagen den »idealen Kindergarten« – wie er sich verwirklichen lässt, wird als Problem den Kommunen überlassen. Das liegt übrigens nicht nur an der Ideologie, in diesem Fall der baurechtlichen Perfektionitis, sondern auch an dem extremen Absicherungsbedürfnis der Deutschen. Man stelle sich vor, das Dach eines Kindergartens stürzte ein – Presse und Öffentlichkeit würden sofort über die Baubehörde herfallen: »Vater Staat hat versagt!« Die Folge: Aus einer einfachen Institution, die einem Grundbedürfnis abhelfen soll, wird ein kaum bezahlbarer Luxusgegenstand.

Es wirkte nicht gerade erhebend, wie sich nach der schrecklichen Bluttat eines offenbar wahnsinnig gewordenen Ex-Gymnasiasten in Erfurt die Politik mit Präventivvorschlägen förmlich überschlug. Wie immer wollte man ein Mehr an Sicherheit mit einem Weniger an Freiheit erkaufen – und alle schienen sich darin einig, dass gerade darin die Aufgabe des Staates bestand. Da wurde Parteien übergreifend eine sofortige Verschärfung des Waffengesetzes gefordert, obwohl eine neuerliche Verschärfung wenige Tage vor der Tat vom Bundestag verabschiedet worden war. Es wurde eine Anhebung der Volljährigkeit nicht nur für Waffenkäufer auf bis zu 25 Jahre, sondern eine generelle Anhebung vorgeschlagen – obwohl man vor nicht allzu langer Zeit die Altersgrenzen für das passive Wahlrecht in einigen Bundesländern gesenkt hatte. Auch wurde der Zustand der Gesellschaft insgesamt beklagt. Bot Erfurt nicht, und hier kamen die Globalisierungsgegner wieder zum Zug, ein abschreckendes Beispiel für die Globalisierung des Verbrechens? Natürlich wurden sogleich auch Gesetze gefordert, um eine weitere Verbreitung von Videos zu verhindern, die Gewaltszenen zeigen. Zu allem Überfluss rief man auch noch hastig eine Kanzlerrunde mit Medienvertretern zusammen, die sich alle mit besorgten Mienen zu ihrer »Verantwortung« bekannten. Den Bürgern sollte wieder einmal signalisiert werden: Wir finden für alles ein Rezept – wer uns vertraut, muss derlei in Zukunft nicht mehr befürchten. Welche durchsichtige Selbsttäuschung, die sich Politik nennt!

Generell fehlt es den heutigen Deutschen, und nicht nur ihren Regierungen, an praktischer Vernunft. Dass alles mit einem dichten Netz von Paragrafen überzogen wird, folgt nicht nur dem Fürsorgeinstinkt der Politiker und dem Kontrolltrieb der Beamten, sondern auch dem Wunsch der Bürger, die vor allem Sicherheit möchten, am besten schwarz auf weiß. Dieselben, die sich über die staatlichen Eingriffe in ihr Leben beschweren, fordern bei nächster Gelegenheit das »Eingreifen« des Staates. Wenn beispielsweise durch den Bankrott eines Reiseunternehmens Touristen in Übersee festsitzen, fordert die »kochende Volksseele«, dass der Staat einspringt und sie zurückholt, koste es, was es wolle. Was in Deutschland prompt geschah. Das führte zu einer Zwangsversicherung der Reisegesellschaften, die wiederum ihre Preise anheben mussten, wodurch das Reisen teurer wurde. Großes Wehgeschrei! Sicherheit hat eben ihren Preis, und übertriebenes Sicherheitsbedürfnis muss doppelt bezahlt werden. Dieser simple Zusammenhang, so scheint es, hat sich in Deutschland noch nicht herumgesprochen.

Wir leben in einem permanenten Selbstwiderspruch: Die Bürger wollen maximale Absicherung, doch möglichst ohne Bürokratie. Sie wünschen optimalen Schutz, doch er muss kostenneutral sein. Sie erwarten Ordnung, doch darf dies nicht zur Einengung ihrer Freiheit führen. Es wäre, so meine ich, Aufgabe der Politik, den Bürger vor die Wahl zu stellen: Wenn ihr wirklich weniger Bürokratie wollt, müsst ihr auch bereit sein, ein höheres Risiko zu tragen. Wenn ihr nach mehr Selbstverantwortung verlangt, müsst ihr euch von den staatlichen Hilfskrücken der Rundumabsicherung befreien. Den Mut, den Deutschen die Augen für diese praktische Alternative zu öffnen, hat allerdings noch kein Politiker aufgebracht.

Was bedeutet es eigentlich, so könnte man einen Psychologen fragen, wenn ein Mensch ein derart hohes Schutzbedürfnis entwickelt, dass er sich am liebsten gegen jede nur denkbare Gefahr absichert? Die Antwort würde lauten: Er hat Angst. Dieses deutsche Wort, das sogar in andere Sprachen übernommen wurde, drückt eine deutsche Nationalbefindlichkeit aus. Wir haben mehr Angst vor dem Computer, mehr Angst vor dem Ozonloch, mehr Angst vor Kernenergie als jedes andere Land der Welt. Wir haben Angst vor der Auseinandersetzung mit den Gewerkschaften, obwohl wir wissen, dass sie unserer Volkswirtschaft schaden. Wir haben, mehr als irgendein anderes Land der Welt, Angst vor der Meinung der anderen. Ich glaube, wir haben Angst vor uns selbst. Wie ein Neurotiker, der sich immer neue Zwänge ausdenkt, um sein angstbedrohtes Leben in den Griff zu bekommen, umgeben wir uns mit Gesetzen und Verordnungen, und wundern uns, wenn wir plötzlich in einer Selbstblockade festsitzen.

Vordergründig bringt diese Angst auch Vorteile mit sich. Unsere wahre Gespensterfurcht vor der Atomstrahlung hat dazu geführt, dass wir die mit Abstand sichersten Kernkraftwerke der Welt entwickelt haben. Dadurch wurde die Erzeugung von Atomstrom allerdings so teuer, dass heute kein Energiekonzern, selbst wenn er dürfte, auf die Idee verfiele, ein neues Kraftwerk zu bauen. Wegen unserer Angst rechnet es sich nicht mehr. Wegen unserer Angst kommt es jetzt zu der absurden Konsequenz, dass gerade die sichersten Kernkraftwerke der Welt von der Gesellschaft, die sie entwickelt und bezahlt hat, abgeschaltet werden. Angst macht auch blind. Denn objektiv gesehen wird die Gefährdung unserer Gesellschaft dadurch höher, dass wir in Zukunft vom Betrieb ausländischer Kernkraftwerke abhängig sein werden, die weniger sicher sind als unsere eigenen. Aber auch die nächsten Generationen sollen offenbar noch genügend Grund zur Angst haben.

Angst wird geschürt, und sie wirkt ansteckend. Als ich Bundeskanzler Schröder als BDI-Präsident auf einer Japanreise begleitete, erlebte ich ihn bei einem Auftritt in Tokio, den die Zeitung *Asahi Shinbun* organisiert hatte. Er sprach vor großem Publikum über die deutsche Politik im Allgemeinen und kam dann auch auf das deutsche Trauma Kernkraft zu sprechen. Immer wieder war er während der Reise auf den Ausstiegsbeschluss seiner Regierung angesprochen worden, der von den Japanern mit ungläubigem Kopfschütteln quittiert wurde. In seiner Rede versuchte er, diesen Beschluss mit der Angst der Deutschen vor der Kernkraft zu rechtfertigen. Mit rhetorischem Talent beschwor er die entsetzlichen Gefahren, die der Menschheit durch die Radioaktivität drohen, und ganz offensichtlich gelang es ihm, seine Zuhörer mit der deutschen Atomangst anzustecken. Man konnte die Betroffenheit förmlich von den Gesichtern ablesen. Schröder krönte seine suggestive Rede mit dem Schlenker, es sei durchaus »nicht seine Absicht gewesen, in Japan Ängste zu schüren«. Wie schön, dass es nicht seine Absicht war, denn er hat es bei vielen der Anwesenden doch geschafft, und der Beifall war entsprechend.

Selten war mir so klar gewesen, warum Volksredner so gerne als Trumpfkarte die Angst ausspielen. Jeder Redner will natürlich sein Publikum »kriegen«, und am besten kriegt er es eben an seinen schwachen Stellen. Wer vor drohenden Gefahren warnt, seien sie nun real oder eingebildet, hat den Applaus immer auf seiner Seite. Gerade die Volkstribunen, von denen das letzte Jahrhundert eine stolze Reihe aufzuweisen hat, entwickelten eine Sensibilität für latente Ängste im Publikum, denen sie zum offenen Ausbruch verhalfen.

Noch etwas anderes wurde mir bei Schröders Angstrede in

Tokio klar: Seit Jahrzehnten wird in Deutschland von gewissen Politikern ein Klima der Bedrohung geschürt. Ausgerechnet in einer geschichtlichen Epoche, in der wir seit über einem halben Jahrhundert vor Kriegen oder sonstigen kollektiven Bedrohungen verschont geblieben sind, haben sie es verstanden, die Atmosphäre mit ihren Horrorszenarien zu verdüstern. Ich denke da vor allem an die Grünen. Diese vermeintlichen Vertreter von Lebensfreude und Naturverbundenheit erwiesen sich in Wahrheit als Virtuosen der Einschüchterung. Es war die grüne Bewegung, die eine Angstwelle nach der anderen auslöste, begierig aufgenommen und aufgeschaukelt durch die Medien, die auf alles Dramatische reflexartig reagieren. Epidemisch erkrankten die Deutschen an der Angst vor der Atomkraft, vor dem Raketen-Doppelbeschluss, vor dem sauren Regen und dem dadurch ausgelösten Waldsterben, dem Ozonloch, dem Treibhauseffekt, dem Smog, der Wasserverschmutzung, Agrarverpestung, den diversen Tiererkrankungen und Nahrungsmittelvergiftungen, aber auch der Gentechnik und Stammzellenforschung – apokalyptische Visionen, von den Propheten der gesunden Lebensart vorgetragen, um die eigenen Rezepte einer »grünen Revolution« schmackhaft zu machen. Für unsere europäischen Nachbarn wurden wir zum Volk der Bedenkenträger und Angstmacher.

Damit will ich nicht behaupten, dass es keine Risiken gäbe. Jede Neuerung ist riskant, jedes Unternehmen ein Wagnis, bei jedem Wettbewerb ist der Ausgang offen. Das Leben selbst ist riskant, man kann jederzeit sterben. Nein, es gibt Gefahren und auch die Angst hat einen Sinn, solange sie uns vor Dummheiten bewahrt. Doch was wir seit zwanzig Jahren in Deutschland erleben, ist ein »overkill« an Angstmacherei. Vor dem Hintergrund der »Erbsünde«, die unsere Gesellschaft ohnehin bis heute verunsichert, wirken Bedrohungsszenarien, die nur durch politisch korrektes Verhalten, sprich: das richtige Kreuzchen auf dem Wahlzettel abgewendet werden können, besonders niederdrückend. Nur nichts falsch machen! Wie für den Gewerkschafter die Welt von Kapitalisten bevölkert ist, die sich »die Taschen füllen«, und der Grüne sie als Geisterbahn tödlicher Umweltgefahren sieht, erscheint sie dem Globalisierungsgegner als unschuldiges Opfer einer Verschwörung von WTO und Großindustrie. Alle erzeugen sie Angst, um dem Bürger die eigenen Rezepte anzubieten – für Krankheiten, die nur in ihrer Ideologie zu finden sind.

Dieses Spiel hat Tradition in Deutschland. Auch im Dritten Reich wurden völlig irrationale Ängste geweckt, um die Menschen manipulieren zu können. Man glaubte an düstere Verschwörungen, unmittelbar bevorstehende Überfälle, den Weltuntergang. Und alles war Einbildung. Für diese Horrorfantasien haben wir teuer bezahlen müssen. Ich finde es unverzeihlich, wie sich unsere Politiker immer noch aus der Trickkiste des Bangemachens bedienen. Denn wer Angst hat, verliert seine Kreativität, und nicht nur im Unternehmen als Mitarbeiter oder Mitarbeiterin. Angst erstickt die Lebensfreude, aus der jede Innovation entspringt. Angst lässt den Menschen verkrampfen. Kräfte entfalten sich nicht, sondern bleiben zur Abwehr vermeintlicher Feinde angespannt. Angst macht aggressiv und unduldsam. Sie macht zudem, wie jeder Arzt bestätigen kann, krank.

Auch in den Unternehmen geht die Angst um, selbst wenn sich dies nach außen kaum bemerkbar macht. Seit ich den BDI verlassen habe, leite ich einen Verein, der für die Verleihung des Ludwig-Erhard-Preises verantwortlich ist. Diese Auszeichnung wird einmal im Jahr an dasjenige Unternehmen vergeben, das beim Thema Qualität am besten abgeschnitten hat. Darin gleicht unser Preis dem amerikanischen Malcolm-Baldridge-Preis, der von Präsident Reagan ausgelobt wurde, um den Niedergang der industriellen Qualität in Amerika zu stoppen – mit großem Erfolg. In vielen Bereichen haben uns die Amerikaner seitdem in puncto Qualität überholt. Die nun bemerkbare eigene Schwäche lässt sich dabei auf Selbstzufriedenheit zurückführen, aber auch die Unfähigkeit, die Innovationen der ausländischen Konkurrenz wahrzunehmen. So verpassten wir den Wettbewerb. Nehmen wir die Qualität im Autobau: Vergleicht man die TÜV-Statistiken von vor zwanzig Jahren mit den heutigen, wird man entdecken, dass dort, wo sonst unsere Markennamen standen, heute immer öfter ausländische die Qualitätslisten anführen. Wies ich als BDI-

Präsident auf diese Schieflage hin, wurde mir von den Politikern vorgeworfen, ich würde unsere Produkte »schlecht reden«.

Es gibt aber noch einen tieferen Grund für diesen Qualitätseinbruch. Man hat Angst, durch Vergleiche die eigenen Schwächen bloßzustellen. Der Malcolm-Baldridge-Preis, bei dem sich die Teilnehmer freiwillig auf den Prüfstand begeben, erfreut sich bei amerikanischen Unternehmen großer Beliebtheit. Jedes Jahr bewerben sich tausende von ihnen um diese renommierte Auszeichnung, die traditionsgemäß bei einer Festveranstaltung vom Präsidenten persönlich überreicht wird. Nun vergleiche ich diese Wettbewerbsfreude mit der unseren: Obwohl sich deutsche Unternehmensführer immer wieder zu ihrem hohen Qualitätsbewusstsein bekennen, wollen sie den Vergleich mit anderen »nicht so hoch hängen«. Zur Verleihung des Ludwig-Erhard-Preises etwa kommen sie nicht selbst, sondern schicken ihre Qualitätsbeauftragten vor. Kam ich mit diesen ins Gespräch, hat sich immer herausgestellt, dass sie große Probleme haben, beim Vorstand für ihre Anliegen Gehör zu finden. Bei unseren Preisverleihungen haben sie sich – unter vier Augen – oft darüber beschwert, dass gewisse Dinge in ihren Unternehmen einfach tabu sind. So wiegt man sich, aus Angst, in einer illusorischen Sicherheit, bis man sich irgendwann auf dem berühmten Boden der Tatsachen wiederfindet, der häufig »Insolvenz« heißt.

Ich habe oft genug erlebt, wie Menschen sich, gerade in Unternehmen, verwandeln, wenn sie von Angst gepackt werden. Das Erste, was verloren geht, ist ihre Freiheit. Überall wittern sie Gefahren für die eigene Existenz. Vor jedem Schritt werden sämtliche möglichen Konsequenzen durchgespielt, um den Weg mit dem geringsten Risiko einschlagen zu können. Gerade wenn es abwärts geht mit der Firma, greift dieser Zwang wie eine Krankheit um sich. Keiner wagt mehr, schlechte Nachrichten zu überbringen oder die Misere beim Namen zu nennen. Aus Angst, negativ aufzufallen, lässt man das Management über Qualitätsmängel, Umsatzeinbrüche oder drohende Konkurrenten im Ungewissen. Oft kann die Chefetage erst reagieren, wenn es zu spät ist. Seit meiner BDI-Zeit weiß ich, dass es auch bei uns Unternehmen gibt, in denen die Vorstände nicht den Mut aufbringen, ihrem Vorstandsvorsitzenden reinen Wein einzuschenken, was sich vermutlich auf der Bereichsleiterebene wiederholt. Man schweigt oder lügt gar, weil man die Konsequenzen der Wahrheit fürchtet. Wer Angst hat, überlässt das Ganze seinem Schicksal. Ich frage mich oft: Sind wir Deutschen ein krankes Volk?

Glaubt man den Psychologen, gibt es gegen Angst zwei probate Mittel: das Spiel und den Erfolg. Natürlich gehören beide zusammen, denn man spielt, um Erfolg zu haben. Aber das Spiel eröffnet eben eine Möglichkeit, die durch Angst und mangelndes Selbstvertrauen verbaut war. Mit Spiel meine ich nicht das »Sandkasten-Spiel« der Kinder, sondern den fairen Wettbewerb der Kräfte. Wenn zwei Mannschaften in einem sportlichen »Match« miteinander spielen, gehen sie mit allem Ernst zur Sache – und dennoch wird der Ernst, also die Konzentration auf das Kräftemessen, niemals in Angst umschlagen, weil gar keine überschüssige Energie dafür vorhanden ist. Alle Fähigkeiten werden angestrengt, um Höchstleistungen zu vollbringen. Und die Aussicht auf den Sieg überwindet sogar die natürlichen Barrieren von Furcht und Müdigkeit. Der Sieg ist das Erfolgserlebnis schlechthin. Gerade bei Kindern kann man erleben, dass sie nur dann zu Ängstlichkeit und Gehemmtheit neigen, wenn ihnen Erfolgserlebnisse verwehrt geblieben sind. Dann verkriechen sie sich in sich selbst und werden Opfer ihrer Selbstblockade.

Deutschland muss nicht länger den missgelaunten Musterknaben im Büßerhemd spielen. Es darf sich wieder Freiheit zutrauen und Freude am Wettbewerb finden, diesem Spiel, an dem sich die ganze Welt beteiligt. Nur dann wird ihm die Arbeit wieder »spielend« von der Hand gehen. Es muss die Spielregeln des globalen Zusammenhangs beherzigen. Dazu gehört, dass jeder seine Chance bekommt. Die Unterschiedlichkeit der Menschen muss berücksichtigt werden, damit sie entsprechend ihren Fähigkeiten teilnehmen können. Für jede Gabe muss sich wie bei den Olympischen Spielen die passende Disziplin finden. Wer in einer Gewichtsklasse verliert, wechselt in eine andere, wo er gewinnt.

Es ist unverzeihlich, dass in Deutschland vier Millionen Menschen sozusagen am Spielfeldrand stehen und nur deshalb nicht mitspielen dürfen, weil der Schiedsrichter auf eigenen Regeln besteht. Warum soll nur derjenige aufs Feld dürfen, dem sein Verein ein Bundesligagehalt bezahlen kann? Auch dass möglichst viele am Spiel teilnehmen sollen, gehört zu den Spielregeln der Globalisierung. Um Höchstleistungen zu ermöglichen, muss das Spiel sich möglichst frei entfalten dürfen. Und man muss jedermann Hilfe zur Selbsthilfe leisten. Selbstverständlich gehört hierher auch das »Fairplay«, zu dem ich die Unterstützung für jene zähle, die aus Alters- oder Krankheitsgründen nicht mehr teilnehmen können – und dennoch die Möglichkeit haben sollen, auf ihre Art einen Beitrag zur Gemeinschaft zu leisten. Niemand soll am Rande zurückbleiben müssen, weil veraltete Spielregeln ihn dazu zwingen. Die Freude an der Arbeit ist weder ans Alter noch an gesetzlich vorgeschriebene Spielfelder gebunden. Zur wahren Freiheit gehört immer auch das Recht auf Improvisation.

Entscheidend aber ist, dass sich alle Begabungen ungehindert in einem freien Wettbewerb entwickeln können. An diesem Spiel beteiligt sich heute die ganze Welt, die all ihre Anstrengungen auf den gemeinsamen Markt der Waren und Dienstleistungen, der Ideen und Informationen, der Kunst und Unterhaltung konzentriert.

Wenn Deutschland sich engagiert auf dieses »Match« der Globalisierung einlässt, wird es auch wieder Erfolge feiern können, die über Fußballplatz, Rodelbahn und Formel-Eins-Piste hinausgehen. Ich wage die Voraussage, dass Deutschland nur einige Erfolgserlebnisse braucht, um die Courage, die ihm von seinen Ideologen abgekauft wurde, zurückzugewinnen. Machen wir aus uns das Beste. Den Weg dorthin zeigt die Ethik des Erfolgs.

Ausblick
Ein Konvent für Deutschland

Nirgendwo auf der Welt wird so häufig gewählt wie bei uns. Kein Land der Welt mutet sich und seinen Repräsentanten so viele Wahlkämpfe zu, die oft genug kein Wettbewerb der Ideen mehr sind, sondern der PR-Agenturen und Personality-Berater. Die sechzehn Landtagswahlen, die Bundestags- und Europawahlen sorgen dafür, dass der Bürger im Durchschnitt alle drei Monate unser Parteiengefüge bestätigen muss, auch wenn ihm eigentlich ganz anderes auf den Nägeln brennt. Meinungen, die aus dem Parteienrahmen fallen, sind unerwünscht. Die sinkende Wahlbeteiligung dokumentiert, dass der Bürger an diesem atemlosen Spiel langsam die Lust verliert.

Und jedes Mal wird ihm dasselbe martialische Zeremoniell geboten. Die Kandidaten rüsten sich für den Wahl-»Kampf«, entwickeln aggressive Strategien, ziehen die Helme fester, liefern sich Fernseh-»Duelle« – glaubt man der Parteienrhetorik, kommt immer eine Entscheidungsschlacht auf uns zu. Nach meiner bisherigen Erfahrung standen die gewaltigen Erwartungen, die an jede Wahl geknüpft wurden, in keinem Verhältnis zum Ergebnis. Wenn der Pulverdampf verzogen war, ging es meist weiter, wie zuvor. Das lag weniger an der Gedächtnisschwäche der Politiker, die sich nicht mehr an ihre diversen Wahlversprechen – man sollte sie wohl besser »Wahlversprecher« nennen – erinnern konnten, als an der Aufgabe, die viel größer war, als die Akteure sich träumen ließen.

Man hat unser Land einmal mit einem riesigen Tanker verglichen. Sobald ein solches Schiff seine Fahrt aufgenommen hat, lässt es sich nicht so leicht aus der Bahn bringen. Man kann es zwar bremsen, aber nicht auf der Stelle. Selbst bei stehenden Motoren fährt es noch eine ganze Weile unbeirrt auf seinem Kurs. Das heißt, es scheint zu fahren. In Wahrheit kommt es zum Stillstand, aber ganz langsam. Die Anzeichen, dass unsere Reisegeschwindigkeit auch in den Jahren der Schröder-Regierung nachgelassen hat, sind nicht mehr zu übersehen. Der Tanker gleitet noch dahin, aber nicht mehr aus eigenem Antrieb, sondern dank der Trägheit seiner schieren Masse. Alles funktioniert, selbst der Kapitän steht noch selbstbewusst auf der Brücke und hält die Zigarre unter Dampf. Dass ein Schiff nach dem anderen an ihm vorbeizieht, ja dass bereits eine ganze Flotte, die er sonst hinter sich wusste, zum Überholmanöver ansetzt, scheint ihn nicht weiter zu kümmern. Er hält sich mit ruhiger Hand am Ruder fest.

Doch die Maschine steht still. Deutschland stagniert. Das wird sich auch nicht ändern, so lange man die Motoren nicht wieder anwirft. Anstatt, wie üblich, den Wettstreit zweier »Persönlichkeiten« unterschiedlicher Lager in den Mittelpunkt zu stellen, wäre es besser, man stellte unser Land mit seinen achtzig Millionen Menschen in den Mittelpunkt. Es wäre besser, wir würden, umgeben von der Armada der Globalisierung, endlich wieder Fahrt aufnehmen, wie es unserer Kraft entspricht. Natürlich ist der Motor jedes Landes seine Wirtschaft. Doch der Stoff, der diesen Motor treibt, ist die innere Einstellung der Gesellschaft. Wie diese aussehen muss, damit wir wieder – und nicht nur unsere Führungspersönlichkeiten – unter Dampf stehen, habe ich in diesem Buch zeigen wollen. Wir brauchen eine Ethik, die den Erfolg will, nicht allein für den Einzelnen, sondern für die ganze Gesellschaft. Ich bin überzeugt, dass beides sich nicht nur nicht ausschließt, wie die Ideologen behaupten, sondern sich vielmehr gegenseitig bedingt.

Ein solches Umdenken, das man heute einen »Paradigmenwechsel« nennt, kommt nicht über Nacht. Das Ruder eines Riesentankers lässt sich nicht so einfach herumwerfen. Dennoch gibt es einige dringend benötigte Reformen, die unser Staatsschiff wenn nicht auf Siegerkurs, so doch in eine bessere Ausgangsposition für den Wettbewerb manövrieren können. Deutschland leidet bis heute unter einer Blockade seiner Reformfähigkeit. Sobald einer, der den falschen Kurs durchschaut hat, das Ruder herumreißen will, ziehen andere sofort in die entgegengesetzte Richtung. Die politischen Entscheidungsprozesse sind bei uns so geregelt, dass sie durch Parteien und Interessengruppen in die Zange genommen, verzögert und endlich verhindert werden können. Jeder Impuls wird durch den Gegenimpuls neutralisiert, und am Ende bleibt nur ein wenig Umverteilung, um die nächsten Wahlen zu gewinnen. Schröder ist nicht der Erste, der begriffen hat, dass dort, wo man eigentlich nichts tun kann, nur das Aussitzen bleibt. Doch im Gegensatz zu einem Politiker, der sich auch ohne Eigenbewegung über Wasser hält, kann eine ganze Gesellschaft ihre Probleme nicht aussitzen. Sie braucht dringend eine Kurskorrektur sowie einen Leistungsschub, da sie sonst im globalen Zusammenhang förmlich »auf der Strecke« bleibt. Dazu müssen wir jetzt unsere Reformfähigkeit selbst reformieren.

Die Mittel dazu bietet ein »Political Re-Engineering«. Diese »Selbsterneuerung« ist in modernen Unternehmen längst üblich. Wie man dort ein Produkt ununterbrochen verbessert, um die Kunden nicht zu verlieren, so muss auch die Politik ihre Entscheidungen einem solchen Selbsterneuerungsprozess unterziehen, um den Ansprüchen der Bürger, die sie schließlich bezahlen, gerecht zu werden. Übrigens hängt auch unser betriebliches Vorschlagswesen mit dieser Erkenntnis zusammen: Etwas, das gestern noch für den Markt geeignet war, gehört heute zum alten Eisen. Ein Arbeitsprozess, der gestern für effizient galt, ist heute heillos überholt. Ein administrativer Ablauf, der bei seiner Einführung sinnvoll war, erweist sich nun als Hemmschuh. Warum kann dies nicht für politische Entscheidungen und unseren Gesetzesdschungel gelten? Warum muss alles, was eine Behörde ausbrütet, für die Ewigkeit gemacht sein?

Political Re-Engineering ist kein technischer Prozess, sondern eine Geisteshaltung. Sie setzt die Fähigkeit zur Selbstkritik und den Willen zur ständigen Verbesserung der Gesellschaft voraus. Ohne guten Willen kann hier nichts bewegt werden. Wollen die Ideologen am liebsten die ganze Staatswelt aus den Angeln heben und »die Gesellschaft radikal verändern«, so kommt es bei der politischen Selbsterneuerung auf die Details an. Wahre Verbesserung wird nicht durch Revolution erzielt, sondern durch geduldige Korrektur und Anpassung an die sich wandelnden Bedürfnisse. Der Status quo wird nicht als »gegeben« akzeptiert, sondern permanent in Frage gestellt und jeweils durch eine bessere Lösung ersetzt.

Längst haben erfolgreiche Firmen Systeme entwickelt, wie die Mitarbeiter aller Abteilungen durch ihre Ideen zur Verbesserung des Ganzen beitragen können. Ohne die Einbindung jedes Einzelnen ist ein Re-Engineering nicht möglich. Gerade die Mitarbeiter an der Basis, die mit der Herstellung und dem Verkauf der Produkte befasst sind, liefern oft die wertvollsten Vorschläge. Jeder ist hier gefragt, jede Stimme zählt, und wenn der Begriff »Mitbestimmung« überhaupt einen konstruktiven Sinn hat, dann hier. Denn nur wenn alle mitwirken, kann es zur permanenten Selbsterneuerung kommen. Was dagegen bei uns »Mitbestimmung« genannt wird, hat kaum jemals zur Kreativität und Wettbewerbsfähigkeit eines Unternehmens beigetragen – sehr viel jedoch zur Bürokratie und Betonierung des Bestehenden.

Überhaupt braucht Deutschland dringend eine Aufklärung über moderne Wirtschaftspolitik, damit endlich die verstaubten Ideologien, die noch heute unsere öffentliche Meinung dominieren, in den Ruhestand geschickt werden können. Noch immer herrscht bei uns, wie teilweise auch in Frankreich und Italien, große Unwissenheit über wirtschafts- und finanzpolitische Zusammenhänge. Man beruhigt sich damit, dass »der Staat« schon dafür Sorge trägt. Man glaubt den Ideologen, die von einer naturgesetzmäßigen Trennung zwischen den Interessen der Volkswirtschaft einerseits und denen der Gesellschaft andererseits sprechen. Man erwartet von den Politikern, dass sie die eine Seite gegen die andere austarieren. Und übersieht, dass beide eins sind. Kaum ein anderes Land hat diesen Gegensatz so zum Dogma erhoben wie wir Deutschen. Kein Wunder, dass beides, Wirtschaft wie Gesellschaft, gleichzeitig auf die abschüssige Bahn geraten ist.

Nehmen wir unsere Nachbarn Niederlande oder Skandinavien, nehmen wir Spanien oder die angelsächsischen Länder – für sie ist es selbstverständlich, dass die Wirtschaft kein

Bereich ist, auf den man mit dem spitzen Finger zeigt, sondern dass er für alle Bürger, vom Aufsichtsratsvorsitzenden eines Großunternehmens über den Mittelständler und den Angestellten bis zum Arbeitslosen oder Rentner von vitaler Bedeutung ist. Die Wirtschaft ist der Bereich, in dem eine Gesellschaft sich bewährt – oder scheitert. In Deutschland, wo die Ideologie mehr zählt als der gesunde Menschenverstand, herrscht ein gewaltiges Aufklärungsdefizit. Der Bürger weiß zu wenig, und auch der Politiker, dem er sein Vertrauen schenkt, lässt ihn über die entscheidenden Zusammenhänge im Unklaren.

Durch die Globalisierung hat sich die Notwendigkeit, diese Zusammenhänge zu begreifen, weiter verstärkt. In Wirtschaft wie Politik stehen die Zeichen weltweit auf Innovation. Vergleichen wir uns mit befreundeten Nationen, haben wir eine Menge in Sachen politischer Bildung nachzuholen. Da wir uns allzu lange an falsche Prioritäten klammerten, ist uns der Fortschritt entgangen, den andere Länder in Sachen Demokratie, Marktwirtschaft, Bürgerrechte und Transparenz erzielt haben. Wir sind zurückgefallen und haben es nicht einmal bemerkt. Nur durch eine Selbsterneuerung unserer eigenen Gesellschaftsverfassung können wir den Anschluss an erfolgreichere Nationen schaffen. Wir müssen, sage ich, unsere Reformfähigkeit reformieren. Die Frage ist nur, was müssen wir ändern, um wieder reformfähig zu werden, die nötigen Reformen wirklich in Gang zu bekommen, den Motor unseres Tankers wieder anzuwerfen?

Zuallererst sollten die politischen Entscheidungsprozesse überall dort verändert werden, wo sie nötige Anpassungsvorgänge der Gesellschaft an unsere Zeit blockieren. Der sicherste Weg, eine Fehlentwicklung zu korrigieren, besteht bekanntlich darin, an ihren Ausgangspunkt zurückzukehren. Wir werden also den Mut aufzubringen haben, das mittlerweile 53 Jahre alte Grundgesetz zu überarbeiten.

Einen Anstoß dafür bietet die Einberufung des Europäischen Konvents nach Brüssel. Während ich an diesem Buch schrieb, hat der Europäische Rat in Laeken die Einsetzung einer beratenden Versammlung beschlossen, in der die Zukunftsaufgaben der Gemeinschaft erörtert werden sollen. Dieser Konvent stellt sich dabei mehrere Fragen: Was erwarten die Bürger eigentlich von der Union? Wie verändert sie sich, wenn die dreizehn neuen Länder beitreten? Wie soll die Aufteilung der Zuständigkeiten gestaltet werden? Wie lässt sich die Effizienz des außenpolitischen Handelns der EU sicherstellen? Welche Rolle wird die EU in der zunehmend globalisierten Welt spielen? »Die Gemeinschaft«, so brachte es die Erklärung von Laeken im Dezember 2001 auf den Punkt, »muss demokratischer, transparenter und effizienter werden.« Unter Leitung des ehemaligen französischen Staatspräsidenten Giscard d'Estaing wird, neben der Vorbereitung der Erweiterung und einer Vertiefung der Zusammenarbeit der Länder, die Möglichkeit einer gesamteuropäischen Verfassung sondiert. In unserer globalisierten Welt will Europa, so das erklärte Ziel der Gemeinschaft, zum weltweit führenden Wirtschaftsraum werden.

Wie dieses Forum für die Europäische Gemeinschaft eine neue Grundlage vorbereitet, damit sie noch freiheitlicher nach innen, noch wettbewerbsfähiger nach außen wird, könnte ein deutscher Konvent dies für unser Land in Angriff nehmen: Nach Deutschlands europäischer Anbindung, der Wiedervereinigung und der Euroeinführung wäre es ein weiterer Schritt in Richtung Zukunftsfähigkeit. Unsere Gesellschaft würde endlich auf eine neue, verfassungsmäßig definierte Basis gestellt, die dem Bedürfnis der Bürger nach freier Selbstentfaltung ebenso gerecht würde wie den Herausforderungen durch die Globalisierung. Der Zielvorgabe von Laeken, unsere Gemeinschaft »demokratischer, transparenter und effizienter« zu gestalten, wäre nichts hinzuzufügen.

Wie 1948 auf der Insel Herrenchiemsee eine Kommission von Sachverständigen und »Weisen« den Vorschlag für ein freiheitliches Grundgesetz entworfen hat, so sollte ein moderner Herrenchiemsee-Konvent dasselbe für unsere Zeit erarbeiten. Und nicht nur die Verfassung sollte dabei auf den Prüfstand gestellt werden, sondern alle politischen Strukturen, Prozesse und Regeln, die uns die Selbstblockade beschert haben. Der Vorschlag, von einem Expertengremium dem Bundestag vorgelegt, würde die deutsche Politik endlich in die Lage versetzen, ein regelmäßiges Re-Engineering ihrer Entscheidungsprozesse betreiben zu können.

Um dies zu ermöglichen, muss unser Staat vom Zentralismus Abschied nehmen. Die Berliner Republik soll, wie ursprünglich geplant, zu einer Republik der Länder werden. Mehr Subsidiarität und Bürgernähe kann man nur erreichen, wenn mehr Entscheidungen dort getroffen werden, wo sie anstehen. Die Stärkung der Länder, die sich ihren spezifischen Problemen widmen, entspricht dabei auf der anderen Seite eine Stärkung Europas, das zunehmend unsere internationalen Belange vertritt. So schützt uns die Brüsseler Kommission vor weltweiten Monopolen und Kartellen – eine Aufgabe, der eine nationale Behörde niemals gerecht werden könnte. Welche Neuerungen uns zusätzlich durch Giscard d'Estaings Konvent gebracht werden, ist heute noch gar nicht abzusehen. Einem deutschen Konvent fiele angesichts dieser Entwicklung die wichtige Aufgabe zu, die Aufteilung der Verantwortlichkeiten von EU, Bund und Ländern vorzunehmen, und dabei zu definieren, wo Berlin und die Länder ihre Hoheit ausüben und wo das große Europa gefordert ist.

Zugleich könnte, wie seit langem gefordert, der Bürger viel direkter in die Entscheidungen eingreifen. Wie immer wieder von den Politikern angekündigt, um doch immer wieder hinausgeschoben zu werden, müsste das »plebiszitäre Element« durch die neue Verfassung gestärkt werden. Das hieße natürlich, dass die heute allmächtigen Parteien um der demokratischen Verfassung willen ihren Einfluss ein wenig zurücknehmen müssten. Ich denke hier etwa an eine Direktwahl des Bundespräsidenten. Nur in Deutschland wird der Posten des Staatsoberhauptes zwischen den Parteien ausgekungelt. Mit derselben Zielsetzung könnte man die Kommunalverfassungen ändern: Wieso kann ein Bürgermeister sich nicht überall, wie in Bayern und Baden-Württemberg, allein mit seinem Namen, also ohne Parteianbindung, wählen lassen? Warum sollte man nicht auch, wie überall in der Welt, die Ministerpräsidenten der Länder direkt wählen lassen? Ich ahne bereits, dass besonders dieser Teil des Projekts auf die empörte Zurückweisung der Parteipolitiker stoßen wird. Doch sollten sie sich überlegen, ob ihre relative Machteinbuße nicht mehr als ausgeglichen wird durch den Zuwachs an Basisdemokratie und Bürgerfreiheit. So könnte die Parteienverdrossenheit nahtlos übergehen in eine neue Demokratiebegeisterung.

Auch die Abschaffung des Fraktionszwangs würde erheblich zur Akzeptanz unseres Staatsystems beitragen. Mir erschien er immer als ein zutiefst undemokratisches, ja unethisches Element. Wieso können Leute gezwungen werden, im Bundestag ihre Stimme gegen die eigene Überzeugung abzugeben? Da die gewählten Abgeordneten in der Gesellschaft nun einmal Vorbildfunktion übernehmen, sind die Konsequenzen für die freie Meinungsäußerung gar nicht abzusehen: Warum soll nicht jedermann seine Überzeugung den jeweils herrschenden Zwängen anpassen? Ich kann in dieser Regelung nur ein totalitäres Element erblicken, mit dem die Souveränität der Gewissensentscheidung – laut Grundgesetz Artikel 38, Absatz 1 ist ein Abgeordneter nur seinem Gewissen unterworfen – regelmäßig ad absurdum geführt wird.

Es wird für den deutschen Konvent eine nicht eben leichte Aufgabe darstellen, den Zugriff der Parteien auf unser Land einzuschränken. Selbst der ehemalige Bundespräsident Richard von Weizsäcker hat offen beklagt, die Parteien hätten sich »den Staat zur Beute gemacht«. Um ihnen diese »Beute« zu entreißen, müssten die unzähligen Einflussmöglichkeiten, die sich die Parteien in den öffentlichen Institutionen zuschanzten, langsam wieder auf das in anderen Ländern übliche Maß reduziert werden. Auch in der so genannten Selbstverwaltung von Sozialversicherungs-Organisationen wie der Nürnberger Bundesanstalt oder Medien wie dem ZDF sitzen die Parteien mit den Verbänden zusammen und bestimmen, was ihnen aus Parteiraison jeweils opportun erscheint. Das erbärmliche Hickhack um die neue ZDF-Führung hat bewiesen, wie strikt hier dem politischen Dogma und nicht etwa dem Interesse der Öffentlichkeit gefolgt wird. Eine lächerliche Konsequenz dieser Einflussnahme kann ich immer selbst beobachten, wenn ich von einem öffentlich-rechtlichen Sender zu einer Talkshow eingeladen werde: So sicher wie das Amen in der Kirche erfolgt dann, offenbar auf Druck der anderen Seite, die Einladung eines Vertreters der Gewerkschaften. Nicht um Meinungsvielfalt geht es hier, sondern um die Zementierung des bestehenden Machtproporzes der Parteien. In der Wirtschaft nennt man dies ein Kartell.

Nicht weniger gefährlich für unsere Demokratie erscheint mir die Majorisierung des Bundestags durch Mitglieder des öffentlichen Dienstes. Eigentlich sieht der Artikel 137 des Grundgesetzes vor, dass die Wählbarkeit von Beamten in Bund, Ländern und Gemeinden gesetzlich beschränkt werden kann. Der ethische Hintergrund dieser Empfehlung liegt auf der Hand: Staatsdiener, die außerdem noch ein Parlamentsmandat innehaben, befinden sich in einem Interessenkonflikt. Auf der einen Seite sind sie Teil der Staatsorganisation, die ihnen bequemes Einkommen und Zukunftssicherung bietet; auf der anderen Seite beschließen sie, im Auftrag der Bürger, über die Zukunft dieses Staates. Während sie also die Bürger zu vertreten scheinen – so könnten Kritiker ohne großen Fantasieaufwand einwenden – verfolgen sie in Wahrheit die Interessen ihres Arbeitgebers und damit ihre eigenen.

Grob gerechnet sind zwei Drittel der 669 Bundestagsabgeordneten Beamte und Funktionäre. Auch sitzen weit mehr Gewerkschaftsmitglieder im Plenum, als ihrem Anteil in der Bevölkerung entspricht, von der mageren Vertretung der Unternehmensinteressen ganz zu schweigen. Wenn es nach dem alten Motto ginge, »Wes' Brot ich ess', des' Lied ich sing'«, müsste man sich um den Fortbestand des jetzigen Parteienstaates keine Sorgen machen. Sehr wohl aber um unsere Demokratie. Denn das eine verträgt sich nicht mit dem anderen. Wer heute über die Staatsverdrossenheit der Bürger die Stirn runzelt, muss sich nur die Zusammensetzung ihres Parlaments ansehen, um zu begreifen: Es liegt nicht an den Bürgern.

Der Missstände nicht genug: Unser Besteuerungssystem in Bund, Ländern und Gemeinden befindet sich in einem geradezu kafkaesken Wirrwarr. Zu seiner Vereinfachung brauchen wir eine Übereinstimmung zwischen Steuerhoheit und Sachverantwortung. Wieso ist die Veränderung der Mehrwertsteuer zustimmungspflichtig, die der Mineralölsteuer aber nicht? Wieso können auf Bundesebene Gesetze beschlossen werden, die die Kommunen »auszubaden« haben? Als föderaler Staat sollten wir, wie etwa die Schweiz, auf steuerautonome Gebietskörperschaften setzen. Auf der einen Seite würde dies eine klare Aufteilung der derzeitigen Steuerquellen bringen, auf der anderen den Kommunen die Möglichkeit bieten, die jeweiligen Hebesätze selbst zu bestimmen. So würde ein Wettbewerb zwischen den Gemeinden entstehen, deren Bürger selbst darüber entscheiden können, welche Leistungen und damit Abgaben erwartet werden und welche nicht. Dort, wo die Abgaben fällig werden, sollen auch die Entscheidungen fallen. Statt eine sozialistische Steuerharmonie für ganz Europa zu predigen, sollten wir in unseren Bundesländern für Steuer-Wettbewerb und steuerliche Selbstverantwortung sorgen.

Dazu würde auch eine vom Konvent vorzuschlagende Reduzierung des Länderfinanzausgleichs beitragen. Das heutige Umverteilungsprinzip führt nicht nur zu ständigen Querelen zwischen Geber- und Nehmerländern, sondern auch einer Aushöhlung der Leistungskraft des Ganzen. Jedes Bundesland muss selbstverständlich die Chance bekommen, sich zu einer lebensfähigen Einheit zu entwickeln, die zunehmend auf die milden Gaben der Nachbarn verzichten kann. Wer allerdings nur das fremde Geld, nicht aber die Einstellung, mit der es erwirtschaftet wurde, übernehmen will, sollte für seine Trägheit nicht weiter belohnt werden. So haben sich Länder wie Bremen oder das Saarland, statt vernünftige Finanzpolitik zu betreiben, jahrzehntelang von den anderen mittragen lassen. Zu leicht wird im Wohlfahrtsstaat vergessen, dass das, was der Nehmer an Lebensqualität erhält, vom Geber mit einer Einbuße an der eigenen erkauft werden muss. Auch hier ist Hilfe nur dann gerechtfertigt, wenn sie als Hilfe zur Selbsthilfe dient.

Zu den Aufgaben des Konvents müsste auch eine Neuordnung der Bundesländer gehören. Ich bin überzeugt, dass um der Lebensfähigkeit der Länder willen größere Einheiten geschaffen werden müssen. Welch ein Trauerspiel, dass Ländern wie Berlin oder Brandenburg das Wasser bis zum Hals steht. Berlins Finanzsenator erklärte mir gerade, selbst wenn die Hauptstadt über Nacht von den vierzig Milliarden Euro Schulden befreit würde, wäre sein Haushalt immer noch nicht ausgeglichen. Solche strukturellen Probleme bekommt man nicht durch weitere Sparmaßnahmen in den Griff. Würde ein großes Unternehmen in diese Lage kommen, müsste man, um wieder marschieren zu können, ganze Hierarchie-Ebenen entfernen, Bürokratien reduzieren, Abteilungen zusammenlegen und eine Fusion mit einem stärkeren Partner anstreben. Das Projekt eines gemeinsamen Bundeslandes Berlin-Brandenburg, damals am Widerstand der Brandenburger gescheitert, sollte heute, in einer derart kritischen Finanzsituation beider Länder, eine zweite Chance bekommen.

Auch andere Zusammenlegungen von Ländern, wie sie übrigens Baden-Württembergs Ministerpräsident Teufel immer wieder empfohlen hat, könnten sich als lohnend erweisen. So waren Baden, Württemberg und Hohenzollern ursprünglich drei Länder, die zu ihrem Vorteil zusammengelegt wurden. Warum könnte sich diese Erfolgsstory nicht wiederholen, wenn man beispielsweise die fußkranken Nordländer Mecklenburg-Vorpommern, Schleswig-Holstein, Bremen und Hamburg zusammenlegte? Oder Niedersachsen, Sachsen-Anhalt und Sachsen? So würden, vom Konvent vorgeschlagen, größere Einheiten entstehen, die nicht mehr auf institutionalisierte Nachbarschaftshilfe angewiesen wären, sondern miteinander in fruchtbaren Wettbewerb treten könnten. Eine nachhaltige Verbesserung unseres gesamten Wohlstandsniveaus wäre die Folge.

Ein Konvent, der keine Parteirücksichten zu nehmen hat, würde ohnehin das Prinzip der Nachhaltigkeit in den Vordergrund stellen. Politik trägt ja nicht nur Verantwortung für die Gegenwart. Kurzfristige Entscheidungen können zwar Wähler mobilisieren, aber keine Achtzig-Millionen-Gesellschaft auf Zukunftskurs bringen. So würde die verfassungsmäßige Grundlage dafür gelegt, dass die Politik, die meist nur nach dem Wähler schielt, keine Rezepte mehr verschreiben darf, die unsere Kinder nicht vertragen. Allein schon aus diesem Grund sollte die Vorlage eines ausgeglichenen Haushalts verfassungsmäßig vorgeschrieben werden.

Nachhaltigkeit wird auch durch unser Wahlsystem verhindert, das den Politikern kaum Ruhe bietet, ihren wahren Aufgaben ohne populistische Hintergedanken gerecht zu werden. Stattdessen hecheln sie von Wahl zu Wahl und tragen weniger das Wohl des Staates, als das Abschneiden ihrer Partei im Kopf. Geht das erste Jahr einer Regierung mit Einarbeitung verloren, wird das letzte dem Wahlkampf geopfert. Selbst in den USA mit ihren fünfzig Gouverneuren, hundert Senatoren und einem Repräsentantenhaus, das – obwohl Amerika unsere Bevölkerung um das Dreifache übertrifft – weniger Mitglieder zählt als der Bundestag, werden die Wahlen auf insgesamt zwei Termine innerhalb eines Vier-Jahres-Zeitraums konzentriert. Der Konvent könnte auch dies dem Bundestag vorschlagen – am besten verbunden mit einer Verlängerung der Legislaturperiode auf fünf Jahre. Denn ohne langen Atem wird es auch keine Nachhaltigkeit geben.

Aber wer, so könnte man nun fragen, soll das alles in die Wege leiten? Handelt es sich hier nicht um eine weitere Utopie, die an den realen Interessen derer, die sie durchsetzen sollten, scheitern muss? Welcher Politiker würde schon einem Konvent zustimmen, der seinen Einfluss beschneidet? Welche Partei möchte ihre Macht per Verfassungsbeschluss an die Bürger zurückgeben? Man könnte sogar noch direkter fragen: Wer unter den Verantwortlichen in unserem Staat will eigentlich eine Veränderung? Ich erinnere mich, wie im Monat vor der Bundestagswahl 1998 der fünfzigste Jahrestag des Verfassungskonvents auf der Insel Herrenchiemsee gefeiert wurde. Von dort hatte unser moderner Staat drei Jahre nach Kriegsende seinen Ausgang genommen. Vor dem Hintergrund des Dritten Reiches war das neue Grundgesetz geradezu revolutionär freiheitlich erschienen. Und eben deshalb, weil mit einem Schlag eine ganze Wand von anachronistischen Hemmnissen niedergerissen wurde, konnte es den Grund für eine einzigartige Erfolgsgeschichte legen. Der Neuanfang bezog seine Kraft – aus dem Neuanfang. Er ermöglichte Deutschland erstmals in seiner Geschichte ein halbes Jahrhundert lang Frieden und Wohlstand. Sollten wir nicht, um dies auch für die Zukunft zu sichern, ein zweites Mal den Mut zu einem solchen Neuanfang aufbringen?

Was wir heute brauchen, ist eine neue Verfassung, die nicht

auf die fatalen deutschen Sonderwege zurück-, sondern in die globalisierte Zukunft vorausblickt. Eine Verfassung, die sich zu demokratischer Vielfalt, Föderalismus und Subsidiarität bekennt. Eine Verfassung, die unsere in Jahrzehnten entstandenen Selbstblockaden auflöst. Eine Verfassung, die uns flexibel auf die demografischen Entwicklungen, die Anforderungen der Europäischen Gemeinschaft, die Herausforderungen durch die Globalisierung reagieren lässt. Eine Verfassung, die dem Bürger auch jene Freiheiten einräumt, die ihm mit Rücksicht auf unsere Vorgeschichte verwehrt geblieben sind. Eine Verfassung, die neben die Freiheitlichkeit die Nachhaltigkeit in den Mittelpunkt stellt. Eine Verfassung, über die der Bürger zum ersten Mal selbst abstimmen wird.

Denn unsere Verfassung hat bis heute keine demokratische Legitimation durch das Volk. Bewusst war bei der Abfassung unseres Gesetzbuches dessen Vorläufigkeit betont worden. »Dieses Grundgesetz«, so heißt es im Artikel 146, »das nach Vollendung der Einheit und Freiheit Deutschlands für das gesamte deutsche Volk gilt, verliert seine Gültigkeit an dem Tage, an dem eine Verfassung in Kraft tritt, die von dem deutschen Volke in freier Entscheidung beschlossen worden ist.« Streng genommen können wir ohne eine vom Souverän frei beschlossene Verfassung nicht einmal den Anspruch erheben, ein demokratischer Rechtsstaat zu sein. Da wir aber Einheit und Freiheit erreicht haben – und gewiss auch ein demokratischer Rechtsstaat sein wollen –, sollten wir den letzten Schritt nicht länger hinauszögern.

Nachtrag

Über ein Jahr nach Erscheinen dieses Buches sind nicht nur viele der (düsteren) Prognosen eingetroffen – auch der Plan, einen »Konvent für Deutschland« ins Leben zu rufen, wurde verwirklicht.

Am 3. Oktober 2003 fand im Berliner Hotel Adlon, wo der damalige Bundespräsident Roman Herzog seine berühmten »Berliner Reden« initiiert hatte, die erste Sitzung statt – unter dem Vorsitz Roman Herzogs.

Um Deutschlands Reformfähigkeit zu reformieren, wird sich der »Konvent für Deutschland« auf folgende Arbeitsfelder konzentrieren:

- Föderalismus und Finanzverfassung,
- Bürgerrechte und Parteien,
- das Wahlsystem,
- die Balance zwischen Gesetzgebungs- und Richterstaat sowie
- die Machtverteilung zwischen Verbänden und Politik.

Ziel des »Konvents für Deutschland«, so Roman Herzog, wird es sein, »den politisch Verantwortlichen in Zukunft Entscheidungen zu erleichtern, ihnen zu helfen, die nötigen Reformen, schneller als heute möglich, in die Tat umzusetzen«. Zu den Mitgliedern zählen, neben Roman Herzog und dem Autor dieses Buches, Klaus von Dohnanyi, Roland Berger, Peter Glotz, Otto Graf Lambsdorff, Jutta Limbach, Oswald Metzger, Manfred Pohl, Manfred Schneider, Rupert Scholz, Henning Voscherau und Monika Wulf-Mathies.

Weitere Informationen finden Sie unter:
www.konvent-fuer-deutschland.de

»Ein atemberaubend mutiges Buch« Süddeutsche Zeitung

Hans-Olaf Henkel zieht Bilanz. Als Topmanager bei IBM und als BDI-Präsident konnte er die Entwicklungen unserer Gesellschaft mitgestalten – als wirtschaftspolitischer Ideengeber wie als unbequemer Kritiker, der sich mit Bundesregierung, Gewerkschaften und Arbeitgeberverbänden gleichermaßen anlegte. Und so sind seine Erinnerungen mehr als eine persönliche Autobiographie: sie liefern sechzig Jahre Zeitgeschichte aus erster Hand, rekapitulieren die Erfolgsstory des Computers und münden in ein leidenschaftliches Plädoyer für den gesellschaftlichen Neuanfang.

»Henkels Selbstfindungsbericht ist Firmengeschichte, Management, Beratung und Erfolgsstory.«
Financial Times Deutschland

Hans-Olaf Henkel
Die Macht der Freiheit
Mit zahlreichen Abbildungen